Noch jemand zugestiegen?

Mai 98, Ffm

SERIE PIPER

Zu diesem Buch

Gehören Sie etwa zu denen, die glauben, Züge seien nur ein reines Fortbewegungsmittel? Doris Dörrie und Günter Grass, Axel Hacke, Italo Calvino und viele andere werden Sie eines Besseren belehren. Das sichere und bequeme Reisen per Bahn ist nur einer ihrer Vorzüge. Zugfahren ist noch viel mehr: Hier kommt es wie von selbst zu offenen Gesprächen und unvergeßlichen Begegnungen, dramatische Lebensläufe werden ausgebreitet, ganz Unvorhergesehenes ereignet sich. Die bunt zusammengewürfelte Gesellschaft in einem Abteil ist immer für Überraschungen gut. Erotische und witzige, lakonische und erschütternde Begegnungen sind nirgends so häufig wie auf einer Bahnfahrt, und manchmal werden dort sogar die Weichen fürs Leben gestellt.

Petra Reinfelder, geboren 1957, studierte Ethnologie und Psychologie und arbeitet als freie Journalistin und Fernsehredakteurin in München. Sie ist auch Herausgeberin der erfolgreichen Anthologie »Allein zu sein bedarf es wenig« (1997).

Noch jemand zugestiegen?

30 Zugbekanntschaften

Herausgegeben von Petra Reinfelder

Piper München Zürich

Von Petra Reinfelder herausgegeben liegt
in der Serie Piper außerdem vor:
Allein zu sein bedarf es wenig (2445)

Originalausgabe
Mai 1998

Umschlag: Büro Hamburg
Simone Leitenberger, Susanne Schmitt, Annette Hartwig
Umschlagfoto: Bavaria Bildagentur, Gauting
Gesamtherstellung: Clausen & Bosse, Leck
Printed in Germany ISBN 3-492-22568-3

Inhalt

WENN ICH MEINEM MANN MAL NICHT RECHT GEBE, WIRFT ES IHN GLEICH VÖLLIG AUS DER BAHN!!
ZÜRCHER
MAX GOLDT GEWANN IM SCHÖNHEITS-WETTBEWERB

papan

I. Nervensägen im Abteil

Ring Lardner
Reisebekanntschaft

Beim Mittagessen im Speisewagen des nach Westen gehenden Schnellzugs, der am Abend vorher von Chicago abgefahren war, lernten sie sich kennen. Die Mädchen, stellte sich heraus, waren Hazel Dignan und ihre Freundin Mildred Orr. Der Mann hieß Dan Chapman.

Er war es, der das Eis brach, indem er fragte, ob es ihnen nichts ausmache, mit dem Rücken gegen die Lokomotive zu fahren. Es war Hazel, die antwortete. Sie hatte Erfahrung im Reisen und wußte, wie man mit Unbekannten spricht. Mildred war noch fast nirgends gewesen und hatte wenig zu sagen, selbst wenn sie die Leute kannte.

»Durchaus nicht«, lautete Hazels Antwort auf die höfliche Frage. »Ich bin so gewöhnt ans Eisenbahnfahren, ich glaube, ich könnte auf dem Wagendach fahren, ohne daß es mir etwas ausmacht.«

»Wenn man sich das vorstellt«, warf Mildred ein, »oben auf dem Dach!«

»Hab ich schon oft gemacht«, erklärte ihre neue Bekanntschaft. »Allerdings nur auf Güterzügen, nicht auf Personenzügen. Und zwar, als ich noch ein kleiner Junge war.«

»Wie konnten Sie bloß«, sagte Mildred.

»Ich war wohl ein ziemlich frecher Steppke«, sagte er. »Ein Wunder, daß ich noch am Leben bin bei all dem, was ich riskiert habe. Als jung riskiert man ja allerhand, das heißt, als Junge.«

»Als Mädchen auch«, sagte Hazel rasch. »Mädchen riskieren genausoviel wie die Jungen.«

»Ach nein, Hazel!« widersprach ihre Freundin und erntete dafür einen wohlwollenden Blick des Mannes.

»Wo wollen Sie denn hin?« fragte er.

»Frisco zuerst und dann Los Angeles«, antwortete Hazel.

»Hören Sie, ich will Ihnen einen guten Rat geben. Sagen Sie nie ›Frisco‹ in Gegenwart der Eingeborenen dort; sie hören es nicht gern.«

»Was die gern hören und was nicht, ist mir so breit wie lang«, erklärte Hazel etwas schnoddrig, wie Mildred fand.

»Ihre erste Reise dorthin?« erkundigte sich Chapman.

»Nein«, erwiderte Hazel zu Mildreds Überraschung. Es war ihr nämlich gesagt worden, der Zweck der Reise sei, Hazel die Bekanntschaft mit einer der wenigen Gegenden Amerikas zu verschaffen, die sie noch nicht kenne.

»Wie lange waren Sie nicht mehr dort?« fragte Chapman.

»Warten Sie mal«, sagte Hazel. »Seit –« Mildreds verwunderter Blick störte sie. »Ich weiß es nicht genau. Hab's vergessen.«

»Bei mir ist es ungefähr zum fünfzigsten Mal«, bemerkte Chapman. »Wenn Sie nicht –«

»Florida gefällt mir besser«, unterbrach ihn Hazel. »Da fahre ich im Winter meistens hin.«

›Meistens!‹ dachte Mildred, die aus zuverlässiger Quelle wußte, daß ihre Freundin letzten Winter zum erstenmal dort gewesen war.

»Ich fuhr früher jedes Jahr nach Palm Beach«, sagte Chapman, »aber das war, bevor es so überlaufen war. Jetzt trifft man dort nur noch die breite Masse.«

»In Tampa nicht«, erklärte Hazel. »Letzten Winter habe ich dort sehr nette Leute kennengelernt, besonders ein Paar, die Babcocks. Aus Racine. Sie waren furchtbar nett zu mir. Fast jeden Abend haben wir Ma-Jong gespielt. Sie haben mich eingeladen, sie diesen Sommer in Racine zu besuchen, aber es ist etwas dazwischengekommen. Ach ja, das Kindermädchen meiner Schwester hat geheiratet. Eine Schwedin. Einfach tadellos, und meine Schwester hatte volles Vertrauen zu ihr.

Ich sage immer, wenn ein Schwedenmädchen tüchtig ist, dann *ist* es tüchtig. Jetzt hat meine Schwester ein junges Ding, etwa neunzehn, das für Filmschauspieler schwärmt und so zerstreut ist, daß meine Schwester eine Todesangst hat, sie könnte dem Kleinen Kaffee geben und die Milch selber trinken. Ein verrücktes Huhn. Jennie heißt sie. So bin ich eben nicht nach Racine gekommen.«

»Waren Sie schon mal im Yellowstone Park?«

»Ach, ist es da schön!« erwiderte Hazel. »›Old Faithful‹ ist doch einfach phantastisch! Weißt du«, erklärte sie ihrer Freundin, »das ist einer der Geysire, er heißt ›Old Faithful‹, weil er alle siebzig Minuten oder so emporschießt, regelmäßig wie eine Uhr. Fabelhaft! Und die verschiedenen Wasserfälle und Schluchten! Fabelhaft! Und dann die fabelhafte Aussicht vom Inspiration Point!«

»Waren Sie je bei den Tausend Inseln?«

»Fabelhaft! Ich wollte letzten Sommer wieder hin, mit einer Freundin von mir, Bess Eldridge. Sie war mit einem gewissen Harley Bateman verlobt. Ein fabelhafter Mensch, wenn er gerade nicht trank, aber wenn er ein paar gehabt hatte, war er einfach schrecklich. Bess und ich waren also in Chicago und gingen ins Theater – Eddie Cantor. Es war das erste Mal, wo ich ihn nicht als Neger geschminkt sah. Wir kamen also aus dem Theater damals, und wen trafen wir draußen – Harley Bateman, sternhagelvoll, mit einer gewissen Joan Killian aus Elkhart. Die Verlobung ging natürlich auseinander, und Bess hat dann letzten Herbst einen gewissen Wannop geheiratet, der in Minneapolis oben etwas mit Mühlen oder so zu tun hat. So bin ich dann doch nicht zu den Tausend Inseln gekommen. Das heißt, ein zweites Mal.

Aber ich finde, wer diese Reise nicht gemacht hat, der hat überhaupt nichts gesehen. Und Bess hätte es sicher gefallen. Sie kaute früher an den Fingernägeln, bis sie keine mehr hatte. Aber sie hat dann diesen Mann aus Minneapolis geheiratet.«

Nach dem Essen begaben sich die drei in den Aussichtswagen und gaben sich alle Mühe, das, was in Nebraska als Landschaft gilt, bemerkenswert zu finden.

Aus einem unklaren Grund fühlte sich Chapman an den Norden von Michigan erinnert.

»Waren Sie je droben im Norden von Michigan?«

»Gewiß«, sagte Hazel. »Ich war einmal eine Woche in Petoskey zu Besuch. Bei Freunden von mir, Gilbert mit Namen. Sie hatten ein eigenes Motorboot. Ina Gilbert, die Dame des Hauses, hatte früher das schönste Haar von der Welt, und dann bekam sie Typhus oder etwas, und die Haare fielen ihr alle aus. So spielten wir eben jeden Nachmittag und Abend Ma-Jong.«

»Ich meine, ganz oben im Norden«, sagte Chapman, »die Mackinac Insel und dort herum, wo es Kupfer gibt.«

»Ach, fabelhaft!« rief Hazel. »Calumet und Houghton und Hancock! Fabelhaft! Und die Überfahrt ist fabelhaft! Obwohl ich wahrscheinlich als einzige dieser Meinung war. Alle andern waren seekrank. Der Kapitän behauptete, es sei die stürmischste Fahrt, die er je gemacht habe, und er fuhr schon seit vierzig Jahren auf den Großen Seen. Ein andermal fuhr ich von Chicago nach St. Joseph hinüber. Aber da war es nicht so stürmisch. Wir besuchten das ›Haus Davids‹ in Benton Harbor. Da tragen sie lange Bärte. Wir lachten uns halbtot, Marjorie Trumbull und ich. Aber die Fahrt nach Petoskey machte ich allein.«

»Man trifft eine Menge Finnen dort oben im Norden«, bemerkte Chapman.

»Ja, und meine Schwester hatte einmal ein finnisches Dienstmädchen. Sie verstand fast kein Wort Englisch. Eine Finnin. Meine Schwester mußte ihr schließlich den Laufpaß geben. Jetzt hat sie eine Irin für die Hausgeschäfte und Jennie für die Kinder. Der arme kleine Dickie, mein Neffe, er ist fast sieben und hat natürlich alle Schneidezähne verloren. Er sieht furchtbar aus. Zähne machen doch viel aus! Meine Freundinnen sagen immer, sie beneiden mich um meine Zähne.«

»Da wir schon von Zähnen sprechen«, sagte Chapman, »sehen Sie das hier?« Er sperrte den Mund auf und zeigte auf eine große dunkle Lücke, wo einst ein Backenzahn gesteckt hatte. »Den habe ich mir vorgestern in Milwaukee ziehen lassen. Der Zahnarzt meinte, ich solle lieber Lachgas nehmen, aber ich sagte nein. ›Sie sind offenbar kein Angsthase‹, meinte er, und ich sagte, ich hätte nicht umsonst sechzehn Monate lang im Schützengraben gelegen. Nachher sagte er, es sei einer der schwersten Fälle gewesen, die er je gehabt habe. Die Wurzeln waren so groß wie Ihr kleiner Finger. Und der Zahn selber war voll von –«

»Ich mußte mir nur einmal einen Zahn ziehen lassen«, sagte Hazel. »Ich litt an Rheuma, und jemand meinte, es könnte von einem Zahn herrühren, aber das wollte ich zuerst nicht glauben, weil meine Zähne doch tadellos sind. Aber ich konnte schon seit Monaten nicht mehr schlafen, weil mir alle Glieder weh taten. So ging ich denn zuletzt für alle Fälle doch zu einem Zahnarzt, zu dem alten Dr. Platt, und er zog mir diesen Zahn da« – sie zeigte ihm, wo er gewesen war – »und mein Rheuma war wie verflogen. Die Schlaflosigkeit war etwas Furchtbares, meistens schlafe ich sonst wie ein Murmeltier. Auch jetzt wieder, seit dieser Zahn heraus ist.«

»In der Bahn schlafe ich nie besonders gut«, bemerkte Chapman.

»Ach, ich schon. Wahrscheinlich, weil ich es gewohnt bin. Gestern habe ich wunderbar geschlafen. Mildred hier bestand darauf, das obere Bett zu nehmen. Sie meinte, in der Nähe des Fensters würde sie überhaupt nie einschlafen. Ich persönlich schlafe sonst geradeso gern im obern. Es macht mir gar nichts aus. Ich ziehe es sogar vor. Aber es ist Mildreds erste lange Reise, und da durfte sie wählen. Wir hätten gerne ein Abteil für uns gehabt, aber die waren alle schon weg. Meine Schwester und ich hatten ein eigenes Abteil, als wir nach New Orleans fuhren. Damals schlief ich im obern.«

Mildred hätte sich gerne am Gespräch beteiligt. Wenn sie doch auch soviel gereist wäre; Chapman hielt sie sicher für furchtbar einfältig!

Sie hatte nichts zu erzählen, was für andere anhörenswert war, und es war etwas schwierig, wach zu bleiben, wenn man selber nicht redete, selbst in Gesellschaft so weitgereister Leute wie Chapman und Hazel. Chapman sah aus wie ein feiner Mann, und es war schrecklich, ihm gegenüber eine so einfältige Rolle zu spielen.

Aber schließlich *war* sie einfältig, sagte sie sich, und Hazels

Kenntnisse ließen sie doppelt einfältig erscheinen. Kein Wunder, daß ihr neuer Bekannter sie seit dem Mittagessen kaum angeschaut hatte.

»Waren Sie je in San Antone?« fragte Chapman seine Gefährtinnen.

»Fabelhaft, nicht?« rief Hazel. »Alamo! Fabelhaft! Und diese schmuddligen Mexikaner! Und Salt Lake City ist auch fabelhaft. Dieser Tempel! Und im See selber zu schwimmen ist ein Erlebnis. Weißt du, Mildred, das Wasser ist so salzig, daß man nicht untergeht. Man liegt einfach darauf wie auf einem Brett. Man geht nicht unter. Und noch ein fabelhafter Ort ist Lake Placid. Ich wollte letzten Sommer mit Bess Eldridge wieder einmal dorthin, aber sie war damals mit Harley Bateman verlobt, ein furchtbar netter Mensch, wenn er nicht betrunken war, aber einfach schrecklich, wenn er ein paar gehabt hatte. Ein Schulkamerad meines Bruders. Harley wollte bei der Fußballmannschaft mitmachen, aber der Trainer mochte ihn nicht. Sein Vater war Drogist und besaß das erste Auto in der Gegend. So sind wir denn im Sommer nicht nach Lake Placid gegangen, aber nächsten Sommer fahre ich bestimmt hin. Auch im Winter ist es übrigens wunderbar dort.«

»Ich habe ein komisches Gefühl in meiner Zahnlücke«, bemerkte Chapman.

»Mit meinen Zähnen«, sagte Hazel, »habe ich nie etwas zu tun gehabt, außer ein einziges Mal. Ich litt damals an Rheuma, und jemand meinte, es könnte von einem hohlen Zahn herrühren, aber ich wollte es nicht glauben, weil meine Zähne sonst tadellos sind –«

»Dieser war ganz entzwei«, sagte Chapman.

»Aber meine Freundinnen sagen immer, sie beneiden mich um meine Zähne; meine Zähne und meinen Teint. Ich bemühe mich, meinen Mund sauber zu halten und mein Gesicht, das ist es wohl. Aber in der Bahn ist es schwierig, sauber zu bleiben.«

»Wo wollen Sie denn hin? Zur Westküste?«

»Ja, nach Frisco und dann Los Angeles.«

»Nennen Sie es aber nicht Frisco, wenn Kalifornier dabei sind; sie hören es nicht gern. Ist es Ihre erste Reise dorthin?«

»Nein, ich war schon vor Jahren einmal dort.«

Sie wandte sich an Mildred.

»Das hast du nicht gewußt, wie?« sagte sie. Aber Mildred war eingeschlafen. »Die arme Mildred! Sie ist völlig erschöpft. Ist eben das Reisen nicht gewohnt. Sieht hübsch aus, finden Sie nicht?«

»Sehr hübsch!«

»Vielleicht nicht ausgesprochen hübsch«, sagte ihre Freundin, »aber süß, wie ein Wickelkind. Man sollte meinen, die Männer seien verrückt nach ihr, aber das ist nicht der Fall. Viele finden sie überhaupt nicht hübsch. Man kann wohl gar nicht richtig hübsch sein, wenn man nicht mehr Ausdruck hat im Gesicht als sie. Die arme Mildred ist immer ein bißchen zu kurz gekommen.«

»Um diese Jahreszeit möchte ich lieber in Atlantic City sein als in San Francisco.«

»Ach, Atlantic City, ist das nicht fabelhaft! Es gibt nur *ein* Atlantic City. Besonders im Winter. Im Winter trifft man da nur nette Leute. Im Sommer ist das anders. Ich will nicht vornehm tun, aber ich muß sagen, die Leute, die man da an diesen Ferienorten trifft, sind nicht immer mein Fall. Furchtbar. Vor zwei Jahren war ich mit Bess Eldridge in Atlantic City. Leider überließ ich es ihr, Zimmer zu bestellen, und sie telegraphierte ans Hotel Traymore, behauptete sie, aber sie hatten nichts mehr für uns. Wir versuchten es mit dem Ritz und dem Ambassador und noch mit andern, aber nirgends bekamen wir etwas, das heißt, nirgends, wo man gerne absteigen möchte. Bess war damals mit Harley Bateman verlobt. Jetzt ist sie mit einem gewissen Wannop aus Minneapolis verheiratet. Aber zu der Zeit, von der ich spreche, gingen wir nach Philadelphia und übernachteten bei meiner Tante, und zum Frühstück gab es Leberschnitten und Speck. Harley war ein feiner Kerl, wenn er nicht gerade trank. Aber am liebsten ist mir doch Atlantic City, jahraus, jahrein.«

»In Grand Island muß ich ein Telegramm aufgeben.«

»Ach, wenn ich von dort eins aufgäbe, wann käme es in Elkhart an?«

»Heute nacht oder morgen früh.«

»Ich möchte meiner Schwester telegraphieren.«

»Na also, schicken Sie das Telegramm von Grand Island aus.«

»Ich glaube, ich warte doch und schicke es von Frisco aus.«

»Aber bis wir dort sind, das dauert mehr als zwei Tage.«

»Aber vorher wechselt doch die Zeit, nicht?«

»Ja, in Nord-Platte.«

»Dann telegraphiere ich ihr doch von Grand Island.«

»Ihrer Schwester, sagten Sie?«

»Gewiß. Meiner Schwester Lucy. Sie hat Jack Kingston geheiratet, von der Autoreifenfabrik.«

»Ich habe wirklich ein leeres Gefühl, wo der Zahn war«, sagte Chapman.

Als der Zug in Nord-Platte abfuhr, im Laufe des Nachmittags, gesellte sich Chapman wieder zu den beiden Mädchen im Aussichtswagen.

»Also, meine Damen«, sgte er, »jetzt können Sie Ihre Uhren eine Stunde zurückstellen. Bis jetzt hatten wir Zentralzeit, jetzt gehen wir zur Bergzeit über.«

»Bergzeit«, wiederholte Mildred. »Daher stammt wohl die Redensart, ›es ist höchste Zeit‹.«

Hazel und Chapman schauten verständnislos drein, und Mildred wurde rot. Sie hatte das Gefühl, es sei wohl falsch gewesen, daß sie überhaupt etwas gesagt hatte. Sie schlug ihr Buch auf, ›Carlyle über Cromwell und andere‹, das Pfr. N. L. Veach ihr zu Weihnachten geschenkt hatte.

»Waren Sie je in Washington?« erkundigte sich Chapman bei Hazel.

»Ach, ist es nicht schön! ›Die großzügig angelegte Stadt‹. Fabelhaft. Ich war vor zwei Jahren mit Bess Eldridge dort. Wir wollten den Präsidenten sehen, aber es kam etwas dazwischen. Ach ja, Bess erhielt ein Telegramm von Harley Bateman, er werde am Nachmittag eintreffen. Und dann kam er gar nicht. Er war furchtbar nett, wenn er gerade nicht trank, aber schrecklich, wenn er geladen hatte. Bess löste die Verlobung mit ihm dann auf und heiratete einen gewissen Wannop, Mühlenbesitzer in Minneapolis. Sie war ein feines Mädchen, kaute aber an den Fingernägeln. So bekamen wir den Präsidenten nicht zu sehen, nahmen aber an einigen Sitzungen des Senats und des Repräsentantenhauses teil. Ist Ihnen klar, wie die überhaupt jemals etwas fertigbringen? Und wir sahen den Rock Creek Park und Mount Vernon und den Arlington Friedhof und Keiths Tingeltangel.

Moran und Mack traten dort auf, wissen Sie, die als Neger aufgemachten Komiker. Moran, oder war es Mack, der Kleine jedenfalls, sagte der doch zum andern – ich weiß nicht mehr genau, wie es ging, aber sie waren zum Schreien; Bess und ich, wir lachten uns schief. Und am letzten Abend unseres Aufenthaltes sahen wir noch Thomas Meighan in ›Trautes Heim‹. Fabelhaft! Harley Bateman kennt Thomas Meighan persönlich. Er hat ein schönes Haus draußen auf Long Island. Einmal war Harley dort eingeladen, aber es kam etwas dazwischen. Ach ja, Harley hatte einen Stiftzahn, und an dem Tag aß er Karamellen, und der Zahn fiel heraus –«

»Sehen Sie hier«, sagte Chapman und sperrte den Mund auf. »Diesen habe ich mir in Milwaukee ziehen lassen –«

»Harley war einfach süß, wenn er nüchtern war, aber schrecklich, wenn –«

Es fiel Mildred ein, ihre Anwesenheit könnte überflüssig sein. Hier waren offenbar verwandte Seelen, zwei, die überall gewesen waren und alles gesehen hatten. Aber in ihrer Gegenwart konnten sie natürlich nur über Ortsveränderung und Zahnheilkunde sprechen.

»Ich glaube, ich gehe in unseren Wagen und lege mich etwas hin«, erklärte sie.

»Ach, bitte nicht –«, sagte Chapman erstaunlicherweise, ließ es dann aber dabei bewenden.

Schon war sie weg, und die verwandten Seelen waren unter sich.

»Lake Louise«, sagte Chapman, »den haben Sie sicher auch schon gesehen?«

»Fabelhaft!« rief Hazel aus. »Haben Sie je etwas Hübscheres gesehen? Da redet man von den Seen in Irland und Schottland und der Schweiz, aber ich glaube nicht, daß sie den Vergleich mit Lake Louise aushalten. Ich war mit Bess Eldridge dort, kurz bevor sie sich mit Harley Bateman verlobt hat. Er war –«

»Ihre Freundin ist verteufelt hübsch.«

»Wie man's nimmt. Es ist wohl Geschmackssache.«

»Ist sie immer so still?«

»Die arme Mildred hat nicht viel zu sagen. Sie hat nicht viel gehabt vom Leben und hat deshalb auch nichts zu erzählen. Aber was wollte ich vorhin sagen? Ach ja, wegen Harley Bateman –«

»Das ist eigentlich keine schlechte Idee, sich etwas hinzulegen. Ich glaube, ich versuche es auch damit.«

Am nächsten Tag beim Mittagessen waren Chapman und Hazel allein.

»Mildred ist leider ein wenig bahnkrank«, erklärte Hazel. »Sie sagt, sie fühle sich wohl, aber sie hat keinen Hunger. Die Fahrt war wohl etwas zuviel für sie. Schließlich ist es das erste Mal, daß sie irgendwohin reist.«

In Wirklichkeit verhielt es sich so, daß Mildred sich nicht gerne anstarren ließ, und am Abend vorher beim Essen hatte Chapman sie die ganze Zeit angestarrt, als sei sie eine Kuriosität, als hege er Zweifel, ob es etwas so Einfältiges wirklich gebe. So war es ihr wenigstens vorgekommen. Dabei gefiel er ihr doch, und es wurmte sie, daß sie nicht war wie Hazel, nie verlegen um interessanten Gesprächsstoff.

»In einer halben Stunde sind wir in Ogden«, bemerkte Chapman, »dort haben wir fünfundzwanzig Minuten Aufenthalt. Das sollte genügen, um Ihre Freundin von ihrer Bahnkrankheit zu heilen, oder was immer ihr fehlt. Sie sollte aussteigen und sich an der frischen Luft etwas Bewegung verschaffen.«

»Sie scheinen großen Anteil an ihr zu nehmen«, sagte Hazel.

»Sie ist reizend«, erwiderte er. »Und außerdem tut mir jedermann leid, der –«

»Männer finden sie sonst nicht reizend. Auf ihre Art ist sie ganz hübsch, aber doch etwas kindlich.«

»Das finde ich gar nicht –«

»Hier wechselt die Zeit wieder, nicht?«

»Gewiß. Wieder eine Stunde zurück. Wir gehen von der Bergzeit zur Pazifischen Zeit über. Manche behaupten, es sei nicht gut für die Uhr, wenn man sie zurückdreht, aber meiner hat es noch nie geschadet. Diese Uhr –«

»Meine hier habe ich in New York gekauft«, sagte Hazel. »Das war vor etwa zwei Jahren, das letzte Mal, als Bess Eldridge und ich dorthin fuhren. Warten Sie mal, war das vor oder nach ihrer Entlobung? Es war vorher. Aber Harley sagte, er kenne den Geschäftsleiter des Belmont und werde ihm telegraphieren, damit wir ein gutes Zimmer bekämen. Natürlich vergaß er zu telegraphieren, so daß wir schließlich im Hotel Pennsylvania landeten, Zimmer Nr. 1012. Nein, Nr. 1014. Es war ein Ehepaar aus Pittsburgh, Bradbury mit Namen, das Nr. 1012 hatte. Der Mann hinkte. Bess wollte Jeanne Eagels in ›Regen‹ sehen, und wir versuchten, am Kiosk Karten zu kriegen, aber da hieß es 15. Reihe. Statt dessen gingen wir dann ins Palace. Ina Claire spielte da. Und am nächsten Morgen kamen wir also zum Frühstück herunter, und wen trafen wir da? Niemand anders als Dave Homan. Wir hatten ihn im Frühling in French Lick kennengelernt. Fabelhaft ist es dort, in French Lick!

Nun, Dave wollte uns unbedingt New York zeigen, als ob wir es nicht schon vorwärts und rückwärts gekannt hätten. Aber es war höchst unterhaltsam. Wir kamen aus dem Lachen nicht heraus. Ich weiß noch, Dave führte uns ins Aquarium, und da waren natürlich massenhaft Leute, und Dave gab einem der Aufseher fünfundzwanzig Cents, um ›Herrn Fisch‹ auszurufen. Zum Schreien! Dave hat mir einmal einen Heiratsantrag gemacht, nur so zum Spaß, und ich sagte ihm, das komme nicht in Frage, man habe mir gesagt, lachen mache dick, und wenn ich mit ihm zusammenlebte, müßte ich meine Kleider bald beim Zeltmacher beziehen. Dave sagte, wir würden gut zusammenpassen, da wir beide viel Sinn für Humor haben. Nicht um alles in der Welt möchte ich meinen Sinn für Humor aufgeben. Ich weiß nicht, wie man ohne Sinn für Humor überhaupt leben kann. Mildred, zum Beispiel; sie sieht nie, was komisch ist an einer Sache, bis man es ihr graphisch darstellt, und selbst dann schaut sie einen an, als sei man übergeschnappt.

Aber ich wollte Ihnen von Dave Homan erzählen. Wir plauderten und kamen vom Hundertsten ins Tausendste, und ich sagte zufällig etwas von Harley Bateman, und Dave fragte: ›Harley Bateman? Kennen Sie Harley Bateman?‹ Und Bess und ich lächelten einander zu, und ich sagte, ja, den kennen wir wohl. Nun, offenbar waren Dave und Harley miteinander in Atlantic City gewesen, auf irgendeiner Vereinstagung, und sie tranken etwas, und David hatte nachher die größte Mühe, zu verhindern, daß Harley polizeilich in Gewahrsam genommen wurde. Wenn er trinkt, ist er ganz anders, wie Tag und Nacht. Dave hat ihm damals herausgeholfen, und später trafen sie einander wieder in Chicago. Oder war es in Duluth? Und der nächste Tag war ein Mittwoch, und Dave ließ es sich nicht nehmen, Bess und mich zu einer Nachmittagsvorstellung von ›Regen‹ einzuladen, aber Bess mußte zum Zahnarzt –«

»Sehen Sie das hier?« unterbrach sie Chapman, wobei er den Mund weit aufsperrte.

»So ging denn Dave mit mir allein hin, und er sagte, er habe schon lange auf eine solche Gelegenheit gehofft. Drei seien einer zuviel, sagte er. Ich glaube, wenn ich ihm auch nur halbwegs entgegengekommen wäre ... Aber der Mann, den ich heirate, muß etwas mehr als ein Witzbold sein. Er muß etwas gesehen haben von der Welt und Menschenkenntnis haben und Herzensbildung. Und natürlich auch Sinn für Humor. Das ist es, was Dave Homan fehlt – er kann überhaupt nie ernst sein. Harley Bateman ist doppelt soviel wert wie er, wenn er nicht trinken würde. Er ist wie ausgewechselt, wenn er trinkt. Schrecklich ist das. Bess Eldridge war mit ihm verlobt, aber sie löste die Verlobung auf, nachdem wir ihn zufällig in Chicago in Begleitung von Joan Killian gesehen hatten. Jetzt ist Bess verheiratet mit einem gewissen Wannop, einem Mühlenbesitzer aus Minneapolis. Nach der Vorstellung trafen wir uns dann wieder mit Bess. Sie war beim Zahnarzt gewesen –«

»Vor drei Tagen, in Milwaukee –«, begann Chapman.

»Und am nächsten Nachmittag nahmen wir das Schiff nach Boston. Ich war natürlich auch schon in Boston gewesen, aber noch nie mit dem Schiff. Harley Bateman hatte uns gesagt, es sei eine feine Fahrt, so beschlossen wir, es einmal zu wagen. Wir liefen also um fünf Uhr aus, und Bess und ich standen an Deck, als jemand von hinten auf uns zukam und mir mit den Händen die Augen verdeckte und sagte: ›Rat mal, wer ist's?‹ Also ich hätte es niemals erraten. Es war Clint Poole aus South Bend. Stellen Sie sich das vor! Harley Batemans Schwager!«

»Da ist Ogden«, sagte Chapman, als der Zug bremste.

»Ach, und ich muß der Schwester noch ein Telegramm schicken. Meiner Schwester, Lucy Kingston.«

»Ich glaube, ich gehe etwas an die frische Luft«, erklärte Chapman, aber zuerst ging er in den Wagen, wo Mildred über ihrem Buch saß.

»Fräulein Mildred«, sagte er, »wie wär's, wenn Sie morgen früh mit mir frühstückten? Ich möchte Ihnen die Lawinenverbauungen zeigen.«

»Das wäre fein!« sagte Mildred. »Ich will es Hazel mitteilen.«

»Nein«, sagte Chapman. »Sagen Sie Hazel bitte nichts davon. Ich möchte sie Ihnen allein zeigen.«

Auch wenn Mildred das Bahnfahren gewohnt gewesen wäre, hätte sie eine solche Bemerkung nicht schlafen lassen.

Mildred fand Chapman am nächsten Morgen im Speisewagen, wo er auf sie wartete, eine Stunde westlich von Truckee.

»Sind das dort die Lawinenverbauungen, von denen Sie sprachen?«

»Gewiß«, erwiderte er, »doch über die reden wir später. Zuerst möchte ich Sie einiges fragen.«

»Mich?« staunte Mildred. »Mich etwas fragen? Das müssen aber einfache Fragen sein, sonst bleibe ich Ihnen die Antwort bestimmt schuldig.«

»Meine Fragen sind einfach genug«, sagte Chapman. »Erstens, kennen Sie Harley Bateman?«

»Ich habe von ihm gehört, aber ich kenne ihn nicht.«

»Kennen Sie Bess Eldridge?«

»Wir grüßen uns, das ist alles.«

»Was für Reisen haben Sie außer dieser schon unternommen?«

»Gar keine. Dies ist wirklich das erste Mal, daß ich irgendwohin reise.«

»Ist Ihre Freundin jemals verlobt gewesen?«

»Ja, zweimal. Beide Verlobungen gingen auseinander.«

»Das kann ich mir denken. Wo hätte auch die Hochzeitsreise hingehen sollen!«

»Was meinen Sie damit?«

»Ach, nichts. Sagen Sie, hab ich Ihnen schon erzählt, wie ich mir in Milwaukee einen Zahn ziehen ließ?«

»Ich glaube nicht«, sagte Mildred.

»Ich hatte da schrecklich Zahnweh. Vor vier Tagen. Ich dachte, da muß was geschehen, und ging zu einem Zahnarzt und sagte, er solle mir den Zahn ziehen. Er riet mir zu Lachgas, aber ich wollte nicht. So zog er ihn mir denn, und ich ging fast drauf, aber ohne mit der Wimper zu zucken. Er meinte, es sei einer der schwersten Fälle gewesen, die er je gehabt habe; Wurzeln so groß wie Ihr kleiner Finger. Und der Zahn selber voll Eiter.«

»Entsetzlich! Sie sind offenbar sehr tapfer.«

»Sehen Sie hier, die Lücke«, sagte Chapman und sperrte den Mund auf.

»Aber, Herr Chapman, das muß ja furchtbar weh getan haben!«

»Sagen Sie Dan zu mir.«

»Ach, lieber nicht.«

»Also, sagen Sie mal, werden Sie in San Francisco die ganze Zeit mit Fräulein Hazel zusammensein?«

»Nein, das nicht«, sagte Mildred. »Hazel will eine Zeitlang zu ihrer Tante in Berkeley auf Besuch. Und ich wohne im Hotel Fairmont.«

»Wann fährt sie nach Berkeley?«

»Nächsten Dienstag, glaube ich.«

»Darf ich Sie nächsten Mittwoch anrufen?«

»Aber dann ist Hazel nicht da.«

»Ja, ich weiß«, sagte Chapman, »aber wenn es Ihnen recht ist, rufe ich Sie doch an. Was nun diese Lawinenverbauungen betrifft –«

Gabriele Wohmann
Sechzig paßt

Ja, ist's denn die Möglichkeit! Die kleine Sabina, die Kalamitäten-Sabina von einst! Aus besseren Tagen, lang, lang ist's her, in einen schnöden Intercity-Zug gezaubert! Das grenzt ja an ein Wunder!

Jean Strobel schien ein wenig betrunken zu sein. Er hielt sich am Nackenpolster des Vorsitzes mit der linken Hand fest, er schwankte mit den Bewegungen im Großraumwagen, mit der rechten Hand hörte er endlich auf, Sabinas Handgelenke festzuhalten und zu schütteln.

Ist das zu fassen?

Ja, muß es wohl. Ich bin noch immer da. Ich bin noch nicht gestorben. Sabina dachte: Verdammtes Pech. Unterwegs auf irgendwelche Bekannten zu stoßen, haßte sie.

Aus dem Reich der Toten, fürwahr! Jean Strobel lachte, wurde etwas ernster. Um ehrlich zu sein, ich habe nicht gewußt, daß Sie noch leben. Fällt mir schwer, das zu sagen. Jean Strobel, dem es überhaupt nicht schwerzufallen schien, lachte nun wieder.

Tut mir schrecklich leid für Sie, aber ich lebe. Sieht jedenfalls ganz so aus. Sabina ärgerte sich nicht mehr nur über Jean Strobel, sie war auch wütend auf ihre triebhafte gierige Gewohnheit, bei anderen Menschen einen nachhaltig becircenden Eindruck zu plazieren, um ihn dort in fremden Gedächtnissen auf festen Stammplätzen zu hinterlassen. Sie fragte sich: Wie sehe ich aus? Glühkopf?

Jean Strobel wurde von einem Bremsvorgang ein Stück vorwärts und auf Sabinas Sitz zu geworfen.

Allen Ernstes, ich dachte, Sie seien gestorben. Kleine Sabina von anno dazumal. Ach, was für Zeiten, endlos her. Pardon, ich bin nicht sehr taktvoll.

Sind Sie nicht, bestätigte Sabina, die gleichwohl dem Kritiker zulächelte, wofür sie sich verachtete. Deshalb kramte sie nach ihrem Lesevorrat für die Strecke München–Mainz. Sie griff nicht nach dem Krimi – welcher Glücksfall, sie hatte außerdem Becketts letztes Werk eingepackt. Großartiger Titel. Sie hielt den Einband unter Jean Strobels glasig blauen Blick. »Immer noch nicht mehr«. Ich nehme an, die Übersetzerin fand den Titel irgendwo im Text verborgen.

Sie möchten lesen? Jean Strobel setzte sich trotzdem auf den Einzelsitzplatz schräg gegenüber von Sabinas Doppelsitzen und verkürzte die Entfernung mit weit über den Flur ausgestreckten Beinen. Daß die kleine aufregende Sabina alt würde, älter ... schwer zu begreifen.

Wer nicht stirbt, wird alt und älter. Auch ihr Männer von damals werdet älter und alt. Sabina empörte sich und ließ es Jean Strobel nicht merken. Sein gerötetes Gesicht war in einzelne Fleischfladen aufgeteilt, die vertikal von den horizontal angelegten Tränensäcken abwärts zum schlabbrigen, ebenfalls fladenhaften Hals sanken. Ich habe besser auf mich aufgepaßt als du alter Wichtigtuer, dachte sie. Ich kann mich noch sehen lassen, vielleicht nicht gerade heute, aber manchmal schon.

Sabina, mit Ihnen gab's nie Langeweile. Sie schienen immer so verflucht katastrophenbedroht und verirrt und unglücklich. Da war doch diese Ehe ...

Die ist immer noch da und nicht unglücklich.

Aber Künstlerinnen dürfen nicht glücklich sein, schon gar nicht glückliche Ehefrauen, wußten Sie das denn nicht?

O doch, das weiß ich, und ich wußte es, ich hab's von euch allen gelernt.

Jean Strobel tauchte in Erinnerungen, schmerzensselig. Unsere Feste damals! Und die Reise unserer Clique nach Sils! Sie kamen morgens über den Flur, es war nicht auf Ihrer Etage, und Sie hatten Ihren Ringelpullover falsch rum an, ich denke, Sie kamen damals aus Reitmillers Zimmer. Jean Strobel lächelte mit Sabina, als sei sie seine Patientin. Sie hatten immer etwas Nostalgisches. Ich fürchte, kein Mensch, keiner von uns allen, hat in diesen aufregenden alten Zeiten Ihre

Sehnsucht stillen können, diesen Durst, dieses Heimweh nach irgendwohin.

Oh oh, machte Sabina. Sie fing an, sich aufzuregen; daß ihr Gesicht glühte, stand inzwischen fest, und von nun an wäre es aus mit dem günstigen Erinnerungsplatz in Jean Strobels kleinen grauen Zellen. Früher eilte eine winzigste Sabina-Mimik, ein Seufzer von ihr, übereinandergeschlagene Beine im viel zu kurzen Rock, ein kleiner Satz zu den Rezeptoren in männlichen Gehirnen: das spezielle Sabina-Suchtmittel. Der Sabina-Nervenbotenstoff, der im limbischen System ansetzt, in der Hirnregion, worin Wahrnehmungsreize zu Gefühlen verarbeitet werden. Sabina wirkt, und man wird abhängig von ihr. Ja, früher!

Aber man hört und sieht nichts mehr von Ihnen, also bin ich doch ein bißchen gerechtfertigt mit meiner Todesanzeige für Sie. Jean Strobel blickte neugierig, gerade noch. Schon dicht davor, sein Interesse zu verlieren. Sabina spürte von jeher solche Winzigkeiten. Der Kritiker verströmte einen angegorenen Geruch und brauchte vermutlich wieder einen Schluck Wein.

Ich synchronisiere viel, hören kann man mich demnach schon noch oft genug.

Schlechter Agent? Agentin? Diesmal wollte Jean Strobel offenbar höflich sein. Die Konkurrenz schläft nicht, oder?

Das Lampenfieber, der ganze Streß, ich war's leid, log Sabina schroff abweisend. Was gingen den Trottel ihre Probleme mit blasierten Regisseuren und deren Vorlieben an? Dieser affige Kritiker, der eitle Pfau, er hatte sie ohnehin niemals beachtet. Er hatte sich nie zu einer Kritik über sie herabgelassen.

In diesem Augenblick wollte der affige Kritiker und eitle Pfau, nach dessen Lob – nur eine einzige Hymne, nur einmal wenigstens eine einzige Würdigung ihres Talents – sich Sabina zwanzig Jahre lang vergebens gesehnt hatte, tiefsinnig und traurig stöhnen, doch er mußte rülpsen und deshalb vordringlich diese beiden chemophysikalischen Prozesse aus seinen Innereien koordinieren. Er habe soeben an die arme unnachahmliche, unvergeßliche schmerzensreiche und hoch-, ja allzu hochbegabte Elena Traumann denken müssen. Die Traumann, die Traumfrau – und ihr schrecklicher Tod in den Flammen. Ein loderndes Ende.

Schrecklich. Aber es hat zu ihr gepaßt. Gestorben, verbrannt. In einem Feuer aufgegangen. Jean Strobel schwärmte. Ihr ganzes Leben war ein Feuer, nicht wahr?

Schon möglich.

Sie war sozusagen eine Kerze mit zwei Dochten. Brannte ab, auf beiden Seiten. Von unten nach oben und von oben nach unten. Meinen Sie nicht?

So kann man es sehen. Sabina fügte hinzu, sie habe ihre Kollegin nicht besonders gut gekannt. Sie sagte spitz: Sie muß wohl so um die zehn, wenn nicht mehr Jahre älter gewesen sein als ich.

Schrecklich fand Jean Strobel, der Sabina zur Zeit nicht wahrnahm, diesen Tod der Künstlerin, und gleichzeitig wundervoll. Grandios.

Gut, da war zwar diese brennende Zigarette, weil sie einschlief, und das Feuer, aber gestorben ist sie an was Banalem, sagte Sabina in nüchternem Ton, für dessen Gelingen sie sich ein Kompliment zudachte. Sie ist gestorben, weil niemand in der Klinik wußte, daß sie süchtig war, und sie konnte es nicht sagen, welche hunderttausend Pillen sie unbedingt haben mußte. Die Brandwunden bekamen sie ja in den Griff.

Jean Strobel stand auf und schwankte nun wieder im Gang zwischen den Sitzreihen. Die Landschaft verpasse ich auch, dachte Sabina zornig. Schöne graugrüne Gegend, schöne trübe Bevölkerung, wird alles von mir verpaßt. Über ihre Bitterkeit und die Eifersucht auf Elena Traumann gewann der eingebaute Mechanismus, nach dem sie anderen Menschen gefallen wollte, die Oberhand. Sie sagte: Ja ja, gut und recht, vorher waren die Flammen. Wer raucht schon nicht im Bett?

Sie haben die herrliche Elena nicht gemocht?

Jean Strobel stützte sich zu spät ab, und mit einem Ruck des Zugs stieß er schräg über den freien Sitz, und sein Fladenlächelgesicht stürzte auf Sabinas Glühkopf zu.

Doch doch, sagte Sabina, als Jean Strobel wieder aufrecht stand. Aber wie gesagt, ich kannte sie nicht sehr gut, der Altersunterschied, nicht wahr?

Ich weiß, ich weiß. Jean Strobel klang sentimental. Als Elena sechzig geworden wäre, schrieb ich ein paar Zeilen über sie, und auch das ist nun schon wieder einige Jahre her.

Genau diese sogenannten paar Zeilen ärgern mich jeden dritten Tag. Sabina dachte nur, was sie dem Kritiker nun endlich hätte sagen können. Der Schaffner störte die Szene, drängte sich zwischen Strobel und Sabina, begutachtete Sabinas Billett und knipste es, während sie laut sagte: Genau zehn Jahre her.

Was ist genau zehn Jahre her?

Ihre Elena-Traumann-Prosa. Sabina lachte, wie sie hoffte: attraktiv. Und diesmal bin ich dran mit diesem grauenhaften Geburtstag. Und bei mir wird er stattfinden. Absolut schrecklich. Idiotin, schimpfte sie sich. Warum so bekenntnishaft. Deine Ehrlichkeit hat er nicht verdient. Gib's ihm! Sie war jetzt in Fahrt, sie sah Jean Strobel nicht an, statt dessen die Buchstaben auf dem Einband ihres Buchs: »Immer noch nicht mehr«. Ich weiß wohl, was Sie damals geschrieben haben, es hat sich mir ganz unleidlich eingeprägt. »Sechzig zu werden, das hätte zu einer Elena Traumann nicht gepaßt.« Das haben Sie geschrieben. Ob es der genaue Wortlaut war oder nicht, die Tendenz stimmt, die Aussage.

Richtig. Jean Strobels Bestätigung klang stolz und ergriffen. Sie war die Mädchenhafte. Elena und sechzig, o nein! Die geröteten Fladen in seinem Gesicht wackelten ein bißchen, als er sich wie angewidert schüttelte.

Aber zu wem paßt es denn, sechzig zu werden? Sabina wollte nun leiden. Unverändert am Dauerwunsch festgekrallt, Menschen gut zu gefallen, extrem gut, mußte sie doch einen Groll abladen, der ihr seit zehn Jahren zu schaffen machte, und zwar beim Urheber persönlich. Sie dachte: Paßt es denn zu mir, daß ich demnächst sechzig werde? Und warum schadet das Alter all euch schwammig gewordenen Männern gar nicht erst? Um ihren Zorn zusammen mit dem

Nervenbotenstoff »Sabina ist erste Klasse, alterslose Sabina« in Strobels Rezeptoren zu schicken – beeilt euch, ihr Neurotransmitter! –, fragte sie kokett: Paßt es etwa zu mir, sechzig zu werden?

Zu Elena Traumann hätte auch eine Ehe nicht gepaßt, glücklich oder unglücklich, fand Jean Strobel heraus, bis er in sich erforscht hatte, dagegen, daß Sabina sechzig werde, sei nichts einzuwenden. Machen Sie sich deswegen also keine Sorgen, meine Liebe.

Also, ich kann ruhig sechzig werden?

Doch, ja, warum nicht?

Aber der verkehrt herum angezogene Ringelpullover? Die latente Kalamitätengefahr?

Erinnerungen, Erinnerungen, säuselte Jean Strobel.

Draußen folgte jetzt eine ordentliche, wirtschaftlich gründlich ausgebeutete und von Zersiedelungen verhunzte Spießbürgerkleinstadt der andern.

Bald Stuttgart. Ich werde bald am Ziel sein. Jean Strobel rappelte sich auf. Zeit zum Abschied.

Für mich müßte dieser Beckett-Titel in zwei Hälften geteilt werden, sagte Sabina. In »Immer noch«: Ach, sie lebt ja immer noch, wie unklug von ihr, wie wenig romantisch, daß sie sechzig wird ...

Ach ach ach, machte Jean Strobel. Er lächelte nachsichtig und glücklich.

... und in »Nicht mehr«. Nicht mehr interessant. Keine falsch rum angezogenen Pullover. Eigentlich doch nicht mehr am Leben. Sabina lachte. Tut mir leid, ich lebe.

Meine Liebe, das ist doch höchst erfreulich. Strobels wäßrige hellblaue Augen brachten das Kunststück fertig, nicht zu tränen. Sie sahen zum Überlaufen voll aus. Nur gewisse Künstlerinnen sollten weder verheiratet sein noch sechzig werden, die Stars unter ihnen, die Elena Trautmanns, die Unglücklichen. Genießen Sie es, auf der anderen Seite vom Drahtseil zu balancieren, dort, wo das Netz aufgespannt ist.

Zu Männern paßt sechzig und Ehe?

Jean Strobel fand heraus, ja, es mache nichts aus, er habe

noch nicht darüber nachgedacht, aber doch, es gehe beides, sechzig und Ehe.

Tolle Frau, irre Frau, wie konnte ich Idiot sie bloß aus dem Gedächtnis verlieren, so soll er von mir denken, der geile alte Schnüffler. Aber wie schaffte Sabina das bloß bis Stuttgart Hauptbahnhof?

Ein Glücksfall kommt immer unerwartet. Der Kritiker fragte: Bis wohin fahren Sie? Er erkundigte sich, in Aufbruchstimmung, förmlich und unkonzentriert.

Sabina, die nach Haus in die bürgerliche Ehe fuhr, welche in Bad Kreuznach stattfand, Mainz umsteigen, reagierte erleuchtet: Nach Köln. Aber nicht weitersagen, bitte! Das muß unter uns bleiben, ja? Ich flehe Sie an! Und dazu ein Lächeln, eilig abgeschickter Botenstoff wie damals, an die allerdings wahrscheinlich altersschlaffen Adressaten, die Rezeptoren im Gehirn des Kritikers Strobel.

Aber, o Wunder und zweiter Glücksfall: Strobel lächelte zurück, schmierig und großartig. Immer noch, tz tz. Die Fortsetzung der verkehrt herum angezogenen Ringelpullover auf den verkehrten Hoteletagen. Respekt Respekt. Kompliment. Na dann, auf gutes Gelingen.

Nicht mehr, dachte Sabina, aber das war nur der einfallslose Verstand, den das langweilige »Nicht mehr« sogar erleichterte, dem es bequem war und der es guthieß. Immer noch, wußte das phantasievolle Gefühl.

Noch mehr statt nicht mehr, und immer noch. Auch eine Art, sechzig zu werden. Bye-bye, sagte Sabina.

Sie gaben sich je heiße Hände. Irre tolle Frau, dachte der Kritiker, wenn auch nicht weit übers Bahnhofsportal hinaus; Sabina verstand einiges von Psychologie und alternden Zellen. Jetzt verzichtete sie freiwillig auf Landschaftsausblicke und eine angenehme, melancholisierende Nachdenklichkeit und ging nach vorne zu den Nichtrauchersitzen. Sie setzte sich neben jemanden, der nicht darüber nachdachte, ob es zu ihr paßte, daß sie sechzig wurde.

Hallo, da bin ich wieder, begrüßte sie ihren Mann.

Paul Theroux

»Die Atlantikbahn«: der Zwölfuhrzug nach Limón

Costa Rica hat zwei Eisenbahnlinien, jede mit ihrem eigenen Bahnhof in San José. Dieses »Schienennetz« veranschaulicht die Gleichgültigkeit des Landes gegenüber seinen Nachbarn: es führt zu den Küsten, aber nicht zu den Grenzen. Die Pazifikbahn geht nach Puntarenas am Golf von Nicoya, die Atlantikstrecke führt hinauf nach Puerto Limón. Der Atlantikbahnhof ist der ältere; Teile seiner Strecke werden seit fast hundert Jahren befahren. Vor dem Bahnhofsgebäude kann der Reisende eine aufgebockte Dampflokomotive bewundern – in El Salvador wäre ein solches Gerät noch keuchend und pfeifend auf der Gebirgsstrecke nach Santa Ana im Einsatz, in Guatemala hätte man sie längst eingeschmolzen und zu Splitterbomben für die »Weiße Hand« verarbeitet.

Täglich um zwölf Uhr mittags geht vom Atlantikbahnhof ein Zug nach Limón. Ein großartiger Zug ist es nicht, aber für zentralamerikanische Verhältnisse ist es die »Brighton Belle«: fünf Personenwaggons, zwei Klassen, keine Güterwaggons. Ich hatte mich auf diesen Zug gefreut, weil er auf einer Strecke fährt, die als eine der schönsten der Welt gilt: vom gemäßigten Bergklima der Hauptstadt durch die tiefen Täler im Nordosten und schließlich zur tropischen Küste, die Kolumbus, als er 1502 auf seiner vierten Reise hier vorbeikam, wegen ihres üppigen Urwalds Costa Rica, »reiche Küste«, nannte. Er glaubte sich hier am Ziel, in der grünen Pracht Asiens. (Kolumbus kreuzte vor der Küste und lag vier Monate lang vor Panama krank danieder; grausamerweise sagte ihm niemand, daß auf der anderen Seite der Berge noch ein riesiger Ozean lag: die eingeborenen Indianer blieben taub für seine Bitten um Aufklärung darüber.)

Die landschaftlich schönste aller Routen in Zentralamerika; aber ich hatte noch einen guten Grund, San José mit diesem Zug zu verlassen. Seit meiner Ankunft in Costa Rica hatte ich ziemlich viel Zeit in der Gesellschaft trinkfester amerikanischer Exilanten zugebracht – Andy Ruggles und der diabolische Dibbs waren nur zwei von vielen. Nach El Salvador, das kein großer Spaß gewesen war, hatte ich ihre Gesellschaft genossen, aber jetzt war ich wieder fähig, mich allein weiterzubewegen. Reisen ist im besten Fall eine einsame Unternehmung. Um schauen, sehen und urteilen zu können, muß man allein und unbelastet sein. Andere Menschen können einen in die Irre führen; sie besetzen deine mäandernden Eindrücke mit ihren eigenen; wenn sie gute Gesellschaft sind, verstellen sie deinen Blick, wenn sie langweilig sind, verderben sie die Stille mit nicht zu beantwortenden Gemeinplätzen und zerstören deine Konzentration mit: »Oh, guck mal, es regnet!« oder: »Hier gibt es aber eine Menge Bäume.« Allein reisen kann schrecklich einsam sein – und stößt auf völliges Unverständnis bei Japanern, die dich sehen, wie du gedankenverloren über einen Morgen Land voll mexikanischer Butterblumen vor dich hin lächelst, und dich fragen, wo denn die anderen aus deiner Gruppe sind. Ein Abend in einem Hotelzimmer in einer fremden Stadt; mein Tagebuch ist auf den neuesten Stand gebracht; ich sehne mich nach Gesellschaft: Was tun? Ich kenne hier niemanden, also gehe ich spazieren, sehe mir die drei Straßen der Stadt an und bin ein bißchen neidisch auf die flanierenden Pärchen und die Leute mit Kindern. Die Museen und Kirchen sind geschlossen, gegen Mitternacht sind die Straßen leer. »Tragen Sie keine Wertsachen mit sich herum«, war ich gewarnt worden, »sie werden Ihnen nur gestohlen.« Wenn ich angegriffen werde, kann ich mich nur in meinem allerbesten Spanisch entschuldigen: »Tut mir leid, Señor, aber ich habe nichts Wertvolles bei mir.« Das ist bestimmt der sicherste Weg, einen Dieb in Rage zu bringen und zu Gewalt herauszufordern. Es ist gefährlich, auf diesen dunklen Straßen herumzulaufen, doch die Bars sind offen. Ruggles und Dibbs warten. Sie nehmen meiner Langeweile den Fluch, aber ich habe den leisen Verdacht, daß Ruggles und Dibbs, wenn ich zu

Hause geblieben wäre und mich bis Mitternacht in der Innenstadt von Boston herumgetrieben hätte, in der Two O'Clock Lounge *(»20 splitternackte Collegegirls!!!«)* auf mich gewartet hätten. Dafür mußte ich nicht erst mit dem Zug nach Costa Rica fahren.

Es ist nicht leicht, in Gesellschaft klarzusehen oder zu denken. Ich fühle mich nicht nur dadurch gehemmt, sondern habe, wenn jemand in meiner Nähe laut denkt, auch Schwierigkeiten, so zu empfinden, wie es für das Schreiben nötig ist. Ich werde abgelenkt, aber ich suche keine Ablenkung, sondern Entdeckungen. Um das Gesehene einzufangen, das, so banal es auch sein mag, meiner privaten Stimmung nach etwas Besonderes, Bemerkenswertes ist, bedarf es der Luzidität der Einsamkeit. Im Gefühl der Niedergeschlagenheit liegt etwas, was mein Gehirn beschleunigt und für flüchtige Eindrücke extrem empfänglich macht. Später werden diese Eindrücke vielleicht widerlegt oder gestrichen, vielleicht auch verifiziert und nachgeschliffen, in jedem Fall aber bleibt mir die Befriedigung, das Ganze allein zuwege zu bringen. Reisen sind keine Ferien, sondern oft genug das Gegenteil von Erholung. Meine Freunde hatten mir bei meiner Abschiedsparty an der South Station »Viel Spaß« gewünscht – nicht gerade das, worauf ich gehofft hatte. Ich wünschte mir ein bißchen Risiko, etwas Gefahr, ein unvorhergesehenes Ereignis, lebhaftes Unbehagen, die Erfahrung meiner eigenen Gesellschaft und, in bescheidenem Maße, die Romantik der Einsamkeit. Dies alles, hoffte ich, würde der Zug nach Limón mir bringen.

Ich suchte mir einen Fensterplatz in einer Ecke und sah mir an, wie die Häuser kleiner wurden, während wir die Vororte von San José hinter uns ließen. Sie wurden immer kleiner – aber im Gegensatz zu den Häusern in allen anderen zentralamerikanischen Vororten nicht schmutziger und baufälliger –, je weiter wir uns der Peripherie der Stadt näherten. Die Fahnen von den vergangenen Wahlen hingen noch da, Wahlplakate und -slogans klebten noch an den Wänden. Es gab Häuser im Ranchstil, Bungalows, quadratische Häuser mit Blechdächern, Häuser aus Holzschindeln und Beton. In den kleinen Ansiedlungen leuchteten sie in Pink, Grün und Zitronengelb, in den feineren Villenvierteln ziegelrot und weiß inmitten weiter grüner Rasenflächen. Und dann, ohne die Müllkippe, den Slum oder den schmutzigen Fluß mit den grauen Seifenschaumschlieren zu passieren, der jede andere Stadt begrenzt, die ich bis jetzt gesehen hatte, sausten wir in die Landschaft hinein, vorbei an Bananenhainen und Kaffeefeldern, schattigen Plantagen zwischen grünbewaldeten Hügeln. An diesem späten Februartag war es sonnig und kühl, und hier, neben dem Bahndamm, stand ein einheimischer Imker, hakennasig und dünn wie ein Sherlock Holmes im Ruhestand; er sah von seinen umschwärmten Bienenstöcken auf und grinste den Zug an.

Auch das kleinste, ärmste Haus war säuberlich gestrichen, der Eingang gefegt, gestärkte Vorhänge flatterten durch die Fenster. In den Gärten sah ich Feuerholzstapel, Gemüse- und Blumenbeete. Es waren stolze kleine Häuser, und ihr Stolz gab ihnen Würde. An allem haftete etwas Vollständiges, Formelles, das sich in der Kleidung der Fahrgäste im Zug widerspiegelte: die Mädchen trugen Sonnenhüte, die Frauen Umschlagtücher, die Männer weiche Filzhüte.

Über die Hälfte meiner Mitreisenden waren Schwarze, was mich wunderte: ich konnte mich nicht erinnern, in San José Schwarze gesehen zu haben. Den Körben und Einkaufstaschen nach waren es Costaricaner und keine Touristen, die hier mit den Weißen im Zug schwatzten: sie unterhielten sich auf spanisch, machten sich miteinander bekannt, lachten und erzählten sich Witze. »Ich hoffe bloß, daß ich genug zu essen dabeihabe«, sagte eine schwarze Frau mit Sonnenhut. »Meine Kinder tun nichts als essen.«

Dann hörte ich: *»Take yo haid out de winda!* – Nimm dein' Kopp aus'm Fenster!«

Es war dieselbe Frau, die jetzt auf englisch losschimpfte. Einer ihrer kleinen Söhne, ein Knirps im blauen Pullover, hatte sich aus dem Fenster gelehnt, und sein Kopf war so weit draußen, daß er sie nicht hören konnte.

»Gleich kommt 'n Baum und reißt 'n dir wech!«

Jetzt hörte er sie. Er drehte seinen Kopf in ihre Richtung, zog ihn aber nicht zurück.

»*You kyant do dat!* – Lassas sein!« Sie rüttelte an seiner Schulter. Der Junge setzte sich auf seinen Platz zurück und kicherte zu seiner Schwester hinüber.

»Die ganze Zeit muß ich hinter denen her sein«, sagte die Schwarze auf spanisch. Ihr Englisch war ein Singsang, ihr Spanisch ein Stottern.

Wir kamen durch sonnige Lichtungen in einem hübschen schattigen Wald. Es war etwas Ungewöhnliches, im Schatten von Bäumen dahinzufahren, die den Bahndamm überragten. Normalerweise herrschte Hitze auf beiden Seiten, und die Sonne brannte durch die Fenster; aber hier sprenkelte sie das Glas mit blitzenden Lichtpünktchen, und die Bäume standen so dicht, daß es unmöglich war, hinter den von engen Lichtschlitzen unterbrochenen Palisaden aus schlanken Stämmen etwas zu erkennen. Wir waren in den Bergen. Einmal tat sich wie ein Tor zwischen den Bäumen eine Lücke auf; weit weg wuchsen dunkle Fichtenwälder auf den Hügeln, darunter, in einem Graben aus Schatten, sah man eine Molkerei, eine Sägemühle, ein Dorf mit Holzhäusern und einen Holzlagerplatz. Ein Fluß mäanderte glitzernd durchs Dorf, bevor er ins schattige Tal stürzte; der Ort erinnerte mich an ein Städtchen in Vermont, das ich als Kind gesehen hatte. Bellows Falls vielleicht oder White River Junction. Die Illusion von Vermont blieb mir auch dann noch, als ich im Dorf eine Reihe Königspalmen sah.

Wir erreichten den Marktflecken Cartago. Im Jahre 1886 hatte ein amerikanischer Spekulant namens Minor Keith hier die Eisenbahn eingeführt. Die silberne Grundsteinschaufel mit entsprechender Inschrift ist im Nationalmuseum von San José ausgestellt, zusammen mit Tonscherben aus der Zeit vor Kolumbus, Masken, Goldschmuck und Porträts von schnauzbärtigen, costaricanischen Patrioten und Präsidenten (deren Spazierstöcke, jeder einzelne so charakteristisch wie der jeweilige Schnauzbart, ebenfalls zu sehen sind). In diesem Museum findet sich auch ein Gemälde von Cartago nach dem großen Erdbeben von 1910. Ein interessantes Bild, denn direkt in der Mitte der Stadt, im Vordergrund des Bildes, sieht man die Bahngleise, die zu einem großen Teil von Mauerbrocken aus einem Kloster verschüttet sind. Dieses Beben machte Cartago dem Erdboden gleich; die Bahnlinie wurde repariert; vom alten Ort ist nichts geblieben.

Der Platz neben mir war zunächst leer, aber bei der Abfahrt aus Cartago setzte sich ein junger Mann neben mich und fragte mich, wie weit ich noch führe; er selber wollte nach Siquirres. Limón, meinte er, sei interessant, aber ich würde es dort vielleicht etwas überlaufen finden. Bis Siquirres seien es noch Stunden; ob ich ihm vielleicht ein bißchen Englisch beibringen könne. Er habe schon mal versucht, es zu lernen, es sei aber schwierig. Er hieß Luis Alvarado. Ich bat ihn, uns die Englischstunde vielleicht doch zu ersparen.

»Es ist bloß, weil Sie aussehen wie ein Lehrer. Ich dachte, Sie könnten mir vielleicht helfen«, sagte er auf spanisch. »Wie gefällt es Ihnen in Costa Rica?«

Ich sagte ihm, daß ich Costa Rica für ein sehr schönes Land hielt.

»Warum finden Sie das?«

»Die Berge.«

»Die sind aber nicht so schön wie die in Oregon. Auch nicht so hoch.«

»Der Fluß«, ergänzte ich. Der Fluß in dem Tal sei besonders schön.

»Die Flüsse in Oregon sind viel, viel schöner.«

Ich fände die Menschen in Costa Rica so angenehm, sagte ich.

»In Oregon lächeln die Menschen immer. Sie sind freundlicher als hier in Costa Rica.«

Das Land sei so grün, meinte ich.

»Waren Sie schon mal in Oregon?«

»Nein«, antwortete ich. »Sie denn?«

Er schon. Es war sein einziger Auslandsaufenthalt gewesen, ein Sommer in Oregon, in dem er versucht hatte, Englisch zu lernen. Wunderschön sei es gewesen, nur mit dem

Englischunterricht habe es nicht so hingehauen. In Nicaragua oder Panama war er nie gewesen: widerwärtige Länder. Statt nach Panama zu fahren, meinte er, sollte ich lieber in die Staaten zurückkehren und mir Oregon ansehen.

Der Fluß lag unter uns; die Landschaft war weiter, schlichter und furchterregend geworden, zwei parallel verlaufende Gebirgszüge; dazwischen, so tief eingeschnitten, daß es mir Angst machte, eine Schlucht. In der Schlucht Dampffontänen: hochgeschleuderte Gischt vom Fluß, dem Río Reventazón. Er fließt schnell und hat mit seiner Kraft die Flanken der Berge eingerissen, einen Canyon gebildet und mit den Trümmern seines Zerstörungswerks gefüllt. Die eingestürzten Wände von Felsbrocken, der Fluß, der über Geröll hinwegrauschte, in wirbelnden Blasen von Stromschnellen – das alles befand sich in hundertfünfzig Meter Tiefe unter dem Bahngleis. Die niedrigen Kaffeebüsche verdeckten nicht die Sicht darauf. Am tobenden Weiß im Talboden konnte ich erkennen, wie die Schlucht sich eingegraben hatte. Das Tal des Reventazón ist sechzig Kilometer lang; seine Wände sind an manchen Stellen so steil, daß der Zug durch Tunnel (Schreie und exaltiertes Gekreisch im Waggon, dazu der Geruch feuchter Wände) nach unten auf einen Felsvorsprung fahren muß, der so nah am Flußufer liegt, daß die Gischt gegen die Fenster prasselt. Dann wieder hinauf, einen Einschnitt entlang, zu Zickzackkurven und Brücken.

Den Brücken näherten wir uns immer in einem Winkel, so daß man sie zuerst vollständig von der Seite aus sah; Geflechte aus schlanken Eisenträgern oder Holzbalken, zwischen zwei Felsvorsprüngen verspannt. Es wirkte immer so, als läge die Brücke an einem anderen Gleis, als würden wir gleich daran vorbeifahren, aber jedesmal legte sich der Zug scharf in die Kurve und schwenkte laut ratternd in die Brücke ein. Die Stromschnellen da unten sahen dann besonders bedrohlich aus – eine ganze Treppe von Katarakten, die sich sprudelnd und schäumend in die noch größere Strömung weiter unten ergossen. Ich fragte mich, wie es kam, daß Costa Rica so kühl und bewaldet sein konnte, und das nicht nur, weil es so völlig anders war als seine nächsten Nachbarn; es war kühl und von Kiefern bestanden wie Vermont, dazu immer mit frischem Wasser versorgt – hier eine Sägemühle, da ein Bauernhof mit Kühen, die an den Berghängen grasten, und Pferde, die, gleichgültig gegenüber dem Zug, an Zäunen angebunden waren. In Costa Rica traf ich später einen amerikanischen Pferdehändler, der mir sagte: »Meine Tiere würden durchgehen und sich erhängen, wenn ich sie so nah am Bahngleis festbinden würde.«

Während des ersten Drittels der Strecke fährt der Zug wie eine Bergbahn auf einem schmalen Absatz dahin, der aus dem Fels geschlagen worden ist. Wie schmal der Absatz ist? Einmal hatte sich eine Kuh auf die Gleise verirrt. Links die schroffe Bergwand, rechts der Abhang zum Fluß hinunter; die völlig verstörte Kuh trabte vor der Lokomotive her, die ihre Fahrt gedrosselt hatte, um sie nicht zu überfahren. Manchmal blieb das Tier stehen, richtete seine Nase gegen den Berg, schnupperte ein Weilchen an der Steilwand herum und lief dann mit den eigentümlich steifbeinigen Schaukelbewegungen von Kühen weiter. Weil der Bahndamm so schmal war, daß sie den Zug nicht vorbeilassen konnte, mußte sie fast anderthalb Kilometer weit mit baumelndem Schwanz auf dem Felsgesims vor uns herschaukeln.

Weiter unten am Fluß standen die Kaffeebüsche dichter, auch Kakao wuchs hier, mit seinen breiten Blättern und den plumpen, spindelartigen Schoten. Hier konnte ich besser schreiben, weil der Zug auf der ebenen Spur am Flußbett langsamer fuhr. Sehr ausführlich waren meine Notizen nicht. »Felsbrocken«, schrieb ich. »Tal – Fluß – Gischt – klapprige Brücke – gefangene Kuh – Kakao.«

»Ihr Amerikaner seid gern allein unterwegs.« Es war Luis.

»Ich finde es schrecklich, allein unterwegs zu sein«, sagte ich. »Es ist deprimierend. Ich vermisse meine Frau und meine Kinder. Aber wenn ich allein bin, sehe ich die Dinge klarer.«

»Ihr redet nie miteinander, ihr Amerikaner.«

»Sie meinen, in Oregon?«

»Hier, wenn ihr hier herumfahrt.«

»Wir reden andauernd miteinander! Wer sagt denn, daß Amerikaner nicht miteinander reden?«

»Da drüben ist ein Amerikaner«, sagte Luis. »Sehen Sie ihn? Warum reden Sie nicht mit dem?«

Der Mann hatte eine blaue Schirmmütze auf dem Kopf, eine Mütze, mit der er aussah wie die Comicfigur Barney Oldfield; er trug ein grellgrünes Hemd zu einer Hose mit Schlag. Auch im Sitzen hatte er den Riemen seiner Tasche über die Schulter gelegt und hielt sie fest, als hätte er etwas sehr Wertvolles darin. Er hatte einen Sonnenbrand und war vielleicht Mitte Sechzig – die Haare auf seinen Armen waren weiß. Er saß in der Nähe der Schwarzen, die sich in Spanisch und Englisch unterhielten, redete aber mit niemandem.

»Ich wußte nicht, daß er Amerikaner ist.«

Luis fand das sehr amüsant.

»Sie haben nicht gewußt, daß *der da* Amerikaner ist?«

Es lag wohl an der Kappe, die Luis albern jugendlich fand. Costaricaner trugen weiche Filzhüte, und dieser Mann hatte seine Kappe, die nicht ganz zu seinem verwitterten Gesicht paßte, in einem schmissigen Winkel auf den Kopf gesetzt.

»Reden Sie mit ihm.«

»Nein, vielen Dank.«

Mit diesem alten Mann reden, bloß weil Luis hören wollte, wie wir englisch sprachen? Ich hatte in San José schon genug Amerikaner getroffen. Deshalb hatte ich die Stadt verlassen, um die angeblich unberührte Atlantikküste zu erforschen und mich vielleicht ein bißchen zu erholen, wenn ich mit einem ergrauten Schwarzen in einer Bar von Limón ein paar Anekdoten austauschen würde, Geschichten von Maultiertreibern und Piraten an der Moskitoküste.

»Na los!«

»Reden Sie doch mit ihm«, meinte ich. »Vielleicht bringt er Ihnen ein bißchen Englisch bei.«

Es war vor allem meine andere Furcht: die Verzerrung durch Gesellschaft. Ich wollte die Dinge nicht mit den Augen eines anderen sehen. Ich kenne das. Wenn sie auf etwas hinweisen, was du schon gesehen hast, fällt dir auf, daß deine Wahrnehmung ziemlich banal gewesen sein muß; wenn sie etwas erwähnen, was dir entgangen ist, fühlst du dich betrogen, und es ist ein noch größerer Betrug, es später als deine eigene Beobachtung auszugeben. In beiden Fällen ist es lästig. »Oh, guck mal, es regnet!« ist genausoschlimm wie »Costa Rica hat ein eigenes Längenmaß, die *vara*«.

Ich wollte mich vollkommen auf das konzentrieren, was draußen vor den Fenstern lag; ich wollte mich an dieses Tal erinnern, diesen Fluß, diese Berge, an die Brise, die die Luft im Zug erfrischte, an den Duft der wilden Blumen, die am Bahndamm wuchsen. »Hübsche Blumen«, schrieb ich.

Mit einem nervösen Grinsen stand Luis auf, ging den Gang entlang und murmelte dem alten Mann etwas zu. Der Alte verstand ihn nicht. Luis versuchte es noch einmal. Du Mistkerl, dachte ich. Jetzt drehte der alte Mann sich um und lächelte mich an. Er stand auf. Luis setzte sich auf seinen Platz. Der Alte kam auf mich zu und nahm Luis' Platz ein: »Mann, bin ich froh, Sie zu treffen!«

Er hatte seine Sightseeingtour verpaßt. Wäre alles inklusive gewesen, der Zug nach Limón, eine Dampferfahrt an der Küste entlang, Koch dabei, bestimmt wunderbare Mahlzeiten. Er hätte Affen und Papageien sehen können. Dann Rückfahrt nach Limón, ein bißchen Schwimmen, Viersternehotel, Bustransfer zum Flughafen und mit dem Flieger zurück nach San José. So eine Tour. Aber (der Fluß riß ein altes Kanu in Stücke – und die kleinen Jungen da, ob die wohl angelten?) der Hoteldirektor hatte sich mit der Uhrzeit vertan, die Gruppe war um sechs losgefahren, nicht um neun, und da hatte der alte Mann sich ganz spontan und weil er in San José auch sonst nichts verloren hatte, nach dem Zug erkundigt und war einfach schnell eingestiegen, und – man weiß ja nie – vielleicht könnte er die anderen noch einholen; schließlich hatte er ja seine dreihundert Dollar bezahlt, hier: die Quittung und das Heft mit den Gutscheinen. Sechs Stunden lagen vor uns, sechs lange Stunden bis nach Limón.

»Wußten Sie, daß der Zug so lange braucht?«

»Mir wär's auch recht, wenn er vier Tage brauchte«, meinte ich.

Das beschäftigte ihn für eine Weile, aber sobald das Tal in all seiner Pracht zu sehen war, fing er an zu schwatzen. Er hieß Thornberry, kam aus New Hampshire und war Maler – Kunstmaler. Das war er nicht immer gewesen – bis vor kurzem hatte er sein Dasein als Werbegrafiker und Designer fristen müssen; die ständige Frage, womit er seine Lebensmittel bezahlen sollte, war eine echte Nerverei; aber vor ein paar Jahren war er an ein bißchen Geld gekommen, an ziemlich viel Geld, und hatte angefangen, sich in der Welt umzusehen: Hawaii, Italien, Frankreich, die Westindischen Inseln, Kolumbien, Alaska, Kalifornien, Irland, Mexiko und Guatemala. Sein Eindruck von Guatemala war ganz anders als meiner; er fand es wunderbar. Ihm gefielen die Blumen. In Antigua hatte er zwei Wochen in der Gesellschaft eines reizenden Burschen zugebracht, der jede Nacht Partys veranstaltete. Nach Mr. Thornberrys Bericht scheint der reizende Bursche Alkoholiker gewesen zu sein. In Zacapa war Mr. Thornberry nicht gewesen.

»Diese Landschaft«, sagte Mr. Thornberry, »zieht dir die Schuhe aus.« Mr. Thornberry hatte eine eigentümliche Art zu sprechen: Er kniff die Augen zu schmalen Schlitzen zusammen, verzog das Gesicht zu einer Grimasse und den Mund zu einem Viereck, das ein Grinsen imitierte, dann sprach er durch die Zähne, ohne seine Lippen zu bewegen. So redet jemand, der gerade eine Aschentonne hochhebt; er schraubte sein Gesicht nach oben und preßte ächzend die Worte hervor.

Es gab eine Menge Dinge, die Mr. Thornberry die Schuhe auszogen: das Tosen des Flusses, die Erhabenheit dieses Tals, die kleinen Hütten, die großen Felsbrocken und besonders das Klima – er hatte sich auf etwas Tropischeres eingestellt. Für einen Mann in seinen Jahren ein merkwürdiger Satz, aber schließlich war Mr. Thornberry Maler. Wo denn sein Skizzenbuch sei? Er wiederholte, daß er sein Hotel ganz spontan verlassen habe – mit nichts als diesem leichten Gepäck. »Und wo ist Ihre Tasche?«

Ich zeigte auf meinen Koffer im Gepäcknetz.

»Der ist aber groß.«

»Er enthält alles, was ich habe. Vielleicht treffe ich ja in Limón eine wunderschöne Frau und beschließe, für den Rest meiner Tage dort zu bleiben.«

»Das hab ich mal getan.«

»Ich wollte nur einen Scherz machen.«

Aber Mr. Thornberry grimassierte immer noch: »In meinem Fall war es ein furchtbares Desaster.«

Aus dem Augenwinkel sah ich den sprudelnden Fluß und Männer, die im flachen Wasser standen – ich konnte nicht erkennen, was sie taten –, und neben dem Bahndamm Blumen in Rosa und Blau.

»Der Bursche in Antigua hatte ein wunderschönes Haus«, sagte Mr. Thornberry. »Mit einer Mauer ringsherum, ganz voll von diesen Trichterwinden, genau wie die hier.«

»Das sind also Trichterwinden, ja?« fragte ich. »Ich hab schon überlegt, wie sie heißen.«

Mr. Thornberry erzählte mir von seiner Malerei. Während der Wirtschaftskrise konnte man kein Maler sein; es hätte nicht zum Leben gereicht. Er hatte in Detroit und New York City gearbeitet; furchtbar war es gewesen. Drei Kinder, das kleinste noch ein Säugling, und dann war seine Frau schwer erkrankt – Tuberkulose –, und er hatte sich keinen guten Arzt für sie leisten können. Also war sie gestorben, und er hatte die Kinder allein großziehen müssen. Schließlich waren sie erwachsen, hatten geheiratet, und er war nach New Hampshire umgezogen, um mit dem Malen anzufangen, was er immer schon hatte tun wollen. Schön sei es da, im nördlichen New Hampshire; eigentlich, meinte er, sah es verdammt ähnlich aus wie diese Gegend von Costa Rica.

»Ich finde, es sieht aus wie Vermont; Bellow Falls.«

»Finde ich nicht so.«

Baumstämme trieben im Wasser, riesige dunkle Hölzer, die gegeneinanderstießen und sich an den Felsen verkeilten. Warum die Baumstämme? Ich wollte Mr. Thornberry nicht danach fragen. Er war nicht länger in Costa Rica gewesen als ich. Wie sollte er also wissen, warum dieser Fluß, an dem keine Häuser standen, mit seiner Strömung Stämme mit sich riß, die so lang und doppelt so dick wie Telegrafenmasten waren? Ich wollte mich auf das konzentrieren, was ich sah; ich würde die Erklärung schon herausbekommen. Ich konzentrierte mich. Ich bekam nichts heraus.

»Sägewerk«, sagte Mr. Thornberry. »Sehen Sie die dunklen Dinger da im Wasser?« Er kniff die Augen zusammen, sein Mund wurde viereckig. »Baumstämme.«

Verflixt, dachte ich, und dann sah ich die Sägemühle. Deswegen waren die Stämme da. Sie waren weiter flußaufwärts gefällt worden. Sie mußten also ...

»Die sind wohl weiter oben geflößt worden und werden hier unten zu Brettern zersägt«, bemerkte Mr. Thornberry.

»Das machen sie zu Hause auch so«, sagte ich.

»So machen sie es auch zu Hause«, sagte Mr. Thornberry.

Ein paar Minuten lang sagte er nichts. Er zog einen Fotoapparat aus seiner Schultertasche und knipste durchs Fenster. Es war nicht so einfach für ihn, an mir vorbeizuzielen, aber ich wäre lieber zur Hölle gefahren, als meinen Platz in der Ecke aufzugeben. Wir kamen jetzt durch ein anderes kühles Tal, in dem überall Säulen aus Felsgestein standen. Ich sah einen Teich.

»Teich«, sagte Mr. Thornberry.

»Schön«, sagte ich. Was hätte ich sonst sagen sollen?

»Was?« fragte Mr. Thornberry.

»Sehr schöner Teich.«

Mr. Thornberry lehnte sich nach vorn: »Kakao.«

»Ich habe vorhin auch schon welchen gesehen.«

»Aber hier ist viel mehr. Ausgewachsene Bäume.«

Hielt er mich für blind?

»Na ja«, sagte ich. »Er ist mit ein bißchen Kaffee gemischt.«

»Beeren«, sagte Mr. Thornberry mit zusammengekniffenen Augen. Er hievte sich quer über meinen Schoß und knipste ein Bild. Nein, ich wollte ihm meinen Platz nicht überlassen.

Die Kaffeepflanzen hatte ich nicht gesehen. Wieso er? Ich wollte sie nicht sehen.

»Die roten sind reif. Wahrscheinlich sehen wir bald ein paar Leute bei der Ernte. Gott, finde ich diesen Zug grauenhaft.« Er fixierte seinen angestrengten Ausdruck im Gesicht. »Zieht einem die Schuhe aus.«

Ein ernsthafter Künstler hätte einen Skizzenblock und ein paar Stifte mitgebracht, würde konzentriert vor sich hin kritzeln und den Mund halten, aber Mr. Thornberry fummelte bloß mit seinem Fotoapparat herum und quasselte; er benannte die Dinge, die er sah, sonst nichts. Ich wollte gern glauben, daß er mich mit seiner angeblichen Malerei bloß angelogen hatte. Kein Maler würde so ziellos vor sich hin brabbeln.

»Bin ich froh, daß ich Sie getroffen habe!« sagte Mr. Thornberry. »Auf dem Platz da drüben wäre ich glatt verrückt geworden.«

Ich schwieg. Ich sah aus dem Fenster.

»'ne Art Pipeline«, sagte Mr. Thornberry.

Parallel zum Bahndamm verlief eine rostige Röhre durch den Sumpf, der jetzt den Fluß ersetzte. Ich hatte nicht gesehen, wo der Fluß aufhörte. Palmen waren hier zu sehen und die rostige Röhre: eine Art Pipeline, wie er gesagt hatte. Hinter den Palmen erhoben sich Felswände; der Zug fuhr hinauf, unter uns waren Bäche ...

»Bäche«, bemerkte Mr. Thornberry.

... und jetzt ein paar Häuschen, die ganz interessant aussahen, sie waren aus Holz wie die Hütten amerikanischer Landpächter, aber solide gebaut, auf Pfählen über dem feuchten Untergrund. Wir hielten in einem Dorf namens »Moorende«: mehr solcher Hütten.

»Armut«, kommentierte Mr. Thornberry.

»Unsinn«, sagte ich. Es waren gute Blockhütten mit breiten Wellblechdächern, gesunden Gesichtern hinter den Fenstern und gutgekleideten Kindern auf den großen Veranden. Die Menschen hier waren nicht reich, aber auch nicht arm. Ich fand es erstaunlich, daß hier, so weit von San José – und ebensoweit von Limón –, in einem Grenzland zwischen undurchdringlichem Dschungel und dichter Savanne Menschen in trockenen, anständig gebauten Bungalows wohnten. Die meisten waren Schwarze, wie inzwischen auch die Mehrzahl der Fahrgäste im Zug. Ich ging zum hinteren Ende des Waggons, um Mr. Thornberry zu entkommen, und fing eine Unterhaltung mit einem alten Schwarzen an. Die Schwarzen, erzählte er, seien aus Jamaika herübergebracht worden, um die Eisenbahn zu bauen. »Wir haben die Krankheiten nicht gekriegt«, sagte er auf englisch. »Die Engländer haben alle Krankheiten bekommen.« Sein Vater sei Costaricaner gewesen, seine Mutter Jamaikanerin; seine erste Sprache sei Englisch (was mir einen Einblick in sein Familienleben ermöglichte: er war also von seiner Mutter großgezogen worden). Die schwarzen Kinder, die lachend im Gang des Zuges herumalberten, gefielen ihm nicht: »Ihre Großeltern wollten noch arbeiten, die nicht.«

Der Baustil der Häuser war vielleicht auch westindisch. Sie erinnerten mich an Häuser, die ich im ländlichen Süden gesehen hatte, in den Landstädtchen von Mississippi und Alabama, aber sie waren ordentlicher und besser gepflegt. In jedem sumpfigen Gärtchen standen Bananenstauden, in jedem Dorf gab es eine Gemischtwarenhandlung – fast immer mit einem chinesischen Namen auf dem Firmenschild; die meisten Läden waren mit einem anderen Gebäude verbunden, das als Bar und Billardzimmer diente. Es war etwas Freundliches an diesen Dörfern; die meisten Haushalte schienen rein schwarz zu sein, aber es gab auch gemischte: Mr. Thornberry wies mich darauf hin, sobald ich an meinen Platz zurückkehrte.

»Schwarzer Junge, weißes Mädchen«, sagte er. »Scheinen sich gut zu vertragen. Da ist die Pipeline wieder.«

Wann immer von da an die Pipeline ins Blickfeld kam – was sie von hier bis zur Küste etwa zwanzigmal tat –, wies Mr. Thornberry mich hilfsbereit darauf hin.

Wir waren tief in den Tropen. Die Hitze war erfüllt vom Geruch nach feuchter Vegetation und sumpfigem Wasser und vom schweren Duft von Urwaldblumen. Die Vögel hatten lange Schnäbel und stöckchenartige Beine, sausten im Sturzflug und bremsten ihren Fall mit ausgebreiteten Flügeln, so daß sie aussahen wie Spielzeugdrachen. Muhende Kühe standen knietief im Sumpf. Die Palmen sahen aus wie Fontänen oder zehn Meter hohe Büschel aus zerfledderten Federn – ich konnte keine Stämme sehen, nur diese fedrigen Blätter, die direkt aus dem Sumpf ragten.

»Ich hab mir gerade die Palmen da angesehen«, sagte Mr. Thornberry.

»Wie Riesenfedern«, sagte ich.

»Komische grüne Fontänen«, ergänzte er. »Sehen Sie mal, wieder Häuser.«

Noch ein Dorf.

Mr. Thornberry beobachtete: »Blumengärten. Die Bougainvilleen da – zieht einem ja die Schuhe aus. Mama in der Küche, Kinder auf der Veranda. Das da ist gerade frisch gestrichen. Gucken Sie mal das Gemüse an!«

Es sah so aus, wie er gesagt hatte. Das Dorf zog vorbei, und wir waren wieder in sumpfigem Urwald. Es war feucht und jetzt auch bedeckt. Meine Augenlider wurden schwer. Schreiben hätte mich wach gehalten, aber wegen Mr. Thornberry, der alle zwei Minuten zum Fenster rannte, um Fotos zu machen, hatte ich keinen Platz dazu. Außerdem hätte er mich gefragt, warum ich schriebe. Sein Gerede machte mich eher wortkarg. Das feuchte grünliche Licht wurde noch dunkler vom Holzrauch der Küchenfeuer; einige Familien kochten auf der freien Fläche unter ihren Pfahlbauten.

»Wie Sie schon sagten, die sind geschäftstüchtig«, sagte Mr. Thornberry. Wann sollte ich das gesagt haben? »In jedem verdammten Haus dahinten gab es etwas zu verkaufen.«

Nein, dachte ich, das konnte nicht stimmen. Ich hatte niemanden gesehen, der etwas verkauft hätte.

»Bananen«, sagte Mr. Thornberry. »Es macht mich wütend, wenn ich daran denke, daß sie sie jetzt für fünfundzwanzig Cent das Pfund verkaufen. Früher ging der Preis nach Bündeln.«

»In Costa Rica?«

»New Hampshire.«

Er schwieg für einen Moment, dann sagte er: »Buffalo.«

Er las ein Bahnhofsschild. Kein Bahnhof – eher ein Schuppen.

»Aber es erinnert mich nicht an New York.« Ein paar Kilometer zuvor waren wir im Dorf Bataan gewesen, und Mr. Thornberry hatte mich daran erinnert, daß es einen Ort auf den Philippinen gab, der auch so hieß. Der Marsch von Bataan. Komisch, daß die beiden Orte den gleichen Namen hatten, vor allem einen Namen wie Bataan. Der nächste Ort hieß Liverpool. Ich machte mich auf einiges gefaßt.

»Liverpool«, kommentierte Mr. Thornberry. »Komisch.«

Es war ein literarischer Bewußtseinsstrom: Mr. Thornberry als weniger anspielungsreicher Leopold Bloom, ich als unwilliger Stephen Daedalus. Mr. Thornberry war einundsiebzig. Er lebe allein, erzählte er, er koche für sich selbst. Er male. Vielleicht erklärte das alles. Eine dermaßen einsame Existenz förderte die Neigung zu Selbstgesprächen: er dachte einfach laut. Er war seit Jahren allein. Seine Frau war mit fünfundzwanzig gestorben. Aber hatte er nicht vorher von einem ehelichen Desaster gesprochen? Den tragischen Tod seiner Frau hatte er wohl nicht gemeint.

Ich erkundigte mich danach, um ihn von den vorbeiziehenden Dörfern abzulenken, die ihm, wie er wiederholte, die Schuhe auszogen: »Haben Sie denn nie wieder geheiratet?«

»Ich bin mal krank gewesen, und da war dann diese Schwester im Krankenhaus, ungefähr fünfzig, ein bißchen dick, aber sehr nett. Das dachte ich jedenfalls. Man lernt ja einen Menschen erst kennen, wenn man mit ihm zusammenlebt. Sie war nie verheiratet. Da ist unsere Pipeline. Ich wollte gleich mit ihr ins Bett – lag wohl daran, daß ich krank war und sie mich gepflegt hat, so was gibt's ja oft. Aber sie meinte: ›Nicht vor der Ehe.‹« Er kniff die Augen zusammen: »Es war eine stille kleine Feier. Danach sind wir nach Hawaii geflogen. Nicht nach Honolulu, sondern auf eine der kleinen Inseln. Es war wunderschön: Urwald, Strand, Blumen. Sie fand's furchtbar. ›Zu langweilig‹, meinte sie. Geboren und aufgewachsen in einer Kleinstadt in New Hampshire, einem winzigen Nest – Sie kennen solche Kaffs –, und dann fährt sie nach Hawaii und findet's langweilig. Sie wollte in Nachtclubs. Gab es da aber nicht. Sie hatte riesige Brüste, aber die durfte ich nicht anfassen. Sie täten ihr dann weh. Ich wurde allmählich verrückt. Und dann hatte sie einen Sauberkeitstick. An jedem einzelnen Tag dieser sogenannten Flitterwochen mußten wir in den Waschsalon, und da hab ich dann draußen gesessen und Zeitung gelesen, während sie große Wäsche gemacht hat. Sie hat jeden Tag die Bettlaken gewaschen. In Krankenhäusern macht man das ja vielleicht, aber im täglichen Leben ist so etwas nicht normal. Ich war wohl ein bißchen enttäuscht.« Seine Stimme wurde matt: »Telegrafenmasten ... Schweine ... Wieder die Pipeline ... Es war das totale Fiasko. Als wir aus den Flitterwochen zurückkamen, hab ich ihr gesagt, schau mal, das haut nie hin. Sie fand das auch und ist am selben Tag ausgezogen – na ja, war ja auch nie richtig eingezogen. Das nächste, was ich von ihr höre, war eine Scheidungsklage. Alimente, Unterhalt, alles wollte sie. Und mich vor Gericht bringen.«

»Noch mal«, sagte ich. »Sie waren doch bloß in den Flitterwochen und sonst nichts?«

»Zehn Tage«, sagte Mr. Thornberry. »Eigentlich hätten es zwei Wochen sein sollen, aber sie hat die Stille nicht ausgehalten. War ihr zu langweilig.«

»Und dann wollte sie Unterhalt?«

»Sie wußte, daß meine Schwester mir eine Menge Geld hinterlassen hatte. Also hat sie mich verklagt.«

»Und was haben Sie gemacht?«

Mr. Thornberry grinste. Es war das erste richtige Lächeln, das ich an diesem ganzen Nachmittag auf seinem Gesicht zu sehen bekam. »Was ich gemacht habe? Gegenklage eingereicht. Wegen arglistiger Täuschung. Verstehen Sie, sie hatte nämlich einen Freund. Als wir in Hawaii waren, hat er sie angerufen. Mir hat sie gesagt, er sei ihr Bruder, natürlich.«

Er sah immer noch aus dem Fenster, war aber offensichtlich mit den Gedanken woanders. Er kicherte in sich hinein. »Danach brauchte ich nichts mehr zu unternehmen. Sie geht in den Zeugenstand. Der Richter fragt sie: ›Warum haben Sie diesen Mann geheiratet?‹ Und sie: ›Er hat mir gesagt, daß er Geld hätte.‹ Er hat mir gesagt, daß er Geld hätte! Damit hat sie sich ja selbst belastet! Vor Gericht haben sie sie ausgelacht. Ich hab ihr fünftausend gegeben und war froh, als ich sie los war.« Fast ohne Pause fuhr er fort: »Palmen«, dann: »Schwein ... Zaun ... Bauholz ... Wieder Trichterwinden. Auf Capri wachsen die überall ... Schwarz wie Pik-As ... Amerikanisches Auto.«

Die Stunden vergingen, Mr. Thornberry redete ohne Unterlaß. »Billardtisch ... Lebt wohl von der Wohlfahrt ... Fahrrad ... Hübsches Mädchen ... Laternen.«

Ich hatte ihn aus dem Zug werfen wollen, aber nach seiner Geschichte tat er mir doch leid. Vielleicht hatte die Krankenschwester genauso neben ihm gesessen; vielleicht hatte sie gedacht: »Wenn er das noch ein einziges Mal sagt, fange ich an zu schreien.«

»Und wann haben diese verunglückten Flitterwochen stattgefunden?«

»Letztes Jahr.«

Ich sah ein dreigeschossiges Haus mit Holzveranden an jedem Stockwerk. Es war grau, hölzern und baufällig und erinnerte mich an das Bahnhofshotel, das ich in Zacapa gesehen hatte. Aber dieses hier sah aus wie ein Gespensterhaus: Jedes Fenster war kaputt, inmitten des Unkrauts im Vorgarten rostete eine alte Dampflok vor sich hin. Vielleicht hatte es einmal einem Plantagenbesitzer gehört: ringsherum standen Bananenstauden. Das Gebäude war unbewohnt und verrottet, aber die Überreste des zersplitterten Zauns, des Gartens, der Veranden und der Scheune, die vielleicht einmal als Remise gedient hatte, deutete darauf hin, daß es vor langer Zeit einmal ein grandioses Anwesen war, die Art von Behausung, in der die tyrannischen Bananenbarone in den Romanen von Asturias gelebt haben mochten. In der Hitze der Urwalddämmerung sah das verfallene Haus aus wie eine Phantasievorstellung, wie ein altes, zerfetztes Spinnennetz, von dessen einstiger Symmetrie noch ein paar Reste zu sehen waren.

»Das Haus da«, sagte Mr. Thornberry. »Costaricanische Gruselgotik.«

Ich hab's zuerst gesehen, dachte ich.

»Brahma-Bullen«, murmelte Mr. Thornberry. »Enten ... Bach ... Spielende Kinder.« Und zum Schluß: »Brandung.«

Wir hatten die Küste erreicht und fuhren jetzt an einem palmengesäumten Strand entlang: die Moskitoküste, die sich von Puerto Barrios in Guatemala bis nach Colón in Panama erstreckt. Ein wilder Landstrich; er scheint mir ein idealer Schauplatz für eine Geschichte über Schiffbrüchige zu sein. Die wenigen Dörfer und Häfen, die es hier gibt, sind aufgegeben worden; sie verödeten mit dem Ende der Schiffahrt und gingen wieder im Urwald auf. Massive Wellen rollten auf uns zu – der weiße Schaum strahlend im abendlichen Zwielicht – und brachen sich kurz vor den Kokospalmen neben dem Bahndamm. Um diese Tageszeit, zu Beginn der Nacht, ist das Meer das letzte, was dunkel wird: es scheint das Licht zu halten, das vom Himmel verschwindet; die Bäume sind längst schwarz. Im Schein dieser leuchtenden See und des blaßblauen östlichen Himmels, begleitet vom Rauschen der Brandung, ratterte der Zug weiter nach Limón. Mr. Thornberry redete immer noch. Er behauptete: »Ich glaub, daß es mir hier gefallen könnte«, und berichtete dann, daß er ein Haus, ein Tier und ein aufflackerndes Feuer gesehen habe, bis wir endlich in völliger Dunkelheit dahinfuhren und sein Redefluß versiegte. Keine Brandung mehr, die Hitze beklemmend. Durch die Bäume hindurch sah ich ein Flammenmeer von gräßlich loderndem Licht: »Limón«, krächzte Mr. Thornberry.

Irmgard Keun
D-Zug dritter Klasse

An einem späten Nachmittag im Juni verließ ein D-Zug den Anhalter Bahnhof in Berlin. Es war ein rechtschaffen ausgestatteter Zug mit Schlaf- und Speisewagen, mit erster, zweiter, dritter Klasse, mit schönen blanken Klosetts, emsig fegenden Reinmachefrauen, unpraktischen Aschenbechern und mühsam zu öffnenden Fenstern.

Würstchen, Schokolade, Erfrischungen, Eau de Cologne, Zeitungen, belegte Brötchen …

Enteilt ist der Zug dem heißen, grauen Lärmgewoge des Bahnsteigs, den bahnhoflich dürftigen Waren, der trüben Betriebsamkeit fliegender Händler mit fliegenden Kunden.

Der Zug fuhr nach Paris. Er fuhr seit einer halben Stunde, und die Reisenden zählten nicht mehr angstvoll ihre Gepäckstücke in den Netzen. Sie hatten Mäntel aufgehängt und Dekken ausgebreitet, sie begannen, auf ihren Plätzen zu wohnen.

In einem Abteil dritter Klasse saßen sieben Menschen, vier männliche und drei weibliche.

Eine laute Ruhe füllte den kleinen Raum. Orangerotes Sonnenlicht flimmerte durch die Scheibe, mischte sich mit den ersten zaghaften und bläulich aufsteigenden Rauchwölkchen einer Zigarette. Im Gepäcknetz lag ein Riesenstrauß aus welken Heckenrosen und Jasmin, rosa und weiße Blütenblätter flatterten lautlos tänzelnd herab. Es ging nett und sommerlich zu in diesem Abteil, die Leute fingen bereits an, schweigend miteinander vertraut zu werden.

Ein dicker, mondgesichtiger Herr, Bewohner eines Fensterplatzes, wischte sich mit einem großen, weißen Tuch Schweiß von der Stirn, lächelte dazu freundlich und munter, als wolle er die Mitreisenden auffordern, gemeinsam ein Liedchen zu singen. Er schien sehnsüchtig nach Ansprache, Gemütlichkeit und Verbrüderung. Er öffnete den breitlippigen Mund, vielleicht wollte er ein paar allgemeinverständliche Worte über die Hitze sagen.

»Der Zug wird entgleisen.«

Der Zug fuhr unter einem Viadukt her, sekundenlang flimmerte kein Sonnenlicht durch die Scheibe, im Abteil herrschte knisterndes Schweigen.

Ein junger Mann, er saß auf einem Eckplatz am Gang, hatte den unheilvoll klingenden Satz gesprochen, lächelnd und leise. Eine feine, kleine Verbeugung hatte er dazu gemacht, als stelle er, ein unbedeutender junger Mensch, sich einer würdigeren Gesellschaft vor.

Der junge Mann schien nicht zu ahnen, daß sechs Menschen ihn ansahen, verblüfft, mit Staunen – und daß aus dem Staunen hier und da Zorn wuchs. Seine blauen Kugelaugen blickten kindlich verträumt, aus dem Gepäcknetz fielen rosa Blütenblättchen in sein helles Haar. Seine gefalteten schmalen Hände ruhten auf seinen mageren Knien und badeten im warmen, milde verglühenden Licht der untergehenden Sonne.

Zwiesprache mit seinem Schutzengel schien der junge Mann zu halten und nicht zu hören, daß eine junge Frau plötzlich seufzte: »Meinetwegen soll er entgleisen. Gott sei Dank.«

Die junge Frau saß am Fenster, dem Mondgesichtigen gegenüber. Sie sah hübsch und etwas zerzaust aus und erschrocken über ihre eigenen Worte. »Sei ruhig, Tante«, murmelte sie und strich mit ihrer runden, hellen Hand flüchtig über den Arm eines älteren Fräuleins, das neben ihr saß.

Die Tante war ruhig. Sie lächelte still und listig vor sich hin, als wisse sie manches, das andre nicht wußten.

Sie war seltsam anzusehen und dazu angetan, unter normalen Reiseumständen die Aufmerksamkeit der Mitreisenden zu wecken und eine Zeitlang wachzuhalten. Sie war nicht angezogen, sondern verkleidet. Eine große Kappe aus schwarzem Wachstuch hatte sie tief in die Stirne gezogen. Ein paar graublonde Haarsträhnen hingen darunter hervor. Sie hatte einen kläglich verschnittenen schwarzen Lodenmantel mit schwarzem Wachstuch besetzt an; darunter trug sie eine Art Panzer, etwas sich wölbendes Metallenes, das mit einem schwarzen Strickstoff mangelhaft umkleidet war. Das Panzerartige endete in der Taille, wo der Rock begann, ein Rock aus dunkelrotem Plüsch mit eingepreßten Mustern – aus einem Stoff, wie er früher für Sessel und Polsterstühle verwandt wurde. An ihren dünnen, alten Fräuleinhänden trug sie viele Ringe, Amethyste und Opale in altmodischer Fassung. Ihr Gesicht war breit und zerflossen, der Mund auch im Lächeln dünn zusammengezogen. Die kleinen hellbraunen Augen bewegten sich unruhig, unaufhörlich spähend hinauf und hinunter, nach rechts und nach links.

Neben dieser Tante saß ein großer, breitschultriger Mann von ungefähr vierzig Jahren, teuer und geschmackvoll gekleidet. Er sah grimmig und etwas versoffen aus. Die verstörte junge Frau neigte sich über die Tante hinweg ihm zu und legte ihm die Hand auf die Schulter, zaghaft und auch vertraulich. »Sei nicht böse, Karl.« Karl sah noch grimmiger aus als zuvor, streifte die Hand von seiner Schulter und entfaltete eine Zeitung. Mit zitternden Händen kramte die junge Frau aus einer großen, feuerroten Ledertasche eine runde, silberne Puderdose hervor und eine verdrückte Zigarette. Die Puderdose fiel zu Boden, und die junge Frau begann zu weinen. Sie weinte wie ein Schulkind, indem sie die Unterarme auf das kleine Klapptischchen vor sich legte, den Kopf auf die Arme bettete. Sie machte es sich behaglich zum Weinen. Sie schluchzte leise, das blonde Haarknötchen in ihrem Nacken wippte und zitterte, und es wippten die wolkigen Puffärmel ihrer etwas schmuddeligen weißen Seidenbluse.

»Ich kann keine Frau weinen sehen«, seufzte der dicke Mondgesichtige und sah aus, als wolle er gleich mitweinen.

»Mein Gott«, stöhnte neben ihm eine behäbige Frau und ließ ein Ei fallen, das rund und weiß zwischen die blankgeputzten und arg geflickten schwarzen Schuhe eines alten, weißhaarigen Herrn rollte. Die junge Frau hob den Kopf und putzte sich die Nase. Karl trommelte mit den Fingerspitzen Marschtakte auf seinem Knie.

Der junge Mann bückte sich, um das Ei aufzuheben. Der magere alte Herr wurde rot, suchte zuerst seine Füße unter der Bank zu verbergen und erhob sich dann schnell, ein wenig zittrig in den Knien. »Sie sind an allem schuld«, rief er zornig. »Ich hab es satt, in einem Irrenabteil zu fahren. Sie sind schuld, jawohl, Sie.«

»Ich?« Der junge Mann war grenzenlos erstaunt. »Wieso denn? Woran soll ich denn schuld sein?«

»Sie haben gesagt, der Zug wird entgleisen, das ist grober Unfug, das muß bestraft werden, das ist schlimmer als Unfug, Sie sind ein Verbrecher. Und Sie, junge Frau – Sie können ruhig wieder anfangen zu weinen – was fällt Ihnen ein? Wenn Sie Kummer haben und lebensmüde sind, machen Sie das mit sich ab und wünschen Sie deswegen keine Massenkatastrophe herbei.«

»Ich will in ein anderes Abteil«, schrie die behäbige Frau, die das Ei verloren hatte, »ich bin nicht abergläubisch, ich kenn so was nicht, meine Schwester glaubt an Spinnen, aber manchmal geht so was in Erfüllung, ich will in ein anderes Abteil.«

»Wofür denn das?« Der dicke Mondgesichtige sprach mit rheinischem Tonfall. »Regt Euch doch nit auf, Frau. Entgleist ist entgleist bei 'nem Zug, ob Ihr nu hier im Abteil sitzt oder woanders. Meine Frau hat es auch immer mit so abergläubische Dinge, ich halt da nix von, ich laß mich nit jeck mache, aber man könnt ja bei der nächsten Station aussteigen.«

Der grimmige Mann Karl knurrte böse.

»Man sollte den Zugführer rufen«, sagte der alte Herr und öffnete entschlossen die Tür des Abteils.

Dem Abteil gegenüber lehnte ein dünnes männliches Wesen in verstaubtem dunkelblauem Anzug am offenen Fenster und hielt ein kleines Mädchen auf dem Arm. Das hatte ein mohnblumenrotes zerknittertes Kleidchen an, und sein strohiges blondes Haar wehte, als wolle es als fröhliche kleine Fahne der Lokomotive vorausfliegen.

Drei elegante Herren drängten sich durch den Gang, einer von ihnen stieß den älteren Herrn an, sah auf – »Ach, Herr

Regierungsrat, wie geht es Ihnen? Hätte Sie beinahe nicht erkannt, prächtig sehen Sie aus. Ja, ja, das Nichtstun kann schon eine ganz gute Sache sein, möchte auch mal ausruhen, wie geht es Ihnen?« – »Armen Menschen geht es natürlich glänzend.« Die bitteren Falten um den Mund des älteren Herrn wurden noch schärfer. Der muntere Elegante verabschiedete sich eilig und ohne Wärme. »Alles Gute, vielleicht sehen wir uns im Speisewagen?«

Der ältere Herr sah ihm einen Augenblick lang nach, kehrte dann mit scharfem Ruck in das Abteil zurück, setzte sich und schwieg vor sich hin. Er war reich gewesen, jetzt war er arm. Dafür waren andere jetzt reich, Dreckkerle, die er nicht ausstehen konnte. Das schlingerte da von der ersten Klasse zum Speisewagen, erwischte ihn als Mitinsassen dieses Kleinbürgerabteils. Ekelhaft waren ihm die Leute, die mit ihm fuhren. Alle Menschen waren ihm ekelhaft. Mochte der verrückte Bengel recht behalten mit seiner Prophezeiung, mochte der Zug entgleisen. Ihm lag nichts an einem Leben ohne Geld, und den munteren Herren im Speisewagen war ein kleiner Unfall nur zu gönnen.

Ganz klein zusammengekrochen saß der ältere Herr in seinem sauber gebürsteten abgeschabten Anzug. Er war so blank und sauber vom weißen gescheitelten Haar angefangen bis zu den geflickten Stiefeln, kein Staubkörnchen deckte die Schäbigkeit seiner Kleidung.

Wo blieb der Zugführer? Was war mit dem alten Herrn? Die Reisenden waren bestürzt.

»Wenn ihn der Schlag trifft in diesem Alter und bei dieser Aufregung, dann ist es Ihre Schuld«, rief die behäbige Frau dem jungen Mann zu, »mein Schwager selig ...«

»Ist Ihnen nicht wohl?« fragte der grimmige Mann Karl mit herzlicher Stimme, »ich bin Arzt, soll ich ...«

»Nein. Mir ist wohl«, knurrte der ältere Herr.

»Also, dann werde ich jetzt den Zugführer holen«, der Mann Karl stand auf.

»Lassen Sie doch«, rief der dicke Mondgesichtige, »wofür

soll das gut sein? Wenn wir das Personal vom Zug jetzt nervös machen, entgleist der Zug vielleicht erst recht. Aber es ist en Gemeinheit von Ihnen, junge Mann, die arm Frauen so aufzuregen.« Die behäbige Frau zitterte, und die junge Frau sah aus, als wolle sie gleich wieder anfangen zu weinen.

»Aber ich habe ja gar nicht diesen Zug gemeint«, sagte der junge Mann, freundlich und etwas erstaunt, daß nicht alle das sofort gewußt hatten.

»Na, dann ist ja alles gut.« Der dicke Mondgesichtige jubelte fast. »Warum haben Sie das denn nicht sofort gesagt? Da können wir ja jetzt alle aufatmen.« Er atmete auf, er rieb sich die Hände, klappste die Behäbige auf die Schulter: »Wo fahrt Ihr hin, Frau? Nach Köln? Lieber Gott noch, da müßt Ihr mich aber besuchen kommen, mein Frau wird sich freuen, wir machen en Böwlchen auf em Dachgarten, in der Ehrenstraß wohn ich, gleich am Hohenzollernring, Cornelius Seiffert ist mein Name, Obst und Südfrüchte – warten Sie, ich geb Ihnen meine Geschäftskarte, wir wohnen im gleichen Haus vom Geschäft.« Für den Dicken war das Leben wieder leicht, heiter, problemlos. Der Anfang der Reise war etwas getrübt gewesen, nun war es höchste Zeit, zum gemütlichen Teil überzugehen.

Es schien jedoch schwer, alle Mitreisenden in eine flotte karnevalistische Stimmung zu bringen. Der dicke Mann erzählte laut und gut einen rheinischen Witz, erntete aber nur bei der behäbigen Frau einen leichten Lacherfolg. Die anderen Reisenden hockten teilnahmslos und trübselig auf ihren Plätzen.

Der dicke Mann pfiff plötzlich und holte seinen Koffer herunter. Er entnahm ihm eine große Flasche Steinhäger sowie zwei Wassergläser. »So, jetzt sollen sich erst mal die Damen stärken und wieder zu sich kommen.« Er entkorkte die Flasche, schenkte die beiden Gläser halb voll und reichte eins der Behäbigen, eins der jungen Frau. Die Behäbige schüttelte sich, bevor sie trank, und schüttelte sich, nachdem sie getrunken hatte. Die junge Frau sah nach Karl, dann trank sie erst einen kleinen Schluck, dann einen größeren und gab mit leisem Dank das Glas zurück. Munterer war sie immer noch nicht geworden. Schade. Der dicke Mann seufzte. Gerade von einer jungen Frau kann während einer Reise soviel Anregung ausgehen. »Lacht doch, Fräulein, dann seid Ihr viel hübscher.«

Auch sonst hatte der Dicke mit seiner Werbeaktion keinen Erfolg, außer bei dem Mann Karl, dort allerdings einen großen und durchschlagenden. Karl trank ein Glas aus, seine grimmige Miene schwand, er ließ sich dankend noch einmal einschenken, prostete dem Dicken zu und wurde gesellig.

Der Schaffner kam, um die Fahrkarten zu kontrollieren.

Es schien, daß sowohl der ältere Herr wie die behäbige Frau nunmehr Beschwerde über den jungen Mann führen wollten. Die Behäbige erkundigte sich einleitend nach dem Funktionieren der Notbremse, und der ältere Herr sagte: »Sie als Beamter.« Weiter kam er nicht, auch er wurde abgelenkt durch das merkwürdige Verhalten des dicken Mondgesichtigen. Der Dicke begann zu schnaufen, sein Gesicht wurde noch röter, während er die Fahrkarte suchte, seine Hände zitterten.

Er suchte lange, er bat den Schaffner zu gehen und später wiederzukommen. Doch der Schaffner ging nicht. Seine Miene war streng und erwartungsvoll, der Dicke roch nach schlechtem Gewissen.

Der junge Mann war vergessen.

Sehnsüchtig sah der Dicke nach dem spaltbreit geöffneten Fenster, als könne er sich da hinauszwängen. Dann seufzte er resigniert, griff in die Brusttasche und reichte dem Schaffner ein Kärtchen von der Farbe munteren Wiesengrüns.

Die Miene des Schaffners blieb hart und dunkel. »Sie haben zweiter Klasse.«

»Aber ich habe Freunde hier«, log der Dicke sanft und bittend.

Zögernd verließ der Schaffner das Abteil. Dieser Fall schien ihm unklar und ungehörig.

II. Ego-Trips

Axel Hacke
Spiegelgesicht

Jajaja, das sagt sich so dahin, daß man gern mit der Eisenbahn fährt, daß man die Bequemlichkeit liebt, einfach einzusteigen, eine Zeitung zu lesen oder ein Buch. Oder die Augen zu schließen und zu träumen. Und dann hält der Zug, und man ist da.

Gott, wie sich das so dahinsagt!

Wenn man es aber mal ein bißchen genauer bedenkt, gehört doch eine ganze Menge Vertrauen dazu, in den Lokführer vor allem – jedenfalls, wenn es dunkel ist. Wenn man am Tag mit der Bahn fährt, schaut man ab und zu aus dem Fenster, man sieht irgendwann die Mosel, wenn man an die Mosel will, oder die Berge, wenn man in die Berge möchte. Aber nachts? Nachts sitzt man in diesen brandhell erleuchteten ICE-Zügen zwischen erschlaffenden Geschäftsleuten, und wenn man aus dem Fenster schauen möchte, sieht man: sich selbst, ausschließlich sich selbst im Spiegel des Zugfensters. Denkt, was ihr wollt, redet, was ihr mögt: Ich finde das unheimlich.

Nicht nur, daß ich mich selbst nicht dauernd sehen will, stundenlang mein eigenes Gesicht anstelle wechselnder Landschaften, das überschreitet das Maß selbst meiner Eitelkeit – ich hätte doch auch gern etwas Kontrolle über die Reiseroute, wenigstens durch gelegentliche Blicke aus dem Zugfenster. Ist da draußen noch Deutschland? Rast unser Zug bereits durch die Weiten der Taiga, gar an Mongolenjurten vorbei?

Oder ist es anders: Fährt vielleicht auf dem Parallelgleis ein Spiegelzug, immer im gleichen Tempo in die gleiche Richtung, eine Jenseitsbahn?

Nichts zu sehen, nichts zu erkennen. Ich bereise meine eigene Fresse, und irgendwann bekomm ich Angst, sie könnte gar nicht mehr weggehen. Ich stiege also aus, und dieses Gesicht rechts neben meinem Gesicht bliebe einfach da, auf dem Bahnsteig, im Taxi, im Hotel, immer liefe ich fortan mit meinem Spiegelgesicht durchs Leben wie ein doppelköpfiges Kalb. Grauenhafte Vorstellung, nicht wahr?

Das ist aber noch nicht alles. Manchmal, wenn ich sehr müde bin vom Reisen, wenn ich auch schon im Getränkewagen war, wo mich das Mitropa-Team wie immer gern mit dem einen und auch dem anderen Fläschchen erwartete, manchmal zu später Stunde – immer mein Gesicht neben mir – stelle ich mir vor: Der Zug hält nach stundenlanger Nachtfahrt an einem Bahnhof, den ich nicht kenne und dessen Namen ich auch auf dem Bahnhofsschild nicht richtig lesen kann, weil er nämlich in Spiegelschrift geschrieben ist. Freundlich, aber ohne jede Erklärung werden die Reisenden gebeten auszusteigen. Alle leisten Folge. Dann stehe ich auf dem Bahnsteig und der Zug fährt davon. Die Fahrpläne kann ich kaum entziffern: Spiegelschrift. Die Speisekarte im Bahnhofsrestaurant auch nicht, Spiegelschrift, genau wie die Zeitung, die dort ausliegt.

Irgendwie würde ich dann doch nach Hause kommen, aber das Gesicht meiner Frau sähe ein klein wenig anders aus als sonst – und die Gesichter der Kinder auch.

Sie wären nämlich spiegelverkehrt.

Jajaja, das sagt sich so dahin, daß man gern mit der Eisenbahn fährt, daß man die Bequemlichkeit liebt... Aber ich sag's euch nicht zum ersten Mal: Es ist eine alte Theorie von mir, daß es zwei Welten gibt, die eine vor, die andere hinter den Spiegeln, und beide können nicht zueinander, weil eben die Spiegel dazwischen sind. Es sei denn ... Es sei denn, im Dunkeln ist einmal eine Weiche falsch gestellt, und der Lokführer merkt das nicht, und zwei Züge werden vertauscht. Dann lebt hier zu Hause mein Spiegelbild weiter und ich bei ihm daheim.

Davor hab ich Angst, ganz ehrlich, und deshalb verreise ich nicht gern im Dunkeln mit der Eisenbahn und meide, wenn es geht, des Tages letzte Züge.

Renate Just
Im Stimmengewirr

Wenn man etwas traurig ist, weiß ich als besten Aufenthaltsort die Bahn. Unterwegs auf dem deutschen Schienennetz, im Februar vielleicht, kann man sich mühelos in eine Überhöhung des eigenen unfrohen Gemütszustands hineinleben, die ihn dann günstigenfalls vielleicht aufhebt. Haben wir etwa gewußt, daß es einen Ort gibt, der, wie noch mal, Müden im Matten Lande? Müden an der Fahlen Heide heißt? Gut so, paßt zur Befindlichkeit. Die Gegend auch, soweit sie hinter dem Regen erkennbar ist, der prasselt, als würde Kies ins Zugfenster geschmissen. Schwarzer Moorboden mit Wasserlöchern drin, totes gelbes Gras, arthritische Birken. Ewig lang bleibt der Zug an menschenleeren Zwergstationen stehen, in der Ferne ein einsames Klinkerhäuschen in den Wasserwiesen; der Mann arbeitet wahrscheinlich bei Butting-Edelstahl in Knesebeck, und die Frau steht da ganz alleine drin und kocht Brägenwurst oder Wirsing mit Hack. Totale Stille, nur das Drippeln auf dem Waggondach. Wir denken uns doofe deutsche Romantitel aus, aus Langeweile, in der Manier von »Fürsorgliche Belagerung« und »Vorläufige Beruhigung«: Zunehmende Verbiesterung, Fragwürdige Beschwichtigung, Umfassende Verödung. Der magenkrankgelbliche Mitreisende gegenüber liest einen zum Teint passenden Tempel-Klassiker. Auch wir haben zum Seelenklima stimmige Lektüre im Gepäck. Natalia Ginzburg: »Wenn ich ehrlich sein soll, flößt mir meine Zeit nur Haß und Langeweile ein ... Müßte ich das, was mir zugestoßen ist, in ein Bild übersetzen, so würde ich sagen, daß die Welt plötzlich mit Pilzen zugewachsen ist und mich diese Pilze nicht interessieren ...« Die sachlichen, sterbenstraurigen Geschichten von W. E. Richartz über das deutsche Alltagsentsetzen sind ebenfalls recht brauchbar für das Drinnen und Draußen so einer vergrübelten Eisenbahntour. Ach Gott ja, auch so einer, der sich umgebracht hat, irgendwo mit Weinflasche und Tabletten im Wald verschwunden ist, kann sein, in einem wie da draußen, flau, schütter, krank. »... dazwischen ist es, ohne viel Lärm und Aufhebens, vielleicht nur in Spuren: das *Wozu*. – Aber es wächst.« Auch manche Hotels am Bahndamm sehen nach geradezu vorbildlichen Suizid-Herbergen aus; die ihr hier eincheckt, laßt alle Hoffnung fahren. Die Immergrün-Mauern der Siedlungshäuschen haben jetzt, winters, die Farbe von angebranntem Spinat und in den Auenwäldchen weht der bunte Müll. Keine Schaufronten, nur Kehrseiten sieht man vom Zugfenster aus: Hinterhofbalkons, auf denen ausgemusterte Sofagarnituren durchweichen, Wäschespinnen und fahrgestellose Wohnmobile, Verpackungsgebirge hinter irgend so einem Hamsterkauf-Grossomarkt, struppige Dämme, wirres Brachland. Und könnte der Blick mal einigermaßen erquicklich über einen Wiesenhang zu einem Waldrand schweifen, dann reihen sich garantiert quer über die Vedute weiße Folienquader mit gepreßtem Grünfutter, die neueste pittoreske Landschaftsbereicherung durch die Agrarindustrie, und fletschen einen an wie Jacketkronen.

Drinnen, im geheizten Speisewagen, interessiert die Außenwelt wenig, ist man mit vielfältigen eigenen Belangen beschäftigt. Bundesbahngemurmel: »Herr Seidel, es gibt bestimmte Dinge in diesem Unternehmen, wenn die nicht mittelfristig geändert werden, dann bekommen wir Probleme!« Einen Tisch weiter, »Essen Se noch die kleinen Würstel, mögen Se nich?«, scheint es betriebswirtschaftlich auch nicht sehr rosig auszusehen: »Der Gattermeyer und der Wiesenklein, die sind doch total überfordert!« Draußen im Gang rülpsen die Fahrschüler einander was vor: »Gestern auf dem Fest, war's mir da schlääächt, war's mir da schlääächt, urrrgh!« Das könnte den beiden Herren in weißen Seidensokken und Bommelslippern, die sich mit dem kombinierten Wohlgeschmack von Kupferbergsekt und Kirschwasser auf längere Fahrt einstimmen, womöglich auch bald so gehen. »Mann, was haben wir hier gescheffelt«, sagt einer verträumt unterm Bahnhofsschild von Leverkusen. Die beiden Damen in meinem Abteil nibbeln dafür an hauchdünnen Täfelchen. »Erinnerst du dich an die Schuhe, cognacfarben mit Schmetterling drauf, kann ich die auch zu braun tragen, das interessiert mich?«

So fährt man dahin, im Stimmengewirr. »Und wieder reisen wir mit ausgeleierten Gefühlen ...« Irgendwann kommt der Zug auch mal auf dem Bahnhof von E. zu Halt, Mittelstadt in Mittelfranken. »Do wor I fei scho llang nimmä doddn«, sagt eine Mitreisende versonnen. Ich auch nicht. Wenn ich den richtigen Moment erwische, kann ich vom Bahnfenster aus die schnurgerade Universitätsstraße längsgucken, an der die Frauenklinik, mein Geburtsort, liegt, bis zum Rondell des Lorlebergplatzes, an dem ich zur Schule gegangen bin. Nein, aussteigen muß ich nicht, es reicht mir, wie oft die hiesigen Örtlichkeiten in meinen Träumen auftauchen.

Milena Moser
Business Class

Kurz nach ihrem fünfzigsten Geburtstag kam Emma zu Geld. Einer ihrer früheren Arbeitgeber war gestorben und hatte ihr ein kleines Vermögen hinterlassen. Ein ganz kleines nur, aber es kam gerade recht. Sie brauchte sich keine Sorgen mehr zu machen.

Dachte sie.

Als erstes leistete sie sich eine kleine Reise nach Süddeutschland. Mit dem Zug, denn sie war noch nie geflogen und sah nicht ein, warum sie jetzt damit anfangen sollte. Aber sie kaufte sich eine Fahrkarte erster Klasse, buchte ein Zimmer in einem wunderschönen Hotel mit mehr Sternen als Buchstaben im Namen und Opernkarten der teuersten Sorte. Es war eine Art verspätetes Geburtstagsgeschenk. Zum ersten Mal in ihrem Leben konnte sie sich etwas leisten, für sich ganz allein, und sie wollte es genießen.

Es kam alles ganz anders.

Die Welt der ersten Klasse, der Taxis, der schönen Hotels, der Opernhausgarderoben und der Champagnertheken war besetztes Gebiet. Fest in den Händen von Männern in dreiteiligen Anzügen, modischen Krawatten und hellen Regenmänteln. Sie hatte nicht die geringste Chance.

Das begann schon auf der Hinfahrt. Die erste Klasse war voller Geschäftsmänner, die ihre Aktenkoffer wie Waffen einsetzten, zum Schubsen, Drängeln, Rammen und Plätzebelegen. Als sie sich im Speisewagen auf den letzten freien Stuhl setzen wollte, schob sich ein Anzugmann von hinten unter sie, so daß sie beinahe auf seinem Schoß gelandet wäre, was ihr ausgesprochen peinlich war. Daraufhin war ihr der Appetit vergangen, sie verzichtete auf ihr Mittagessen. Als sie ankam, brauchte sie vierzig Minuten, um ein Taxi zu ergattern, nur um dann festzustellen, daß ihr Hotel gleich um die Ecke in einem großen Park lag. Ihr Zimmer ging allerdings nach hinten hinaus auf eine Straße. Als sie ihre Tasche auf das Bett warf, gab es federnd nach.

Sie war nicht einfach eine hilflose ältere Frau, nein. Sie konnte sich durchaus durchsetzen, wenigstens hatte sie das bisher gedacht. Ihr Leben lang hatte sie sich allein durchgeschlagen, hatte als Haushälterin gearbeitet und als Kinderfrau, sie hatte Generationen von rotznasigen reichen Kindern die Hosen strammgezogen. Seit ein paar Jahren fand sie keine Arbeit mehr, sie war in ein billiges Zimmer gleich hinter dem Bahnhof gezogen, an der Straße, an der sich blutjunge drogensüchtige Mädchen anboten. Das Quartier galt als gefährlich, ihre Freundinnen besuchten sie dort nur tagsüber, wenn überhaupt. Trotzdem hatte sie sich noch nie so hilflos gefühlt wie in dem Moment, als ein dicklicher Geschäftsmann mit nassen Haaren sie vom Frühstücksbüffet wegdrängelte und die letzten vier frischen Coissants auf seinen Teller häufte.

Sie ging mit leeren Händen zurück zu ihrem Tisch. Sie brachte nicht mehr die Kraft auf, nach einer zweiten Tasse Kaffee zu verlangen, sie hatte das Gefühl, regelrecht darum kämpfen zu müssen. Daß diese schöne, bunte Welt der Gutbetuchten so anstrengend war, hätte sie nicht gedacht. Schließlich nahm sie ihr Frühstück in einem Schnellimbiß ein, fritierte Apfelküchlein und Milkshake, sie tröstete sich, so gut sie konnte, schließlich gehörte das immer noch zu ihrem Geburtstagsgeschenk. Im Lokal roch es nach altem Öl, aber immerhin ging es hier strikt nach der Reihenfolge, und sie sah keinen einzigen Geschäftsmann.

Mechanisch wischte sie mit der Papierserviette den klebrigen Plastikstuhl ab, bevor sie sich setzte. Sie war nicht die einzige, die sich vor diesen Aktenkoffer-Randalierern fürchtete, das war klar. Die Taxifahrer fielen ihr ein, die mit starrem Blick an ihr vorbeifuhren, um einen Weißmantel aufzuladen, der eine Quittung verlangen und reichlich Trinkgeld geben würde, auf Spesen natürlich. Und die hagere Frau, die an der Garderobe im Opernhaus arbeitete und sie so geflissentlich übersehen hatte, daß es ihr peinlich gewesen war.

Wenn ich schon hier stehe und bedienen muß, dann sicher nicht eine wie dich, sagte der Blick der Garderobiere, und unterwürfig hatte sie sich an den nächsten dynamisch drängelnden Herrn gewandt. Dieser hatte eine goldene Krawattennadel in Form eines Tennisschlägers angesteckt, mit einem übergroßen, brillantbesetzten Ball.

Emma verstand die Welt nicht mehr.

Als sie die Rückreise antreten sollte, einen Tag früher als vorgesehen, fühlte sie sich krank. Reiß dich zusammen, schalt sie sich, aber da blieb ein flaues Gefühl. Sie hatte den Abendzug gebucht, weil sie im Speisewagen essen und die Landschaft im Abendlicht vorbeiziehen sehen wollte. Sie hatte nicht daran gedacht, daß der Zug um diese Zeit voll von Geschäftsleuten sein mußte. Und daß sie am Ende eines Tages nicht nur unverschämt, sondern auch betrunken sein würden.

Emma war nicht auf den Mund gefallen. Sie ließ sich nicht etwa stumm herumschubsen.

Haben Sie keine Mutter, die Ihnen ein Minimum an Manieren beibringen könnte, fuhr sie ein jüngeres Exemplar an, das sie beim Einsteigen überholt und beinahe aus dem Zug geworfen hatte. Doch der ließ sich nicht aufhalten.

Und der Schaffner, bei dem sie sich später beschwerte, weil die Herren mit ihren Koffern und Mänteln und Abendzeitungen sämtliche Sitze belegt hielten, auch den, den sie reserviert hatte, gab ihr deutlich zu verstehen, daß eine wie sie in der ersten Klasse nichts verloren hatte. Emma mußte ihm recht geben. Sie kaufte sich ein Sandwich und eine halbe Flasche Wein mit Schraubverschluß und flüchtete sich in die zweite Klasse. Diese war hoffnungslos überfüllt. Erst im vierten oder fünften Wagen, den sie schwankend durchquert hatte, fand sie einen Platz in einem Sechserabteil, in dem schon fünf sturzbetrunkene Jugendliche mit grellbunten Haaren und klobigen Schuhen saßen. Guten Abend, sagte Emma höflich und setzte sich auf den freien Platz, nachdem sich ein Paar zierlicher Mädchenfüße in Clownsschuhen zurückgezogen hatte. Die Jugendlichen verstummten, wechselten ein paar Blicke und kicherten dann unbeholfen los. Emma lächelte freundlich zurück. Sie biß in ihr Sandwich, trank ihren Wein. Sie saß in einem Nebel von übelkeiterregendem, süßlichem Rauch, der ihrer Meinung nach nicht von normalen Zigaretten stammen konnte. Aber als Zigarrenraucherin konnte sie sich nicht leisten, zu meckern. Zigarrenrauch erregte schließlich auch Übelkeit bei manchen Leuten. Deshalb fragte sie höflich »Stört es Sie?«, bevor sie sich eine Havanna anzündete. Daraufhin war es ungefähr zehn Minuten still im Abteil. An der Grenze wurde sie gefragt, ob sie für diese Bande verantwortlich sei, und sie gab in ihrem eisigsten Erzieherinnenton zurück: »Was verstehen Sie unter Bande, junger Mann?«, und sie wurden alle in Ruhe gelassen.

Wenig später wurde ihr ein lauwarmes Bier angeboten, das sie dankend annahm. Dann schloß sie die Augen.

Sie mußte etwas tun, das war klar. Aber zum ersten Mal in ihrem Leben fühlte sie sich vollkommen hilflos und ausgeliefert. Die einzige Möglichkeit, diesen Geschäftsleuten beizukommen, war wohl, eine lautere Stimme, einen größeren Aktenkoffer und eine teurere Uhr zu tragen. Einen höheren Rang zu bekleiden. Kurz, ein Mann zu sein. Dann ja! Dann würden sie auf dem Bauch kriechen und Staub fressen wie die biblischen Würmer! Sie dachte kurz an ihren Sohn, einen schüchternen, weltfremden und leicht übergewichtigen Künstler, er würde ihr keine Hilfe sein. Sie war also ganz auf sich gestellt. Es gab nur eine Möglichkeit: sie mußte sich eine Waffe beschaffen. Wie komme ich denn zum Beispiel zu einer Pistole? fragte sie ganz beiläufig und ohne jemand Bestimmtes dabei anzusehen. Die Jugendlichen wechselten unsichere Blicke. Es stellte sich heraus, daß Emma sie ganz falsch eingeschätzt hatte. Es war eine Gruppe von Mittelschülern, die ein Rockkonzert besucht hatten, mit Erlaubnis der Eltern natürlich, und auch nur, weil gerade Schulferien waren. Wie man in den Besitz einer Waffe kam, wußten sie wirklich nicht.

Emma lehnte sich zurück und hielt ein Streichholz an ihre erkaltete Zigarre.

Ich wüßte ja gar nicht, wie man so ein Ding bedient, beruhigte sie die jungen Leute.

Doch kurz bevor sie ausstiegen, beugte sich einer von ihnen zu ihr hinüber und meinte vertraulich, mit einem Stellmesser könne er eventuell dienen. Sie trafen sich auf der Toilette am Ende des Wagens. Das erinnerte Emma an einige Zugreisen in ihrer Jugend, manche Väter der Kinder, die sie erzogen hatte, verabredeten sich mit ihr in der Toilette, allerdings ging es dabei nicht um Waffen. Heutzutage schien niemand mehr auf solche Ideen zu kommen, wahrscheinlich lag es einfach daran, daß die Toiletten früher sauberer gewesen waren. Und geräumiger.

Sie bekam also das Stellmesser, ein interessantes Modell, schlank und leicht, es paßte genau in ihre Faust, und wenn sie auf den Knopf drückte, schnappte eine spiegelblanke, rasiermesserscharfe Klinge heraus.

Sie schob das Messer in ihre Jackentasche und hatte es bald ganz vergessen. Das Leben, das sie führte, bot wenig Berührungspunkte mit den Geschäftsleuten. Die Läden, in denen sie einkaufte, zum Beispiel, wurden von knopfäugigen Matronen beherrscht, die einen Drängler wahrscheinlich kurzerhand ohrfeigen würden. Manchmal kam ihr alles wie ein schlechter Traum vor, und sie fragte sich beschämt, ob sie nicht etwa langsam alt würde, daß sie sich über ein paar schlecht erzogene Rüpel derart empören konnte.

Doch eines Tages hatte sie die unselige Idee, mit dem Geld, das sie noch hatte, eine Freundin aus dem Viertel zum Essen einzuladen, in ein richtig teures Feinschmeckerlokal, kein Vergleich mit den Kneipen, in denen sie sonst verkehrte.

Als sie anrief, um einen Tisch zu reservieren, fragte die Frau nach dem Firmennamen. Sie hielt sie offenbar für eine Sekretärin. Der Tisch sei für sie selber, sagte Emma ebenso tapfer wie unüberlegt, sie komme gegen halb eins.

Um halb eins war das Restaurant voll. Zehn Minuten oder länger standen sie am Eingang herum, bis sich endlich ein Kellner erbarmte und sie zu einer Art Ablagefläche neben der Küchentür führte. Das war ihr Tisch. Nachdem sie ungefähr zwanzig Minuten auf die Speisekarte gewartet hatte, wurde Emma nervös. Das Schlimmste war, daß sie ihrer Wut nicht

Luft machen konnte, schließlich hatte sie ihre Freundin eingeladen, sie wollte ihr das Essen nicht verderben. Die war nicht so kompliziert, stand auf, strich ihren Rock glatt und sagte ziemlich laut: Findest du nicht, daß es im Schwarzen Egg netter ist?

Im Gehen legte Emma einen Arm um ihre Schultern. Sie lächelte. Es war ja alles gar nicht so schwierig. Als sie an der Garderobe vorbeikamen, wo die eierschalenfarbenen Regenmäntel ordentlich nebeneinanderhingen, faßte sie in ihre Tasche, zog das Messer heraus, ließ es aufschnappen und schlitzte die ganze Reihe auf. Futterseide blitzte, Ärmelfetzen fielen zu Boden, aber niemand bemerkte etwas, nicht einmal ihre Freundin, es war alles so schnell gegangen, daß Emma nicht einmal den Arm von ihrer Schulter genommen hatte.

Im Schwarzen Egg bestellten sie Cordon bleu mit Pommes frites und eine Flasche Wein. Auch hier saßen laute und betrunkene Männer an den Tischen, aber das hinderte den Kellner wenigstens nicht daran, sie zu bedienen, außerdem trugen sie keine weißen Mäntel.

Emmas Arm kribbelte noch lange in eigenartiger körperlicher Befriedigung, vor allem, wenn sie sich die Gesichter der Herren vorstellte, die in ihre Mäntel schlüpfen wollten und feststellen mußten, daß die Ärmel fehlten.

Emma vermied weitere Ausflüge in die Welt der Kreditkartenträger. Schließlich und endlich konnte sie ihr Geld auch anders loswerden. Das Messer aber trug sie immer bei sich. Helle Regenmäntel konnten einem schließlich überall begegnen, sogar in der Straßenbahn. Das Gefühl beim Aufschlitzen des glatten, teuren Stoffes ließ sich mit nichts vergleichen.

Vor allem, wenn noch einer drinsteckte und sein Blut langsam den Stoff durchtränkte.

Klaus Konjetzky
Die Lesereise

Die Fahrt wird bezahlt. 1. Klasse.

Also fahre ich 2.

Die Landschaft zieht meine Augen mit. Immer von links nach rechts. Andere können Fahrten nutzen. München – Neheim-Hüsten eine Kurzgeschichte. Stuttgart – Darmstadt ein Gedicht. Vilshofen – Passau ein Aphorismus. Vorträge in den Großraumcoupés der Intercity. Aber ich kann nicht lange genug wegschauen. Dabei ist es immer das Gleiche. Im günstigsten Fall eine Burg. Auf einem Felsen. Über einem Fluß.

Sonst hauptsächlich Zementfabriken.

Nach 170 Kilometern mischen sich die Kühe. Nach 200 Kilometern stehen sie, die einmal braun waren, schwarzweiß auf den Weiden. So beginnt die Fremde.

Ob die Herrschaften Kaffee wünschen.

Die Dame auf dem Türsitz gegenüber wünscht.

Ja, sage ich.

Mit Milch und Zucker wird er erträglicher.

Wäre sie jünger, würde ich fragen, ob ich mal ihre Zeitung haben könnte.

Aber natürlich, sagt sie. Sagen Sie, sagt sie noch, Sie kommen mir so bekannt vor.

Da lächle ich bescheiden.

Sie zieht die Beine an, damit ich rauskann.

Sie ahnt nicht, daß ich jederzeit eine Geschichte schreiben könnte, in der sie vorkommt. Ich könnte sie sehr schlecht aussehen lassen. Sehr schlecht.

Gut, ich könnte auch in meinem Buch lesen. So, daß sie den Umschlag sieht. Dann könnte sie interessiert fragen: darf man fragen, was Sie da Schönes lesen, junger Mann?

Ach, sage ich, Gedichte.

Kennen Sie ihn nicht?

Doch, natürlich, sollte sie sagen.

L'usage du cabinet est interdit pendant l'arrêt du train en gare. Zwei Gedichte sind mir schon ins Französische übersetzt worden. Vor mir war eine Sau drauf. Aber das kann auch in der 1. Klasse passieren. Ich setze mich nicht. Das geht über die Oberschenkel. Ich lese, sage ich zurückgekommen, alles von ihm.

Anschauen lassen kann ich sie das Buch nicht, weil hinten innen mein Kopf ist.

Muß ich wirklich auch endlich mal lesen, sollte sie sagen.

Gehört habe ich schon viel davon, sollte sie sagen.

Besser: Sie wüßte eins auswendig und sagte es her.

Die Apfelblüte ist hin.

Erst war es so warm wie nie in dieser Jahreszeit. Dann so kalt wie nie in dieser Jahreszeit.

Den Äpfelbauern wirds gleich sein. Brauchen sie nicht zu ernten. Aber lesen werden sie in der eingesparten Zeit auch nicht.

Die Dörfer, zwei Kilometer neben der Bahnlinie, sind weiter weg als Stockholm. Die Dörfer werden mich kaum in Natur zu sehen bekommen. Stockholm später mal im Frack.

Vielleicht schaut eine gedichteschreibende Magd aus einer Dachluke und sieht den Zug vorbeifahren, in dem ich sitze.

Fachwerkhäuser. Aber Franken ist das nicht.

Früher gab es noch Störche. Dafür gibt es heute Wanderbüchereien.

Eine Dichterlesung war in Ober-Deutingen oder dort, wo noch keine war.

Höchstens Luise Rinser.

Die Frau am Türplatz sieht es mir nicht an.

Weil ich nicht in ihrer Zeitung stehe. Aber wer liest schon die Hildesheimer.

Die würde Augen machen, wenn sie mich in der Stadthalle wiedersähe. 200 Leute und der Oberbürgermeister, der persönlich fragt, ob ich Lösungsvorschläge hätte.

Ungewöhnlich langer, später sogar rhythmisch werdender Beifall, bevor ich die Antwort beenden kann.

Ich könnte Notizen machen. Und zwischendurch weit ins Land hinausblicken. Wie halt so gedichtet wird.

Und dann mal die Frau fremd und von Welten kommend anschauen. Als sähe ich sie nicht. Dann sozusagen auftauchen und eine Strophe schreiben.

In Unter-Deutingen oder wo, hinter dem Bach, den Weiden, den Wiesen, vergeht das Leben der jungen, noch blühenden Rosalinde. Aber eines Tages kommt der Dichter auf dem Weg zu Größerem durch Unter-Deutingen und übernachtet im Goldenen Bären.

Dort sieht er sie, nimmt sie zur Frau und führt sie in die große Welt. Das ist ein Glück für Rosa.

Aber es gibt so viele Ignoranten auf der Welt.

Die Frau auf dem Türsitz. Die fragt nicht mal, ob Gedichteschreiben von veränderndem Nutzen sei.

Gute Frau, Gedichte schreiben, sage ich, heißt Widerstand leisten. Schreiben überhaupt. Literatur.

Aber Gedichte sind das Äußerste. Mit ihnen wird der Rand der Literatur erreicht. Weiter geht es nicht.

Aber das Leben.

Weiter gehen hieße nicht mehr schreiben.

Das wäre ein anderes Schweigen, sage ich.

Aber die Frage hat Dimensionen, die nicht mit ein paar Sätzen auszuloten sind, sage ich und senke nachdenkend die Lider.

Da ist eine lange Stille.

Bis einer fragt: welche Frage. Ich sage es ihm.

Die drei-, vierhundert und der Oberbürgermeister mit Frau sind beeindruckt, weil sie Zeuge eines Augenblicks sind. Den kriegen andere bestenfalls im Fernsehen mit.

Später kommen Fragen nach Hans Magnus Enzensberger, Krolow, Rühmkorf, Celan, Eich, Fried, Goethe, Jandl, Bachmann, Heise, Leonard Cohen, Rilke, Herburger, Trakl, Heissenbüttel, Theobaldy, Benn, Krechel. Wer bitte? Krechel. Ja, Krechel. Wondratschek, Malkowski, Hölderlin, Brinkmann, Wühr, Krüger. Wie bitte? Ach der Michel. Und dann Böll, Grass, Lenz, Walser, weil es ums Ganze geht.

Böll erkläre ich ihnen, mein Gott, ja. Und Grass, freilich, sehen Sie, der Grass Günter. Lenz und Walser führe ich aus. Gerade der Martin hat eine gewisse Kontinuität des Beharrens. Aber was mich persönlich anbelangt, erkläre ich mich, ich möchte hier niemandem weh tun.

Verstehen Sie, sage ich, und da rührt sich keiner bis Mitternacht von seinem Platz, Gedichte rechtfertigen, daß sie geschrieben werden.

Auch mißlungene Gedichte.

Jedes andere Scheitern in der Welt wird teuer bezahlt.

Selbst im durchschnittlichen Gedicht liegt ein Begehren gegen die durchschnittliche Welt, sage ich.

Das macht die Durchschnittlichen rasend, sage ich.

Ich lasse den Leuten ihre Zeit zum Klatschen.

Ich winke ab. Der Kontrolleur, auch ein Ignorant, hätte sich mich merken können. Ich bin nicht zugestiegen. Ich bin von Anfang an da.

Er tut seine Pflicht. Das tun die meisten. Natürlich reicht das nicht für mehr.

Eine Bahnschranke bei einem Straßenübergang dritter Ordnung. Einer steht neben dem Fahrrad an der geschlossenen Schranke. Er stand dort und schaute. Er wird ins nächste Dorf radeln, um Erdbeeren aus dem Garten der Tante zu holen. Das hat sie ihm versprochen.

Während er pflückt, nähern wir uns einer Stadt, in der der Kulturreferent, SPD, hinter Grass hertelefoniert, weil er das Risiko scheut.

Der Zug fährt bereits wieder, als einer die Abteiltür aufschiebt und fragt, was er sieht. Ob hier noch ein Platz frei sei. Er setzt sich mir gegenüber und liest sofort Handke.

Dieser ehemalige Intellektuelle mit seinem Entsagungsmund hebt nicht mal bei Haltestellen den Kopf.

Die Frau sieht, was der am Fenster liest. So hält er ihr's hin. So unnatürlich lehnt er sich ins Fenstereck.

Weil er vielleicht meint, mit seinem Handke die Lesestatistik durcheinanderzubringen. Weil er vielleicht meint, im Nachbarabteil lesen alle Konsalik.

Wenn das nächste Mal der Schaffner kommt, wird er mir die Frage zu beantworten haben, ob mit Verspätung zu rechnen sei.

Ich muß nämlich, wissen Sie, um 20 Uhr meine Lesung erreichen. Da wird der Handke aufschauen.

Sagten Sie Lesung?

Ach, sage ich, ja, nichts Besonderes. In der Stadthalle.

So geht das schon die ganze Woche. Jeden Abend in einer anderen Stadt. Man weiß kaum noch, wie sie heißen, die Städte.

Sagten Sie Stadthalle?

Wälder. Quadratische Wälder und rechteckige. Und solche, die in die Wiesen ausfransen.

Die sanften Hügel meiner Landschaftsgedichte. Sie zählen zu meinen besten. Die Sonne, Wolkentürme, Regenvorhänge.

Schräge Sonnenstrahlen auf ein Dorf in der Höhe.

Ein Regenbogen und ein Bussard. Auch beschrieben.

Buschreihen entlang der Äcker. Deutschland.

Sagten Sie Deutschland, wird von ganz hinten gefragt.

Ach, wissen Sie: »dem Vogelzug vertraue ich meine Verzweiflung an. Er mißt seinen Teil von Ewigkeit gelassen«.

Ist das von Ihnen?

Die Freundin von dem in der letzten Reihe lacht, weil sie es weiß.

Von Eich, Herr Oberbürgermeister, von Eich.

Der Oberbürgermeister verläßt den Saal. Teile seiner Fraktion mit ihm. Der andere Teil zischt mit der Opposition.

Der Wechsel ist nur noch eine Frage der Zeit.

Aber der Kanzler kommt. Der Kanzler kommt! Das bringt Unruhe.

Ich sage: Ruhe. Augenblicklich ist es ruhig.

Bitte sehr, Herr Kanzler.

Er sagt: Danke, guckt mal, was ich kann.

Gut, daß er gekommen ist. Er kann ein Kaninchen aus seinem Zylinder zaubern. Bravo.

Einer will Tauben. Das kann er nicht, der Kanzler.

Jetzt freuen Sie sich doch über die Kaninchen, sagt er.

Dann kommt es zur Abstimmung über den Nato-Doppelbeschluß.

Ich verlese das Ergebnis.

Sie aber wollen noch ein Gedicht. Eins noch. Bitte eins. Bitte. Gedichte, die kleinen Täubchen, sage ich, setzen sich frech auf Gewehrläufe, singen auf Fernsehantennen, sitzen auf Dächern von Strohhütten und kommen schon mal bis aufs Fensterbrett einer Chefetage.

Manchmal fällt vielleicht von so einem vorüberfliegenden Vögelchen jemandem eine Kleinigkeit auf den Kopf.

Die ordentlich Mürrischen verlangen dann nach Abschaffung der Vögel.

Die Schlimmeren schießen in die Luft.

Die Fröhlicheren sagen: es wird Frühling, sage ich.

Gedichte halten keine Panzer auf. Sie ersetzen nicht Brot und Reis. Minister brauchen Gedichte nicht zu fürchten.

Aber schlechte Minister fürchten auch Gedichte. Mit Recht, schließe ich.

Die Frau mit der Hildesheimer zieht die Beine an, damit ich rauskann.

Ich bleibe.

Der im Fenstereck schläft. Sein Buch senkt sich langsam auf seine Knie. Er ist auf Seite 37 eingeschlafen.

Jeden Moment wird es fallen.

Ich schaue vorsichtshalber schon mal weg.

In einem Tunnel fängt er an zu schnarchen.

Auf einer Brücke fällt sein Kopf auf die Brust. Handke am Boden.

Ohne offen hinzuschauen, sehe ich, wie der Mensch hochschreckt, das Buch aufhebt und weiterliest.

Auf Seite 39 schläft er wieder.

Aber sein Buch läßt er nicht mehr aus.

Die Frau und ich schauen uns vielsagend an.

Sie lehnt den Kopf an und schließt die Augen.

Ich notiere: Die Frau und ich schauen uns vielsagend an. Das ist der Anfang einer langen Freundschaft. Sie lehnt den Kopf an eine Kopfstütze und schließt die Augen. An die Kopfstütze der Türseite, ergänze ich. An die rechte Kopfstütze. Von ihr aus gesehen.

Eine Zeitlang begleitet uns ein Hubschrauber.

Über einer Raffinerie stürzt er ab, schreibe ich.

Wenn der Schlafende wüßte, was vor seinen geschlossenen Augen geschieht.

So lang fährt kein Zug, wie der für ein Buch bräuchte.

›Ein kurzes, unglückliches Lachen, Wegschauen von einem selber, wie die andern in der Luft herum, dabei ertappt, daß man ein Bedürfnis gezeigt hatte wie diese andern, gekränkter Stolz, Versuche, sich doch noch zu behaupten, kläglich, weil man gerade dadurch verwechselbar und austauschbar mit den Umstehenden wurde‹, lese ich nicht ohne Mühe in dem für mich auf dem Kopf stehenden, auf seinen Knien offen liegenden Buch.

Hätte er nicht seinen Daumen drauf, könnte ich weiterblättern bis Seite 43. Wachte er irgendwann auf, läse er: ›Zu Hause funktionierten die kleinen bürgerlichen Erlösungssysteme eben nicht mehr, weil die Lebensumstände – die Einzimmerwohnung, die Sorge um nichts als das tägliche Brot, die fast nur auf unwillkürliche Mimik, Gestik und verlegenen Geschlechtsverkehr beschränkte Verständigungsform mit dem Lebensgefährten – sogar noch vorbürgerlich waren.‹

Läse er weiter, wäre er entlarvt. Dann könnte es sich ergeben, daß ich sagte: übrigens, die Seiten 40, 41 und 42 sind mir die stärksten.

Eine Ahnung von Dämmerung zieht in die Täler.

An den Waldrändern wächst das Dunkle.

Dörfer versinken, während ich, auf der Heimreise von einer Lesung, zu der infolge einer »organisatorischen Panne«, schreibe ich, nur 9 Zuhörer erschienen waren, mit einem mir gegenübersitzenden Mann mit einem Schwalbennest im buschigen Haar und zwei Büroklammern in der Unterlippe, einem Mann also, der kurz nach Göttingen einen Konsalik durch hatte, Schach spiele.

Julian Barnes
Der Tunnel

Der ältere Herr aus England reiste geschäftlich nach Paris. Er richtete sich bedächtig auf seinem Platz ein und regulierte Kopf- und Fußstütze; von leichten Frühjahrsarbeiten im Garten tat ihm noch der Rücken weh. Er klappte das Tischchen herunter, kontrollierte die Luftdüse und das Leselämpchen. Die Gratiszeitschrift, die Kopfhörerstöpsel und die individuelle Videoanlage mit Onscreen-Informationen über Lunch-Angebot und Weinkarte ließ er unbeachtet. Nicht, daß er Essen und Trinken abgeneigt war: Mit Ende sechzig sah er der nächsten Mahlzeit noch immer mit aufgeregter und bisweilen schuldbewußter Vorfreude entgegen. Doch er erlaubte es sich, etwas altmodisch zu erscheinen – besser gesagt, sich selbst und nicht nur anderen gegenüber etwas altmodisch zu erscheinen. Vielleicht wirkte es ja affektiert, sich Butterbrote von zu Hause und eine kleine Flasche Meursault in einem Kühlmantel mitzubringen, wenn das Mittagessen in der Business Class zum Service gehörte. Aber er wollte es so, und darum machte er es auch so.

Während der Zug würdevoll aus dem Bahnhof St. Pancras glitt, sann er, wie jedes Mal, über die erstaunliche Binsenwahrheit nach, daß Paris im Laufe seines Lebens näher gerückt war als Glasgow, Brüssel näher als Edinburgh. Er konnte daheim im Londoner Norden aus dem Haus gehen, und keine drei Stunden später spazierte er den sanft geneigten Boulevard de Magenta hinunter, ohne auch nur mit dem Paß gewedelt zu haben. Er brauchte nichts als einen europäischen Personalausweis, und auch das nur für den Fall, daß er eine Bank ausraubte oder unter die Métro kam. Er zog seine Brieftasche hervor und besah sich das rechteckige Stück Plastik: Name, Adresse, Geburtsdatum, Sozialversicherungsdaten, Telefon-, Fax- und E-Mailnummer, Blutgruppe, Krankengeschichte, Kreditrahmen und nächste Angehörige. Außer den beiden ersten waren alle diese Angaben unsichtbar in einem kleinen irisierenden Rhombus kodiert. Er las seinen Namen – zwei Wörter mit einem großen Anfangsbuchstaben dazwischen, nach jahrelanger Vertrautheit bar jeder Assoziation – und musterte sein Paßbild. Hageres, längliches Gesicht, Kehlsack unter dem Kinn, rote Gesichtsfarbe und ein paar geplatzte Äderchen infolge Mißachtung ärztlichen Rats in bezug auf den Alkoholgenuß und dazu die üblichen Serienkilleraugen, wie man sie von Paßbildautomaten bekommt. Er hielt sich nicht für eitel, doch in Anbetracht seiner Neigung zu leichter Unzufriedenheit mit den meisten Fotos von sich mußte er sich eingestehen, daß er es wohl doch war.

Vor sechsundfünfzig Jahren war er zum ersten Mal nach Frankreich gefahren, eine Autoreise mit der Familie in die Normandie. Damals hatte es noch keine Roll-on-roll-off-Fähren, keinen Eurostar und keinen Le Shuttle gegeben. Das Auto wurde am Kai von Newhaven auf einer Holzpalette verankert und dann wie Stückgut in den Schiffsbauch geschwenkt. Diese gewohnheitsmäßige Erinnerung ließ vor seinem inneren Auge die verschiedenen Reiserituale abrollen. Er war schon in Dover, Folkestone, Newhaven, Southampton und Portsmouth an Bord gegangen. Er war in Calais, Boulogne, Dieppe, Le Havre, Cherbourg und Saint-Malo angekommen. Er war von Heathrow, Gatwick, Stansted, London City Airport abgeflogen; war in Le Bourget, Orly, Roissy gelandet. In den sechziger Jahren war er über Nacht mit dem Schlafwagen von Victoria zur Gare du Nord gefahren. Etwa zu der Zeit hatte auch der Silver Arrow verkehrt: stolze viereinviertel Stunden von einer Stadtmitte zur anderen, von Waterloo nach Lydd, von Lydd nach Le Touquet, und da wartete dann der Zug nach Paris am Flugplatz. Und sonst? Er war von Southampton (Eastleigh, genauer gesagt) über eine sogenannte Air-Bridge nach Cherbourg geflogen, wobei sein unförmiger Morris Minor im Laderaum eines rumpeligen Transportflugzeugs reiste. Er war in Montpellier, Lyon, Marseille, Toulouse, Bordeaux, Nizza, Perpignan, Nantes, Lille,

Grenoble, Nancy, Straßburg, Besançon gelandet. Auf dem Rückweg hatte er den Autoreisezug von Narbonne, Avignon, Brive-la-Gaillarde, Fréjus und Perpignan genommen. Er hatte das Land überflogen, mit Bahn und Bus durchquert, hatte selbst am Steuer gesessen und sich per Anhalter mitnehmen lassen; auf Wanderungen durch die Cevennen hatte er sich saubohnengroße Blasen zugezogen. Er war stolzer Besitzer mehrerer Generationen gelber Michelinkarten, die bei der geringsten Entfaltung lebhafte Träumereien in ihm auslösten. Er konnte sich noch gut an den Schock vor etwa vierzig Jahren erinnern, als die Franzosen den Kreisverkehr entdeckten: da kollidierte die Bürokratie mit der Freiheit des Individuums, dieser urfranzösische Widerstreit. Später hatten sie auch die Stolperschwellen oder schlafenden Polizisten entdeckt: die *ralentisseurs* oder *policiers couchants*. Komisch, daß die Polizisten bei uns geschlafen und sich bei denen nur hingelegt haben. Worauf ließ das schließen?

Der Eurostar tauchte aus dem letzten Londoner Tunnel in den jähen Aprilsonnenschein auf. Böschungsmauern aus bisterfarbenem Backstein mit schreienden Graffiti wichen allmählich einer schweigenden Vorortlandschaft. Es war einer von jenen trügerisch glasklaren Vormittagen: Hausfrauen gingen fälschlicherweise in kurzen Ärmeln ihre Wäsche aufhängen, und junge Männer holten sich Ohrenschmerzen, weil sie voreilig ihr Autoverdeck heruntergelassen hatten. Geklonte Doppelhäuser flogen an seinem Auge vorüber; Pflaumenblüten hingen schwer wie Früchte in den Bäumen. Verschwommen huschten Schrebergärten vorbei, dann ein Sportplatz mit einer Reihe für den Winter abgestellter Kricket-Sichtblenden. Er wandte den Blick vom Fenster ab und machte sich an das Kreuzworträtsel in der *Times*. Vor ein paar Jahren hatte er seinen Schlachtplan gegen die Senilität verkündet: Jeden Tag das Kreuzworträtsel lösen und sich selbst als alten Knacker bezeichnen, wenn man merkt, daß man sich wie ein alter Knacker benimmt. Obwohl – hatten nicht allein schon diese Vorsichtsmaßnahmen etwas Seniles oder Präseniles an sich?

Er beendete seine Selbstbetrachtungen und begann, Spekulationen über seine unmittelbare Nachbarschaft anzustellen. Rechts von ihm saßen drei Männer in Anzügen und dazu ein Typ in einem gestreiften Blazer; ihm gegenüber eine ältere Frau. Älter: Das hieß, etwa so alt wie er selbst. Er sagte sich das Wort noch einmal vor, ließ es auf der Zunge zergehen. Er hatte es nie so recht gemocht – es hatte etwas Schleimiges und Liebedienerisches an sich, wenn man es verwendete –, und nun, da er selbst das war, was das Wort bezeichnete, gefiel es ihm noch weniger. Jung, in mittleren Jahren, älter, alt, tot; so steigerte man das Leben. (Nein, Leben war ja ein Substantiv, demnach wurde das Leben dekliniert, was auf englisch und französisch auch bedeutete, daß es damit bergab ging. Ja, das war sowieso besser: *life declined*. So ergab sich hier wie dort auch noch ein dritter Sinn: ein abgelehntes, nicht voll erfaßtes Leben. »Jetzt erkenne ich, daß ich mich immer vor dem Leben gefürchtet habe«, hatte Flaubert einst gestanden. Ob das für alle Schriftsteller galt? Und war es eigentlich eine unumstößliche Wahrheit: Um Schriftsteller zu sein, mußte man in irgendeiner Form das Leben deklinieren – beugen, bergab gehen lassen, dankend ablehnen? Oder: Man war in dem Maße Schriftsteller, in dem man das Leben so behandelte?) Wo war er stehengeblieben? *Älter*. Ja, die aufgesetzte Vornehmheit dieses Ausdrucks sollte verschwinden. Jung, in mittleren Jahren, alt, tot, so ging das. Er verachtete es, wie die Leute um das Alter – ihr eigenes Alter – herumschlichen und es gleichzeitig anderen fröhlich um die Ohren schlugen. Männer Mitte siebzig, die von »einem achtzigjährigen Alterchen« sprachen, fünfundsechzigjährige Frauen, die über ein »armes altes Herzchen« von siebzig Jahren redeten. Da machte man lieber den umgekehrten Fehler. Bis fünfunddreißig war man jung, bis sechzig in mittleren Jahren und danach alt. Also war die Frau ihm gegenüber nicht älter, sondern alt, aber er war auch alt: war es nun schon exakt neun Jahre lang. Dank der Medizin konnte man sich auf ziemlich viel Alter freuen. Ziemlich viel dessen, wie er sich selbst nun schon allzu oft vorkam: anekdotenverliebt, erinnerungsverhaftet, unzusammenhängendes Zeug redend; die lokalen Bezüge noch fest im Griff, doch ängstlich, was den Gesamtzusammenhang anging. Er zitierte gern den Ausspruch seiner Frau, den sie vor langer Zeit geprägt hatte, als sie beide in den mittleren Jahren waren: »Je älter wir werden, desto mehr verfestigen sich unsere unangenehmsten Eigenschaften.« Das stimmte; doch selbst wenn man das wußte, wie konnte man sich davor bewahren? Unsere unangenehmsten Eigenschaften waren solche, die für andere, nicht für uns selbst am deutlichsten zutage traten. Und was waren seine? Eine bestand darin, sich in aller Seelenruhe unbeantwortbare Fragen zu stellen.

Die Männer hob er sich für später auf. Die Frau: silbrige Haare, die keinerlei Anspruch auf Echtheit erhoben (das heißt, die Farbe – das Haar war echt, soweit er das beurteilen konnte), primelgelbe Seidenbluse, marineblaue Jacke mit primelgelbem Ziertuch in der Tasche, karierter Rock, der ... nein, er konnte Rocklängen modisch nicht mehr einordnen, also versuchte er es gar nicht erst. Sie war ziemlich groß, zwischen eins dreiundsiebzig und eins fünfundsiebzig, und sah gut aus. (Dieses andere schleimige Wort – hübsch – lehnte er ab. Auf Frauen jenseits einer gewissen Altersgrenze angewandt, bedeutete es soviel wie »sah früher mal gut aus«. Ein grobes Mißverständnis, denn Schönheit war etwas, das sich bei Frauen erst allmählich entwickelte, im allgemeinen um die Dreißig, und das sie später nur selten ablegten. Frühreife, ordinäre Unschuld war etwas ganz anderes. Schönheit war eine abgeleitete Funktion von Selbsterkenntnis plus Kenntnis der Welt; daher konnte man logischerweise höchstens bruchstückhaft schön sein, bevor man um die Dreißig war.) Warum nicht ein Revuegirl aus dem Crazy Horse? Das würde passen. Sie hatte die richtige Größe, den Knochenbau, das gepflegte Aussehen. Unterwegs zu einer Wiedersehensfeier: Das war doch bei denen so Brauch, nicht wahr? Madame Olives Jahrgang '65 oder so. Komisch, daß es das noch gab, daß diese fleißigen englischen Hupfdohlen mit ihrem wie Vorort-Doppelhäuser genormten Aussehen, die sogenannte niveauvolle Erotik tanzten und sich im Umkreis von 200 Yards von dem Club mit niemandem verabreden durften, den derberen sexuellen Wonnen zum Trotz noch immer ihr Publikum fanden. Er malte sich rasch ihre Vorgeschichte aus: Ballettschule in Camberley, Auftritte auf Kreuzfahrtschiffen, ein Termin zum Vortanzen im Crazy Horse; dann ein glitzernder lateinamerikanischer Künstlername, ein Berufsleben in familiärem Betriebsklima, ein vom Club verwaltetes Sparkonto; schließlich, nach vier oder fünf Jahren, heim nach England mit der Anzahlung für einen Modesalon, Verehrer, Hochzeit, Kinder. Er musterte den Ehering, der in der Mitte zwischen zwei weiteren Stücken geologischer Herkunft plaziert war. Ja, das kam ungefähr hin, sie war unterwegs zum fünfzigsten Jahrestag ... Madame Olive hatte natürlich längst das Zeitliche gesegnet, aber Betty aus Falmouth würde da sein, und dann noch ...

Der Blazer von dem Mann schräg gegenüber wirkte ziemlich großkotzig. Natürlich waren alle gestreiften Blazer per se großkotzig, weil sie nach Jerome K. Jerome oder Henley Regatta aussehen wollten, aber die ochsenblutfarbenen und lindgrünen Elemente bei dem da grenzten schon ans Lächerliche. Ein untersetzter Typ in mittleren Jahren mit allmählich grau werdendem Haar, Koteletten und aufdringlich gebräuntem Teint, der gähnend in einer Radsportzeitschrift blätterte. Ein Edelprolet, der mal so richtig die Puppen tanzen lassen wollte? Zu klischeehaft. Ein Fernsehmanager, der hinter den Übertragungsrechten für die diesjährige Tour de France her war? Nein, denken wir mal um die Ecke herum. Ein Antiquitätenhändler unterwegs zum Hôtel Drouot? Schon besser. Das fesche Jackett sollte einen gewissen Verkleidungseffekt bewirken, damit ihn der Auktionator nicht so leicht übersah und die Konkurrenten ihn gleichzeitig unterschätzten, wenn es mit dem Bieten ernst wurde.

Hinter den Männern in den Anzügen sah er ein abgefädeltes Hopfenfeld und den geknickten Schornstein einer Hopfendarre. Er wandte sich wieder seiner näheren Umgebung zu und versuchte, den Burschen gerecht zu werden. Der mit der Brille und der Zeitung schien das Wagenfenster recht eingehend zu mustern: Na schön, machen wir ihn zum Bauingenieur. Der ohne Brille, aber mit Zeitung und gestreiftem Schlips: dritte Garde bei der Europäischen Kommission? Der andere ... ach, das kannst du an den Knöpfen abzählen: Dichter, Denker, Richter, Henker ... tja, immer klappte es nicht, das hatte er bereits gemerkt.

In den alten Tagen – selbst in den älteren Tagen – wäre man mittlerweile wohl schon ins Gespräch gekommen. Heutzutage reichte es bestenfalls zu einer Art zögerlicher Kameraderie. Halt. Alter Knacker. Das Wort *heutzutage* hat dich verraten, es kommt immer vor oder nach einer Aussage, die das abwesende, jüngere, kritische Ich in Grund und Boden verdammen würde. Und was die Empfindung selbst anging: Das kennst du doch auch, vergiß das nicht. In deiner Kinderzeit haben die Erwachsenen ständig herumgesülzt, wie »im Krieg alle *miteinander geredet* haben«. Und wie hast du da reagiert, als du noch in der brodelnden Langeweile der Pubertätszeit dümpeltest? Du hast vor dich hin gebrummelt, ein Krieg wäre wohl ein ziemlich hoher Preis für dieses offenbar erstrebenswerte soziale Ergebnis.

Ja, aber trotzdem ... Er erinnerte sich ... nein, dieses Verb war, wie er zunehmend feststellen mußte, oft nicht ganz richtig. Er meinte sich zu erinnern oder bildete sich im nachhinein ein oder reimte sich mit Hilfe einer Nostalgie, die so schwammig war wie alter Camembert, aus Filmen und Büchern zusammen, es hätte einmal eine Zeit gegeben, als Reisende, die Europa per Eisenbahn durchquerten, für die Dauer der Fahrt Bekanntschaft schlossen. Da gab es Zwischenfälle, Nebenhandlungen, exotische Gestalten: den libanesischen Geschäftsmann, der Korinthen aus einer kleinen Silberdose aß, den rätselhaften Vamp mit dem unvermuteten Geheimnis – so in der Art. Die britische Reserviertheit wurde mit Hilfe scheeläugig-argwöhnischer Paßkontrollen und der Klingelglocke des weißbejackten Stewards überwunden; oder man ließ vielleicht das perlmutterne Zigarettenetui aufschnappen und schaffte so den sozialen Absprung. Heutzutage ... ja, heutzutage ging die Fahrt durch diesen neuen europäischen

Zollverein zu rasch, das Essen wurde an den Platz gebracht, und niemand rauchte. DER TOD DES ZUGABTEILS UND SEINE AUSWIRKUNGEN AUF DIE SOZIALE INTERAKTION DES REISENS.

Das war noch so ein Zeichen der Altknackeritis: das Erfinden mäßig komischer Doktorarbeitstitel. Und dennoch... Anfang der neunziger Jahre war er einmal in Zürich gewesen und dort in einen schmucklosen, wenig einladenden Zug nach München gestiegen. Der Grund für diese Schäbigkeit wurde bald ersichtlich: Die Endstation war Prag, und es handelte sich um altes kommunistisches rollendes Material, das gnädigerweise die untadelig kapitalistischen Gleise beflecken durfte. Am Fenster saß ein tweedgewandetes Schweizer Paar, mit Reisedecken, Butterbroten und älteren Koffern bepackt (das war schon in Ordnung, ein Koffer konnte – sollte sogar – älter sein), die nur ein Herr in mittleren Jahren aus England in das Gepäcknetz zu wuchten vermochte. Ihm gegenüber saß eine große, blonde Schweizerin in scharlachroter Jacke und schwarzen Hosen, die ein gewisses Goldgeklimper verbreitete. Er hatte sich gedankenlos wieder einer europäischen Ausgabe des *Guardian* zugewandt. Der Zug hatte gemächlich holpernd die ersten Kilometer zurückgelegt, und wenn er langsamer wurde, ging jedesmal neben ihm mit lautem Knall die Abteiltür auf. Dann fuhr der Zug wieder schneller, und die Tür polterte mit einem weiteren ungedämpften Krachen wieder zu. Alle paar Minuten wurden ein, zwei oder gar vier stumme Flüche gegen einen unbekannten tschechischen Wagenkonstrukteur ausgestoßen. Nach einer Weile legte die Schweizerin ihre Zeitschrift hin, setzte eine dunkle Brille auf und lehnte den Kopf zurück. Die Tür knallte noch ein paarmal, bis der Herr aus England den Fuß dagegenstellte. Dazu mußte er sich etwas verdrehen, und in dieser unbequemen, wachsamen Haltung verharrte er etwa eine halbe Stunde lang. Sein Dienst endete, als ein Schaffner mit der Metallzange an das Fenster klopfte (ein Geräusch, das er schon jahrzehntelang nicht mehr gehört hatte). Sie wachte auf, zeigte ihre Fahrkarte vor, und als der Beamte gegangen war, sah sie ihn an und sagte:

»Vous avez bloqué la porte, je crois.«

»Oui. Avec mon pied«, hatte er pedantisch erläutert. Und dann, ebenso unnötig: »Vous dormiez.«

»Grâce à vous.«

Sie fuhren an einem See vorüber. Welcher das sei, hatte er gefragt. Sie wußte es nicht. Der Bodensee vielleicht. Sie konsultierte das andere Paar auf deutsch. »Der Bodensee«, bestätigte sie. »Hier ist das einzige Schweizer U-Boot gesunken, weil man vergessen hatte, die Tür zuzumachen.«

»Wann war das?« fragte er.

»Das sollte ein Witz sein.«

»Aha …«

»Je vais manger. Vous m'accompagnerez?«

»Bien sûr.«

Im Speisewagen wurden sie von breithüftigen tschechischen Kellnerinnen mit müdem Gesicht und naturbelassenem Haar bedient. Er bestellte ein Pils und ein Prager Omelette, sie einen unansehnlichen Haufen von diesem und jenem mit einer Scheibe Rindfleisch, Speck und einem grausam zugerichteten Spiegelei oben drauf. Seine Omelette erschien ihm so köstlich wie diese unverhoffte Situation. Er trank Kaffee, sie ein Glas heißes Wasser, in dem ein Teebeutel Marke Winston Churchill baumelte. Noch ein Pils, noch ein Tee, noch ein Kaffee, eine Zigarette, während die sanfte deutsche Landschaft vorüberratterte. Sie waren sich uneins gewesen über das Unglücklichsein. Sie sagte, Unglücklichsein käme vom Kopf, nicht vom Herzen her und würde von den im Kopf entstehenden falschen Vorstellungen hervorgerufen; er sah die Sache pessimistischer, unheilbarer und behauptete, Unglücklichsein käme ausschließlich vom Herzen her. Sie nannte ihn *Monsieur*, und sie redeten sich schrecklicherweise per *vous* an; er fand die Spannung zwischen dieser sprachlichen Förmlichkeit und der unterstellten Intimität höchst sinnlich. Er lud sie zu einem Vortrag am selben Abend in München ein. Sie antwortete, sie habe eigentlich nach Zürich zurückfahren wollen. Auf dem Bahnsteig in München hatten sie sich auf beide Wangen geküßt, und er hatte gesagt: »A ce soir, peut-être, si non à un autre train, une autre ville ...« Es war ein vollendeter Flirt gewesen, dessen Vollendung sich dadurch bestätigte, daß sie nie zu seinem Vortrag erschien.

Der Shuttle-Bahnhof in Cheriton huschte vorüber; der Zugführer gab bekannt, daß sie sich dem Ärmelkanal näherten. Zäune, unbefleckter Beton, ein unmerkliches Gefälle, dann aalglatte Finsternis. Er schloß die Augen und hörte im Tunnel der Erinnerung das Echo rhythmischer Sprechchöre. Fünfzehn, zwanzig Jahre mußte das her sein. Vielleicht hatte der dubiose Bursche auf der anderen Seite des Ganges die Erinnerung ausgelöst, indem er sein Ebenbild heraufbeschwor. Menschen wiederholten sich, genau wie Geschichten.

In der privaten Finsternis seiner Vergangenheit drehte er sich um und sah eine Gruppe von Fußballfans auf sich zukommen, Bierdosen in der Hand, die freie Faust gereckt. »Dra-gons! Dra-gons!« Schwarze Lederjacken, Ringe in der Nase. Sie erspähten den grauhaarigen Lenny Fulton in einem Blazer wie aus dem Comicheft, den kriecherischen und zugleich besserwisserischen Moderator von »Sportsworld UK«, Lenny Fulton, »der Mann, der so leicht nichts anbrennen läßt« und der in jener Saison die ungesitteten Anhänger eines Südlondoner Vereins schon mit »schlimmer als Schweine« tituliert hatte – »ja«, hatte er weiter gesagt, »sie Schweine zu nennen käme einer Verleumdung dieses bewundernswerten Tieres gleich.« Die solcherart Bezichtigten hatten mit spöttischem Einverständnis reagiert. Du nennst uns Schweine? Na schön, dann benehmen wir uns auch wie die Schweine. Zu Hunderten waren sie mit in die Nase geklemmten Messingringen zum nächsten Spiel aufgekreuzt; die Eifrigeren unter ihnen hatten sich die Nasenscheidewand durchstechen lassen und so aus einem Modegag eine bleibende Aussage gemacht. Von den Rängen hatten sie ihre Mannschaft mit lautem Gegrunze angefeuert. Jetzt hatten sie ihren Ankläger gefunden.

»Der verdammte Lenny! Ja, was haben wir denn da?« Verschwommene Bewegungen, wirres Gebrüll, ein Sprühregen von Bier und ein in Panik gekreischtes »Hey, Kumpels«, dann wurde Lenny Fulton von seinem Platz gezerrt und abgeschleppt.

An die zehn Minuten lang schauten die anderen Fahrgäste in die Runde und bestärkten sich gegenseitig in ihrem Nichtstun. Dann tauchte Fulton mit seinen Bewachern wieder auf, die ihn annähernd auf seinen Platz zurückschubsten. Er war zerzaust, rot im Gesicht, hatte Bier in den Haaren und trug jetzt einen großen Messingring in die Nase geklemmt.

»Hast verdammt Schwein gehabt, eh, Lenny? *Die Türen.*« Ein etwas größer gewachsener Fan gab ihm einen Klaps ins Gesicht. »Du trägst das Ding, verstanden, Lenny?«

»Schon gut, Kumpels.«

»Bis nach Paris, Scheiße eh. Und im Fernsehen auch. Wir passen genau auf.«

Sie drehten sich um und gingen, wobei ihre Nasenringe blitzten. Hinten auf ihren Lederjacken waren unübersehbar scharlachrote Drachenflügel aufgestickt. Lenny Fulton sah sich im Kreise seiner nächsten Reisegefährten um und lachte verlegen. »Sind eigentlich gute Jungs. Bloß etwas aufgedreht. Ist ja ein großes Spiel. Nein, gute Jungs.« Er hielt inne, faßte sich an den Nasenring, lachte wieder und setzte hinzu: »Verdammte *Tiere.*« Er fuhr sich mit den Händen durch das feuchte Haar und kämmte es mit den Fingern zurück, bis es so hochstand, wie es die Zuschauer von »Sportsworld UK« kannten. »Wenn die Türen nicht abgeschlossen wären, hätten sie mich rausgeschmissen. Schweine.« Dann fügte er mit sichtlichem und melodramatischem Bedacht die nötige Einschränkung an. »*Schweine* ist viel zu gut für die. Sie Schweine zu nennen käme einer Verleumdung dieses bewundernswerten Tieres gleich.«

Um wieder zu Ruhe und Normalität zurückzufinden, hatten sie über Sport geredet: das Spiel gegen Paris Saint-Germain, die winterliche Kricket-Tournee, das Five Nations Tournament. Er beteiligte sich unbehaglich daran und stellte eine seiner Lieblingsfragen: »Wann wurde das letzte Mal bei den Olympischen Spielen Kricket gespielt, und wer hat die Medaillen gewonnen?« Lenny Fulton sah ihn mit dem professionellen Argwohn an, den er offenbar für den Fall bereithielt, daß ihm jemand mit blödsinnigem Sportgeschwätz auf den Geist ging. »Da ist nicht zufällig ein Trick dabei?« Keiner traute sich zu antworten: »1900, Los Angeles, Gold für England, Silber für Frankreich. Bronze wurde nicht vergeben, weil nur diese beiden Länder angetreten waren.« Das stieß nur auf geringes Interesse. Nun ja, es war schon über hundert Jahre her. Seine zweite Frage sparte er sich: Was war der Sonderpreis in dem Jahr, in dem die Tour de France durch Colombey-les-deux-Eglises führte? Keine Ahnung? Alle drei Bände von General de Gaulles Memoiren.

Als das Mittagessen serviert wurde, sah der Steward Lenny Fulton fragend an und murmelte: »Dragons vor, eh, Mister Fulton?«

»Scheiß auf die Dragons, und zwar von hier bis Timbuktu. Und noch einen Vierfachen, bitte. Single Malt, nicht euren billigen Verschnitt da.«

»Ja, Mister Fulton.«

Jetzt, Jahre später, wickelte der ältere Herr aus England seine Butterbrote aus, holte den Reisekorkenzieher hervor und machte die kleine Flasche Meursault 2009 auf. Er bot dem Revuegirl aus dem Crazy Horse ihm gegenüber ein Glas an. Sie zögerte, nahm die Flasche, drehte sie um, damit sie das Etikett lesen konnte, und willigte dann ein. »Aber nur zum Kosten.«

Die Leute tranken überhaupt nicht mehr, sinnierte er. Oder sie tranken jedenfalls nicht so wie er, gerade ein bißchen mehr als ratsam. Das war die beste Art zu trinken. Bei den anderen waren es entweder vierstöckige Whiskies samt Gehirnerweichung oder winzigkleine »Probeschlückchen« wie der, den er jetzt einschenkte. Er malte sich aus, wie sie damals in ihren Glitzertagen den kleinen Finger anwinkelte, während sie die *coupe de champagne* hob, die ihr ein heißzüngiger Verehrer bestellt hatte, mit dem sie sich 201 Yards vom Club entfernt traf.

Aber er hatte sich getäuscht. Sie fuhr nicht nach Paris, und sie hatte noch nie getanzt, es sei denn aus Liebhaberei. Sie erzählte ihm, sie fahre nach Reims zu einer vertikalen Verkostung von Krug bis zum Jahrgang 1928 zurück. Sie war eine diplomierte Weinprüferin, und nachdem sie seinen Meursault gegen das weiße Tischtuch gehalten und kurz im Mund herumgespült hatte, erklärte sie, für einen minderen Jahrgang sei er von hinreichender Fruchtigkeit, aber man schmeckte den Regen heraus, und das Faßbukett sei ziemlich unausgewogen. Er bat sie, den Preis zu raten, und ihre Schätzung lag noch unter dem, was er dafür gezahlt hatte.

Nun, ein gutes Mißverständnis; nicht großartig, aber nützlich. Das von Casablanca gefiel ihm immer noch am besten. Dort hatte er vor rund zwanzig Jahren auf dem Weg nach Agadir auf seinen Anschlußflug gewartet; er war durch das schwüle Terminal gehastet und hatte in einer Wartehalle voll seriöser und stoischer britischer Reisender zugeschaut, wie die Lichter auf der Anzeigetafel aufflackerten. Plötzlich war eine junge Frau ausgeflippt und hatte ihre Handtasche über den ganzen Fußboden ausgeleert. Schminkutensilien, Papiertaschentücher, Schlüssel, Geldstücke kamen mit unterschiedlicher Geschwindigkeit heraus, und mit einer Art manischem Trotz schlug sie immer noch auf die Tasche ein, als die schon längst leer war. Dann, ganz langsam, als wolle sie es darauf ankommen lassen, daß das Flugzeug ohne sie abflog, fing sie an, die Sachen wieder einzusammeln und zurückzutun. Ihr Freund blieb verbissen in der Schlange stehen, während sie wutentbrannt und schamlos zugleich wühlte wie ein Lumpensammler.

Sie hatten das Flugzeug wohl doch erwischt, denn sie tauchten im selben Hotel auf, einer oasenhaften Idylle mit sonnenbeschienenen Mandarinenhainen, hinter denen schneebedeckte Atlasberge aufragten. Als sie am ersten Morgen zu dem bougainvilleaverhangenen Hauptgebäude wanderte, hatte er gesehen, daß das Mädchen an einem Tisch saß und Aquarellmalerei-Utensilien vor sich ausgebreitet hatte. Da lebte seine Neugier auf das, was sie im Flughafen von Casablanca verloren haben mochte, mit aller Macht wieder auf. Sonnencreme mit dem speziellen Faktor X? Ihre Liste von Kontaktpersonen am Ort? Bestimmt Wichtigeres als das: etwas, das sie fuchsteufelswild gemacht hatte und ihrem Reisegefährten das Blut in die Wangen trieb. Ein Verhütungsmittel, mangels dessen ihr Urlaubsglück in Gefahr war? Insulinkapseln? Wunderzäpfchen? Henna-Haarspülung? Im nachhinein machte er sich ihretwegen Sorgen und insgeheim ließ ihn der ganze Vorfall nicht mehr los. Er begann, sich ein Leben für sie auszudenken, das den psychologischen Abstand zwischen der tobenden Reisenden und der ruhigen Aquarellmalerin überbrückte. Über Tage hinweg wurden seine Spekulationen immer barocker, während er seine Unwissenheit hinauszögerte wie eine Versuchung. Am Ende wurde seine Angst, nicht zu erfahren, was das Mädchen wußte – und zweifellos gar nicht recht zu würdigen verstand –, zuviel für ihn. Eines Nachmittags ging er auf sie zu, lobte abgedroschenerweise ihre Arbeit, und fragte dann mit entsetzlicher, verkrampfter Lässigkeit, als stünde sein Glück auf dem Spiel, was sie in Casablanca verloren habe. »Ach«, antwortete sie mit scharfer, wegwerfender Stimme, »meine Bordkarte.« Vor Freude hätte er am liebsten gebellt, stand aber nur da wie ein verzweifelter, glotzäugiger Bräutigam, unschlüssig, was ihn mehr ergötzte: das Maßlose seiner Trugbilder oder die Sprödigkeit der Wahrheit. Am nächsten Tag waren sie und ihr Begleiter abgereist, als hätten sie ihren Zweck erfüllt – was sie für ihn zumindest auch hatten.

Er sah auf die französische Landschaft hinaus und betrachtete müßig die spärlichen Neuheiten darin. Schmale Entwässerungsgräben und verschlafene Kanäle. Wassertürme auf Hügelkuppen, manche wie Eierbecher, andere wie Golf-Tees geformt. Bleistiftspitze Kirchtürme statt der rechteckigen in England. Ein Soldatenfriedhof aus dem Ersten Weltkrieg, über dem eine hohe Trikolore wehte. Aber seine Gedanken wanderten immer wieder in die Vergangenheit zurück. Agadir: ja, dieses andere Trugbild vor einem halben Jahrhundert, als er als *assistent* in Rennes unterrichtete. Bei ihm im Kopf war dieses Jahr seines Lebens mittlerweile auf ein paar Anekdoten komprimiert, die schon vor langer Zeit ihre endgültige erzählerische Form gefunden hatten. Aber da war noch etwas anderes, nicht eigentlich eine Anekdote, und daher wohl eine wahrheitsgetreuere Erinnerung. Seine Schüler waren freundlich gewesen – oder hatten ihn zumindest mit humorvoller Neugier behandelt –, nur ein bestimmter Junge nicht. Er konnte sich auf keinen Namen, kein Gesicht, kein Mienenspiel besinnen; nur der Platz des Jungen – hinterste Reihe, etwas rechts von der Mitte – in dem kleinen, länglichen Klassenzimmer war ihm im Gedächtnis geblieben. Irgendwann einmal, und er wußte nicht mehr, wie es dazu kam, hatte der Schüler rundheraus erklärt, er hasse die Engländer. Nach dem Grund befragt, sagte er, weil sie seinen Onkel umgebracht hätten. Nach der Zeit befragt, sagte er, 1940. Nach der Art und Weise befragt, sagte er, die Royal Navy hätte die französische Flotte bei Mers-el-Kebir heimtückisch überfallen. Ihr habt meinen Onkel umgebracht: ihr. Für den jungen *assistant d'anglais* waren dieser Haß und seine Ursache ein historischer Schock gewesen, der ihm seine Aufgabe noch schwerer machte.

Mers-el-Kebir. Moment mal, das war doch gar nicht bei Agadir. Mers-el-Kebir lag bei Oran: Algerien, nicht Marokko. Alter Trottel. Alter Knacker. Da hast du die lokalen Bezüge hergestellt, aber den Gesamtzusammenhang nicht erfaßt. Nur hatte er hier nicht einmal die lokalen Bezüge richtig hergestellt. So verfestigten sich die unangenehmsten Eigenschaften. Er redete unzusammenhängendes Zeug, sogar mit sich selbst. Sein Gedankengang war aus dem Gleis geraten, und er hatte es nicht einmal bemerkt.

Jemand reichte ihm ein heißes Tuch; sein Gesicht trocknete es zu einem kalten, feuchten Lappen aus. Noch einmal von vorne. 1940: da fängt es an. Also gut. 1940 lag, das konnte er mit Bestimmtheit sagen, fünfundsiebzig Jahre zurück. Seine Generation war die letzte, die sich noch an die großen Kriege in Europa erinnern konnte, bei der dieserart Geschichte mit der eigenen Familie verwoben war. Vor genau einhundert Jahren war sein Großvater in den Ersten Weltkrieg gezogen. Vor genau fünfundsiebzig Jahren war sein Vater in den Zweiten Weltkrieg gezogen. Vor genau fünfzig Jahren, 1965, hatte er sich zu fragen begonnen, ob er in dem Fall der lachende Dritte sein würde. Und so war es denn auch gekommen: Sein ganzes Leben lang hatte sein großes, historisches, europäisches Glück angehalten.

Vor hundert Jahren war sein Großvater als Freiwilliger mit seinem Regiment nach Frankreich verschifft worden. Ein oder zwei Jahre später war er zurückgekehrt, er hatte sich den Brand in den Füßen geholt und war als dienstuntauglich entlassen worden. Rein gar nichts aus seiner Zeit dort war erhalten geblieben. Es gab keine Briefe von ihm, keine bräunlichen Feldpostkarten, keine von seinem Uniformrock abgeschnittene Ordensspange mit seidigen Bändern; nicht ein Knopf, nicht ein Stück Arras-Spitze als Andenken hatte sich vererbt. Grandma hatte sich im vorgerückten Alter zu einer fanatischen Wegwerferin entwickelt. Und dieses Fehlen auch des kleinsten Souvenirs wurde durch eine zweite Verschleierungs- und Nebelschicht weiter kompliziert. Er wußte oder meinte zu wissen oder hatte zumindest sein halbes Leben lang geglaubt, daß sein Großvater freimütig von seiner Einberufung, Ausbildung, Abreise nach Frankreich und Ankunft dort erzählte; doch darüber hinaus konnte oder wollte er nichts sagen. Seine Geschichten hörten stets an der Front auf und überließen es den anderen, sich hektische Vorstöße durch den widerwärtigen Schlamm auf einen gnadenlosen Empfang hin auszumalen. Derartige Verschlossenheit schien mehr als verständlich: korrekt, vielleicht gar glanzvoll. Wie konnte man das Gemetzel jener Zeit mit bloßen Worten ausdrücken? Das Schweigen seines Großvaters, ob traumatisch oder durch seinen heldenhaften Charakter bedingt, war angemessen gewesen.

Doch eines Tages, als beide Großeltern schon tot waren, hatte er seine Mutter nach dem schrecklichen Krieg ihres Vaters gefragt, und sie hatte seine Gewißheiten, seine Geschichte unterminiert. Nein, sagte sie, sie wisse nicht, wo in Frankreich er gedient hatte. Nein, sie glaube nicht, daß er der Front überhaupt nahegekommen war. Nein, er habe den

Ausdruck »in die Schlacht ziehen« nie gebraucht. Nein, er sei durch seine Erlebnisse nicht traumatisiert worden. Aber warum hatte er dann nie über den Krieg gesprochen? Die Antwort seiner Mutter kam nach einer längeren Bedenkpause: »Ich glaube, er hat nicht darüber gesprochen, weil er es nicht interessant fand.«

Und das war das. Daran war nun nichts mehr zu ändern. Sein Großvater gehörte jetzt zu den Vermißten von der Somme. Sicher, er war zurückgekommen; nur hatte er eben hinterher alles verloren. Sein Name könnte ebensogut in den großen Bogen von Thiepval gemeißelt sein. Bestimmt war er als Angehöriger seines Regiments in ein *livre d'or* eingetragen, ein Beleg für dieses nicht vorhandene Ordensband. Aber das würde nichts nützen. Kein Willensakt konnte jene Gestalt mit Wickelgamaschen und vielleicht auch Schnurrbart von 1915 wieder auferstehen lassen. Er war jeglicher Erinnerung entschwunden, und keine in Tee getunkten, unförmigen kleinen französischen Kuchen würden jene fernen Wahrheiten freisetzen. Nur mit einer anderen Technik konnte man ihnen auf die Spur kommen, nämlich der, auf die der Enkel dieses Mannes noch immer spezialisiert war. Da sollte er schließlich in seinem Element sein, bei dem Wissen und Nichtwissen, den furchtbaren Trugbildern, den partiellen Entdeckungen und nachhallenden Fragmenten. Das war der *point de départ* seines Gewerbes.

Tommies hatten sie vor hundert Jahren geheißen, als Frankreich abgeholzt wurde, um Balken für die Schützengräben zu gewinnen. Später, als er in Rennes Lehrer war, nannte man ihn und seine Landsleute *les Rosbifs*: ein liebevolles Etikett für diese robusten, verläßlichen, wenn auch phantasielosen Insulaner aus dem Norden. Aber noch später fand man einen neuen Namen für sie: *les Fuck-offs*. Großbritannien war das Sorgenkind Europas geworden und schickte seine halbherzigen Politiker aus, damit sie Unwahrheiten über ihre Obliegenheiten verbreiteten, und seine Zivilguerillas, damit sie die Straßen unsicher machten, ohne die Sprache zu können und die Nase rümpfend über das Bier. Fuck off! Fuck off!

Fuck off! Aus den Tommies und den Roastbeefs waren die Fuck-offs geworden.

Was war daran verwunderlich? Er hatte nie so recht daran geglaubt, daß die Menschheit besser, geschweige denn vollkommen werden könnte; ihre kleinen Fortschritte waren wohl ebenso spontaner Mutation wie sozialen oder moralischen Steuerungsmaßnahmen zu verdanken. Im Tunnel der Erinnerung wurde ganz nebenbei an Lenny Fultons Nasenring gezerrt und »Dragons vor, eh, du Fotze?« gemurmelt. Ach, vergiß es. Oder vielmehr, betrachte die Dinge mal etwas langfristiger: Es waren ja nicht immer die lieben alten Tommies und Roastbeefs gewesen, nicht wahr? Davor hatten sie jahrhundertelang, bis zu der Jungfrau von Orléans zurück (wie im Oxford English Dictionary belegt), Goddems und Goddams und Goddons geheißen, gotteslästerlich fluchende Verwüster des glücklichen Landes im Süden. Von Goddem zu Fuck-off: kein sehr weiter Weg. Und überhaupt, alte Männer mit ihrem Lamento über die ungebärdige Jugend: was für ein abgedroschenes Leitmotiv. Genug der Klagen.

Nur war Klagen nicht ganz der richtige Ausdruck. Meinte er vielleicht Verlegenheit, Scham? Ein bißchen, aber nicht in erster Linie. Die Fuck-offs waren ein Verstoß gegen die Sentimentalität, das hatte er wohl gemeint. Ein Urteil über andere Länder ist selten fair oder präzise: Die Magnetkraft wirkt in Richtung Verachtung oder aber Sentimentalität. Das erste interessierte ihn nicht mehr. Und was die Sentimentalität betraf, die wurde ihm wegen seiner Ansichten über die Franzosen bisweilen zum Vorwurf gemacht. Wenn die Anklage so lautete, bekannte er sich immer schuldig und machte als mildernden Umstand geltend, dazu seien andere Länder schließlich da. Das eigene Land idealistisch zu sehen war ungesund, denn beim ersten klaren Blick stellte sich alsbald Ernüchterung ein. Daher diente die Existenz anderer Länder der Deckung des Idealismusbedarfs: Sie waren eine Variante des Schäferspiels. Mit diesem Argument handelte er sich ab und zu eine weitere Anklage wegen Zynismus ein. Das war ihm egal; eigentlich war es ihm sowieso egal, was die Leute heutzutage von ihm dachten. Dafür stellte er sich gern ein französisches Pendant seiner selbst vor, das in die entgegengesetzte Richtung fuhr und auf ein abgefädeltes Hopfenfeld hinausschaute: einen alten Mann im Shetlandpullover, verzückt von Orangenmarmelade, Whisky, Bacon and Eggs, Marks and Spencer, *le fair-play, le phlegme* und *le self-control*; von Cream Teas in Devonshire, Shortbread-Keksen, Nebel, Bowlerhüten, Kirchenchören, geklonten Häusern, Doppeldeckerbussen, Revuegirls aus dem Crazy Horse, schwarzen Taxis und Dörfern in den Cotswolds. Alter Knacker. Ein französischer alter Knacker. Ja, aber warum sollte man ihm diese notwendige Exotik mißgönnen? Vielleicht lag das wahre Vergehen von *les Fuck-offs* in einem Verstoß gegen die Sentimentalität dieses imaginären Franzosen.

Er hatte kaum etwas von der Strecke wahrgenommen: eine hinter Glas projizierte Landschaft, eine zwanzigminütige Tunnelfahrt, dann wieder projizierte Landschaft. Er hätte in Lille aussteigen und die letzte noch erhaltene Schlackenhalde Frankreichs besichtigen können: Das hatte er schon immer einmal vorgehabt. Als er das erste Mal in dieser Gegend Frankreichs war, hatten da Hunderte dieser Anthrazithügel schwarz im Regen geglänzt. Dann ging es mit der Industrie bergab, und die verlassenen Halden wurden malerisch: grüne, verdächtig symmetrische Pyramiden, wie die Natur sie nie erschaffen hätte. Später entdeckte man irgendeine Technik zum Vermahlen oder Einschmelzen der Schlacke – die Einzelheiten hatte er nicht mehr im Kopf –, und jetzt war schon seit geraumer Zeit nur noch eine einzige Halde übrig, von der man die Pflanzendecke entfernt hatte, so daß sie sich wieder in ihrer wahren Schwärze zeigte. Dieser Überrest war jetzt in das Freilichtmuseum an der Somme integriert: das Grubenpony streicheln, das Diorama angucken, wo ein Bergmann mit verrußtem Gesicht wie ein Steinzeitmensch hinter dem Glas stand, im Slalom die Schlackenhalde hinuntersausen. Allerdings war es den Besuchern ausdrücklich untersagt, auf die Halde zu steigen; man durfte auch kein Stück Schlacke wegnehmen. Uniformierte Wärter hüteten das Mineral, als hätte es einen echten und nicht nur angenommenen Wert.

War der Kreis dieser Geschichte damit geschlossen? Nein, ein geschlossener Kreis kam nie zustande: Wenn die Geschichte dieses Kunststück versuchte, dann verfehlte sie ihre Umlaufbahn wie ein Raumschiff, dessen Pilot zu viele Flaschen von diesem Meursault getrunken hatte. Die Arbeit der Geschichten bestand vor allem im Eliminieren, im Verschwindenlassen. Nein, das war auch nicht richtig. Er dachte an das Umgraben seines Gemüsegärtchens im Londoner Norden: Da hob man im Schweiße seines Angesichts den Boden aus, und jedes Frühjahr brachte das Rigolen etwas anderes zum Vorschein; dabei blieb die eigentliche Bodenfläche stets konstant. Das Freilegen dieser Scherbe von einer Guinness-Flasche, dieser Filterkippe, dieses Kronkorkens oder gerippten Kondoms wurde also durch das Vergraben anderer Sachen aus früheren Jahren wieder ausgeglichen. Und was wollten sie jetzt vergraben? Nun, dem Europäischen Parlament lag ein Antrag zur Rationalisierung der Friedhöfe aus dem Ersten Weltkrieg vor. Alles selbstverständlich furchtbar dezent und respektvoll und mit Versprechungen von feinfühligen demokratischen Konsultationen gespickt; aber er war alt genug, um zu wissen, wie Regierungen arbeiten. Also würden sie irgendwann, vielleicht erst nach seinem Tod, doch unausweichlich die Gräberfelder verschwinden lassen. So würde es kommen. Hundert Jahre Gedenken sind doch wohl genug, wie ein selbstgefälliger Redner sich in der Debatte ausgedrückt hatte. Wir folgen dem gewohnten Beispiel der Schlackenhalde und behalten ein einzelnes Musterexemplar, der Rest wird umgepflügt. Wozu braucht man mehr?

Sie hatten Roissy hinter sich gelassen. Ein Rangierbahnhof voll müßiger Pendlerzüge sagte ihm, daß sie sich Paris näherten. Der altvertraute rote Gürtel der nördlichen Vororte. Immer mehr schillernde Graffiti auf nacktem Beton, wie in London. Hier allerdings hatte irgendein Minister für Kulturelle Angelegenheiten die Sprayer zu Künstlern erklärt, deren Formensprache Hip-hop und Skateboardfahren als Ausdrucksmittel kreativer Selbstverwirklichung in nichts nachstand. Alter Knacker. Geschähe ihm ganz recht, wenn das derselbe Minister gewesen wäre, der ihm den grünen Anstecker verliehen hatte, den er jetzt im Knopfloch trug. Er schaute nach unten und sah ihn sich an: noch so eine kleine Eitelkeit wie die, mit seinem Foto unzufrieden zu sein. Er musterte seinen Anzug, der annähernd richtig saß: Mode und Körperkonturen entwickelten sich immer weiter auseinander. Der Bund schnitt in einen expandierenden Bauch, während die Beine geschrumpft waren und die Hose schlabberig nach unten hing. Man benutzte keine Einkaufsnetze mehr, aber er konnte sich noch erinnern, wie sich diese Netze voller Gemüse wunderlich gebeult hatten und sich so die Form dem Inhalt anpaßte. Das war also jetzt aus ihm geworden: ein alter Mann, vor lauter Erinnerungen klumpig und ungestalt. Die Metapher wies allerdings einen Fehler auf: Im Gegensatz zu Gemüse hatten Erinnerungen die Eigenart, krebsartig zu wuchern. Das Einkaufsnetz beulte sich jedes Jahr mehr, wurde immer schwerer und zog einen schief zur Seite.

Was war er denn letztlich anders als ein Sammler und Sichter von Erinnerungen: seine Erinnerungen, den Erinnerungen der Geschichte? Dazu noch ein Verpflanzer von Erinnerungen, der sie an andere weitergab. Das war eine durchaus ehrenwerte Art, sein Leben zu verbringen. Er redete sich selbst unzusammenhängendes Zeug vor, und anderen sicher auch; er trudelte wie ein alter eisenradbewehrter *alembic*, der knarzend von Dorf zu Dorf rollt und überall Proben destilliert. Doch da waren auch so viele gute Seiten, so viel innere Kraft, daß er noch immer in der Lage war, seinen Beruf auszuüben.

Der Zug fuhr artig und behutsam in die Gare du Nord ein. Im Tunnel der Erinnerung ließ Lenny Fulton seinen Nasenring unter dem Sitz verschwinden, als hätte er ihn nie getragen, und spurtete zur Tür. Die übrigen, Erinnerungen wie gegenwärtige Gestalten, hier wie anderswo, nickten sich zum Abschied verlegen zu. Der Zugführer dankte ihnen, daß sie mit Eurostar gefahren waren, und hoffte, sie bald wieder an

Bord begrüßen zu dürfen. Ein Schwarm von Reinigungspersonal stand bereit, den Zug in Besitz zu nehmen und den Anflug von historischem Grus daraus zu entfernen, den diese Gruppe von Fahrgästen hinterlassen hatte, und ihn für eine andere Gruppe vorzubereiten, die sich zur Begrüßung verlegen zunicken und wieder einen Anflug von Grus hinterlassen würde. Der Zug gab einen ausgiebigen, gedämpften mechanischen Seufzer von sich. Lärm, Leben, eine Stadt war wieder gewonnen.

Der ältere Herr aus England aber begann, als er wieder zu Hause war, die Geschichten zu schreiben, die Sie gerade gelesen haben.

III. Deutsche Szenen im Zug

Günter Grass
Wachstum im Güterwagen

Ich, Bruno Münsterberg, aus Altena im Sauerland, unverheiratet und kinderlos, bin Pfleger in der Privatabteilung der hiesigen Heil- und Pflegeanstalt. Herr Matzerath, der hier seit über einem Jahr stationiert ist, ist mein Patient. Ich habe noch andere Patienten, von denen hier nicht die Rede sein kann. Herr Matzerath ist mein harmlosester Patient. Nie gerät er so außer sich, daß ich andere Pfleger rufen müßte. Er schreibt und trommelt etwas zu viel. Um seine überanstrengten Finger schonen zu können, bat er mich heute, für ihn zu schreiben und keine Knotengeburt zu machen. Ich habe mir dennoch Bindfaden in die Tasche gesteckt und werde, während er erzählt, mit den unteren Gliedmaßen einer Figur beginnen, die ich, Herrn Matzeraths Erzählung folgend, »Der Ostflüchtling« nennen werde. Dieses wird nicht die erste Figur sein, die ich den Geschichten meines Patienten entnehme. Bisher knotete ich seine Großmutter, die ich »Apfel in vier Schlafröcken« nenne; knüpfte aus Bindfaden seinen Großvater, den Flößer, nannte den etwas gewagt »Columbus«; durch meinen Bindfaden wurde aus seiner armen Mama »Die schöne Fischesserin«; aus seinen beiden Vätern Matzerath und Jan Bronski knotete ich eine Gruppe, die »Die beiden Skatdrescher« heißt; auch schlug ich den narbenreichen Rücken seines Freundes Herbert Truczinski zu Faden, nannte das Relief »Unebene Strecke«; auch einzelne Gebäude, wie die Polnische Post, den Stockturm, das Stadttheater, die Zeughauspassage, das Schiffahrtsmuseum, Greffs Gemüsekeller, die Pestalozzischule, die Badeanstalt Brösen, die Herz-Jesu-Kirche, das Café Vierjahreszeiten, die Schokoladenfabrik Baltic, mehrere Bunker am Atlantikwall, den Eiffelturm zu Paris, den Stettiner Bahnhof zu Berlin, die Kathedrale zu Reims und nicht zuletzt das Mietshaus, in dem Herr Matzerath das Licht dieser Welt erblickte, bildete ich, Knoten um Knoten schlagend, nach, die Gitter und Grabsteine der Friedhöfe Saspe und Brenntau boten ihre Ornamente meinem Bindfaden an, ich ließ Fadenschlag um Fadenschlag Weichsel und Seine fließen, die Wellen der Ostsee, die Wogen des Atlantik gegen Bindfadenküsten branden, ließ Bindfaden zu kaschubischen Kartoffeläckern und dem Weideland der Normandie werden, bevölkerte die so entstandene Landschaft – die ich schlicht »Europa« nenne, mit Figurengruppen wie: Postverteidiger. Die Kolonialwarenhändler. Menschen auf der Tribüne. Menschen vor der Tribüne. Volksschüler mit Schultüten. Aussterbende Museumswächter. Jugendliche Kriminelle bei den Weihnachtsvorbereitungen. Polnische Kavallerie vor Abendröte. Ameisen machen Geschichte. Fronttheater spielt für Unteroffiziere und Mannschaften. Stehende Menschen, die liegende Menschen im Lager Treblinka desinfizieren. Und jetzt beginne ich mit der Figur des Ostflüchtlings, der sich höchstwahrscheinlich in eine Gruppe von Ostflüchtlingen verwandeln wird.

Herr Matzerath fuhr am zwölften Juni fünfundvierzig, etwa um elf Uhr vormittags von Danzig, das zu jenem Zeitpunkt schon Gdansk hieß, ab. Ihn begleiteten die Witwe Maria Matzerath, die mein Patient als seine ehemalige Geliebte bezeichnet, Kurt Matzerath, meines Patienten angeblicher Sohn. Außerdem sollen sich in den Güterwagen noch zweiunddreißig andere Personen befunden haben, darunter vier Franziskanerinnen in Ordenstracht und ein junges Mädchen mit Kopftuch, in welchem Herr Oskar Matzerath ein gewisses Fräulein Luzie Rennwand erkannt haben will. Nach mehreren Anfragen meinerseits gibt mein Patient aber zu, daß jenes Mädchen Regina Raeck hieß, spricht aber weiterhin von einem namenlos dreieckigen Fuchsgesicht, das er dann doch immer wieder beim Namen nennt, Luzie ruft; was mich nicht hindert, jenes Mädchen hier als Fräulein Regina einzutragen. Regina Raeck reiste mit ihren Eltern, den Großeltern und einem kranken Onkel, der außer seiner Familie einen üblen Magenkrebs mit sich gen Westen führte, viel sprach und sich sofort nach der Abfahrt als ehemaliger Sozialdemokrat ausgab.

Soweit sich mein Patient erinnern kann, verlief die Fahrt bis Gdynia, das viereinhalb Jahre lang Gotenhafen hieß, ruhig. Zwei Frauen aus Oliva, mehrere Kinder und ein älterer Herr aus Langfuhr sollen bis kurz hinter Zoppot geweint haben, während sich die Nonnen aufs Beten verlegten.

In Gdynia hatte der Zug fünf Stunden Aufenthalt. Zwei Frauen mit sechs Kindern wurden noch in den Waggon eingewiesen. Der Sozialdemokrat soll dagegen protestiert haben, weil er krank war und als Sozialdemokrat von vor dem Kriege her Sonderbehandlung verlangte. Aber der polnische Offizier, der den Transport leitete, ohrfeigte ihn, als er nicht Platz machen wollte und gab in recht fließendem Deutsch zu verstehen, daß er nicht wisse, was das bedeute, Sozialdemokrat. Er habe sich während des Krieges an verschiedenen Orten Deutschlands aufhalten müssen, während der Zeit sei ihm das Wörtchen Sozialdemokrat nie zu Gehör gekommen. – Der magenkranke Sozialdemokrat kam nicht mehr dazu, dem polnischen Offizier Sinn, Wesen und Geschichte der Sozialdemokratischen Partei Deutschlands zu erklären, weil der Offizier den Waggon verließ, die Türen zuschob und von außen verriegelte.

Ich habe vergessen, zu schreiben, daß alle Leute auf Stroh saßen oder lagen. Als der Zug am späten Nachmittag abfuhr, riefen einige Frauen: »Wir fahren wieder zurück nach Danzig.« Aber das war ein Irrtum. Der Zug wurde nur rangiert und fuhr dann westwärts in Richtung Stolp. Die Reise bis Stolp soll vier Tage gedauert haben, weil der Zug auf freier Strecke ständig von ehemaligen Partisanen und polnischen Jugendbanden aufgehalten wurde. Die Jugendlichen öffneten die Schiebetüren der Waggons, ließen etwas frische Luft hinein und entführten mit der verbrauchten Luft auch einen Teil des Reisegepäcks aus den Waggons. Immer wenn die Jugendlichen den Waggon des Herrn Matzerath besetzten, erhoben sich die vier Nonnen und hielten ihre an den Kutten hängenden Kreuze hoch. Die vier Kruzifixe beeindruckten die jungen

Burschen sehr. Sie bekreuzigten sich, bevor sie die Rucksäcke und Koffer der Reisenden auf den Bahndamm warfen.

Als der Sozialdemokrat den Burschen ein Papier hinhielt, auf welchem ihm noch in Danzig oder Gdansk polnische Behörden bescheinigt hatten, daß er zahlendes Mitglied der Sozialdemokratischen Partei von einunddreißig bis siebenunddreißig gewesen war, bekreuzigten sich die Burschen nicht, sondern schlugen ihm das Papier aus den Fingern, schnappten sich seine zwei Koffer und den Rucksack seiner Frau; auch jenen feinen großkarierten Wintermantel, auf dem der Sozialdemokrat lag, trug man an die frische pommersche Luft.

Dennoch behauptete Herr Oskar Matzerath, die Burschen hätten auf ihn einen vorteilhaften und disziplinierten Eindruck gemacht. Er führt das auf den Einfluß ihres Anführers zurück, der trotz seiner jungen Jahre, mit knapp sechzehn Lenzen schon eine Persönlichkeit dargestellt haben soll, die den Herrn Matzerath auf schmerzliche und erfreuliche Weise zugleich an den Anführer der Stäuberbande, an jenen Störtebeker, erinnerte.

Als jener dem Störtebeker so ähnliche junge Mann Frau Maria Matzerath den Rucksack aus den Fingern ziehen wollte und schließlich auch zog, griff sich Herr Matzerath im letzten Augenblick das glücklicherweise obenliegende Fotoalbum der Familie aus dem Sack. Zuerst wollte der Bandenführer zornig werden. Als aber mein Patient das Album aufschlug und dem Burschen ein Foto seiner Großmutter Koljaiczek zeigte, ließ er, wohl an seine eigene Großmutter denkend, den Rucksack der Frau Maria fallen, legte grüßend zwei Finger an seine eckig polnische Mütze, sagte in Richtung Familie Matzerath: »Do widzenia!« und verließ, an Stelle des Matzerathschen Rucksackes den Koffer anderer Mitreisender greifend, mit seinen Leuten den Waggon.

In dem Rucksack, der dank des Familienfotoalbums im Besitz der Familie blieb, befanden sich außer einigen Wäschestücken die Geschäftsbücher und Umsatzsteuerbelege des Kolonialwarengeschäftes, die Sparbücher und ein Rubinencollier, das einst Herrn Matzeraths Mutter gehörte, das mein Patient in einem Paket Desinfektionsmittel versteckt hatte; auch machte jenes Bildungsbuch, das zur Hälfte aus Rasputinauszügen, zur anderen Hälfte aus Goethes Schriften bestand, die Reise gen Westen mit.

Mein Patient behauptet, er habe während der ganzen Reise zumeist das Fotoalbum und ab und zu das Bildungsbuch auf den Knien gehabt, habe darin geblättert, und beide Bücher sollen ihm, trotz heftigster Gliederschmerzen, viele vergnügliche, aber auch nachdenkliche Stunden beschert haben.

Weiterhin möchte mein Patient sagen: Das Rütteln und Schütteln, Überfahren von Weichen und Kreuzungen, das gestreckte Liegen auf der ständig vibrierenden Vorderachse eines Güterwagens hätten sein Wachstum gefördert. Er sei nicht mehr wie zuvor in die Breite gegangen, sondern habe an Länge gewonnen. Die geschwollenen, doch nicht entzündeten Gelenke durften sich auflockern. Selbst seine Ohren, die Nase und das Geschlechtsorgan sollen, wie ich hier höre, unter den Schienenstößen des Güterwagens Wachstum bezeugt haben. Solange der Transport freie Fahrt hatte, verspürte Herr Matzerath offenbar keine Schmerzen. Nur wenn der Zug hielt, weil wieder einmal Partisanen oder Jugendbanden eine Visite machen wollte, will er wieder den stechenden, ziehenden Schmerz erlitten haben, dem er, wie gesagt, mit dem schmerzstillenden Fotoalbum begegnete.

Es sollen sich außer dem polnischen Störtebeker noch mehrere andere jugendliche Räuber und gleichfalls ein älterer Partisan für die Familienfotos interessiert haben. Der alte Krieger nahm sogar Platz, versorgte sich mit einer Zigarette, blätterte bedächtig, kein Viereck auslassend, das Album durch, begann mit dem Bildnis des Großvaters Koljaiczek, verfolgte den bilderreichen Aufstieg der Familie bis zu jenen Schnappschüssen, die Frau Maria Matzerath mit dem einjährigen, zweijährigen, drei- und vierjährigen Sohn Kurt zeigen. Mein Patient sah ihn sogar beim Betrachten mancher Familienidylle lächeln. Nur an einigen allzu deutlich erkennbaren Parteiabzeichen auf den Anzügen des verstorbenen Herrn

Matzerath, auf den Rockaufschlägen des Herrn Ehlers, der Ortsbauernführer in Ramkau war und die Witwe des Postverteidigers Jan Bronski geheiratet hatte, nahm der Partisan Anstoß. Mit der Spitze eines Frühstückmessers will der Patient vor den Augen des kritischen Mannes und zu dessen Zufriedenheit die fotografierten Parteiabzeichen weggekratzt haben.

Dieser Partisan soll – wie mich Herr Matzerath gerade belehren will – im Gegensatz zu vielen unechten Partisanen ein echter Partisan gewesen sein. Denn hier wird behauptet: Partisane sind nie zeitweilig Partisane, sondern sind immer und andauernd Partisane, die gestürzte Regierungen in den Sattel heben, und gerade mit Hilfe der Partisane in den Sattel gehobene Regierungen stürzen. Unverbesserliche, sich selbst unterwandernde Partisane sind, nach Herrn Matzeraths These – was mir eigentlich einleuchten sollte – unter allen der Politik verschriebenen Menschen die künstlerisch begabtesten, weil sie sofort verwerfen, was sie gerade geschaffen haben.

Ähnliches kann ich von mir behaupten. Kommt es nicht oft genug vor, daß meine Knotengeburten, kaum daß sie im Gips einen Halt bekommen haben, mit der Faust zertrümmert werden? Ich denke da besonders an jenen Auftrag, den mir mein Patient vor Monaten gab, der da hieß, ich möchte aus schlichtem Bindfaden den russischen Gesundbeter Rasputin und den deutschen Dichterfürsten Goethe zu einer einzigen Person knüpfen, die dann, auf Verlangen meines Patienten, eine übersteigerte Ähnlichkeit mit ihm, dem Auftraggeber haben sollte. Ich weiß nicht, wieviel Kilometer Bindfaden ich schon geknüpft habe, damit diese beiden Extreme endlich zu einer gültigen Verknotung kommen. Doch ähnlich jenem Partisanen, den mir Herr Matzerath als Muster preist, bleibe ich rastlos und unzufrieden; was ich rechts knüpfe, löse ich links auf, was meine Linke bildet, zertrümmert meine geballte Rechte.

Doch auch Herr Matzerath kann seine Erzählung nicht gradlinig in Bewegung halten. Abgesehen von den vier Nonnen, die er einmal Franziskanerinnen, dann Vinzentinerinnen nennt, ist es besonders jenes junge Ding, das mit seinen zwei Namen und einem einzigen, angeblich dreieckigen Fuchsgesicht seinen Bericht immer wieder auflöst und mich, den Nacherzähler, eigentlich nötigen sollte, zwei oder noch mehr Versionen jener Reise aus dem Osten nach dem Westen zu notieren. Das jedoch ist nicht mein Beruf, und so halte ich mich an den Sozialdemokraten, der während der ganzen Fahrt nicht das Gesicht wechselte, ja, nach Aussage meines Patienten, bis kurz vor Stolp allen Mitreisenden immer wieder erklärt haben soll, daß auch er bis zum Jahre siebenunddreißig als eine Art Partisan Plakate klebend seine Gesundheit aufs Spiel gesetzt, seine Freizeit geopfert habe, denn er sei einer der wenigen Sozialdemokraten gewesen, die auch bei Regenwetter Plakate klebten.

So soll er auch gesprochen haben, als kurz vor Stolp der Transport zum soundsovielten Male aufgehalten wurde, weil eine größere Jugendbande ihren Besuch anmeldete. Da kaum noch Gepäck vorhanden war, gingen die Burschen dazu über, den Reisenden ihre Kleidung auszuziehen. Vernünftigerweise beschränkten sich die jungen Leute auf Herren-Oberbekleidung. Das konnte hingegen der Sozialdemokrat nicht verstehen, weil er meinte, ein geschickter Schneider könne aus den weitläufigen Kutten der Nonnen mehrere und vorzügliche Anzüge schneidern. Der Sozialdemokrat war, wie er gläubig verkündete, ein Atheist. Die jungen Räuber jedoch hingen, ohne das gläubig zu verkünden, der alleinseligmachenden Kirche an und wollten nicht die ergiebigen Wollstoffe der Nonnen, sondern den einreihigen, leicht holzhaltigen Anzug des Atheisten. Der aber wollte Jacke, Weste und Hose nicht ausziehen, erzählte vielmehr von seiner kurzen, aber erfolgreichen Laufbahn als sozialdemokratischer Plakatkleber und wurde, als er vom Erzählen nicht lassen, sich beim Anzugausziehen widerspenstig zeigen wollte, von einem ehemaligen Wehrmachtsknobelbecher in den Magen getreten.

Der Sozialdemokrat übergab sich heftig, anhaltend und schließlich Blut auswerfend. Dabei trug er seinem Anzug keine Sorge, und die Burschen verloren jedes Interesse an dem zwar beschmutzten, doch durch eine gründliche chemische Reinigung wieder zu rettenden Stoff. Auf Herren-Oberbekleidung verzichteten sie, zogen aber Frau Maria Matzerath eine hellblaue Kunstseidenbluse und dem jungen Mädchen, das nicht Luzie Rennwand, sondern Regina Raeck hieß, das Berchtesgadener Strickjäckchen aus. Dann schoben sie die Tür des Waggons zu, aber nicht ganz zu, und der Zug fuhr ab, während das Sterben des Sozialdemokraten begann.

Zwei, drei Kilometer vor Stolp wurde der Transport auf ein Abstellgleis geschoben und blieb dort während der Nacht, die sternenklar, aber für den Monat Juni kühl gewesen sein soll.

In jener Nacht starb – wie Herr Matzerath sagt – unanständig und laut Gott lästernd, die Arbeiterklasse zum Kampf aufrufend, mit letzten Worten – wie man es in Filmen zu hören bekommt – die Freiheit hochleben lassend, schließlich einem Brechanfall verfallend, der den Waggon mit Entsetzen füllte, jener Sozialdemokrat, der allzusehr an seinem einreihigen Anzug hing.

Kein Geschrei hinterher, sagt mein Patient. Es wurde und blieb still in dem Waggon. Nur Frau Maria klapperte mit den Zähnen, weil sie ohne Bluse fror und die letzte übriggebliebene Wäsche dem Sohn Kurt und dem Herrn Oskar draufgelegt hatte. Gegen Morgen nahmen zwei beherzte Nonnen die Gelegenheit der offengebliebenen Waggontür wahr, reinigten den Waggon und warfen durchnäßtes Stroh, den Kot der Kinder und Erwachsenen, auch den Auswurf des Sozialdemokraten auf den Bahndamm.

In Stolp wurde der Zug von polnischen Offizieren inspiziert. Gleichzeitig wurden warme Suppe und ein dem Malzkaffee ähnliches Getränk ausgeteilt. Die Leiche im Waggon des Herrn Matzerath beschlagnahmte man wegen Seuchengefahr, ließ sie von Sanitätern auf einem Gerüstbrett forttragen. Nach Fürsprache der Nonnen erlaubte ein höherer Offizier noch den Angehörigen ein kurzes Gebet. Auch durften dem toten Mann die Schuhe, Strümpfe und der Anzug ausgezogen werden. Mein Patient beobachtete während der Entkleidungsszene – später wurde die Leiche auf dem Brett mit leeren Zementsäcken zugedeckt – die Nichte des Entkleideten. Abermals erinnerte ihn das junge Mädchen, obgleich es Raeck hieß, heftig abstoßend und faszinierend zugleich, an jene Luzie Rennwand, die ich in Bindfaden nachbildete, als Knotengeburt, die Wurstbrotfresserin nenne. Jenes Mädchen im Waggon griff zwar nicht angesichts ihres ausgeplünderten Onkels zu einem wurstbelegten Brot und vertilgte das samt den Pellen, sie beteiligte sich vielmehr bei der Plünderei, erbte von des Onkels Anzug die Weste, zog die an Stelle ihrer entführten Strickjacke an und prüfte ihre neue, nicht einmal unkleidsame Aufmachung in einem Taschenspiegel, soll mit dem Spiegel – und hier begründet sich die heute noch nachwirkende Panik meines Patienten – ihn und seinen Liegeplatz eingefangen, gespiegelt und glatt, kühl mit Strichaugen aus einem Dreieck heraus beobachtet haben.

Die Fahrt von Stolp nach Stettin dauerte zwei Tage. Zwar gab es noch oft genug unfreiwilligen Aufenthalt und die langsam schon zur Gewohnheit werdenden Besuche jener mit Fallschirmjägermessern und Maschinenpistolen bewaffneten Halbwüchsigen, doch die Besuche wurden kürzer und kürzer, weil bei den Reisenden kaum noch etwas zu holen war.

Mein Patient behauptet, er habe während der Reise von Danzig-Gdansk nach Stettin, also innerhalb einer Woche, neun, wenn nicht zehn Zentimeter Körperlänge gewonnen. Vor allem sollen sich Ober- und Unterschenkel gestreckt, Brustkorb und Kopf jedoch kaum gedehnt haben. Dafür ließ sich, obgleich der Patient während der Reise auf dem Rücken lag, das Wachstum eines leicht nach links oben verlagerten Buckels nicht verhindern. Auch gibt Herr Matzerath zu, daß sich die Schmerzen hinter Stettin – inzwischen hatte deutsches Eisenbahnpersonal den Transport übernommen – steigerten und durch bloßes Blättern im Fotoalbum der Familie nicht in Vergessenheit zu bringen waren. Er hat mehrmals und anhaltend schreien müssen, bewirkte mit dem Geschrei zwar keine Schäden in irgendeiner Bahnhofsverglasung – Matzerath: meiner Stimme war jede glaszersingende Potenz abhanden gekommen – versammelte aber die vier Nonnen mit seinem Geschrei vor seinem Lager und ließ die aus dem Gebet nicht mehr herauskommen.

Die gute Hälfte der Mitreisenden, darunter die Angehörigen des verstorbenen Sozialdemokraten mit dem Fräulein Regina, verließen in Schwerin den Transport. Herr Matzerath bedauerte das sehr, da ihm der Anblick des jungen Mädchens so vertraut und notwendig geworden war, daß ihn nach ihrem Fortgang heftige, krampfartige Anfälle, von hohem Fieber begleitet, überfielen und schüttelten. Er soll, nach Aussagen von Frau Maria Matzerath, verzweifelt nach einer Luzie geschrien, sich selbst Fabeltier und Einhorn genannt und Angst vor dem Sturz, Lust zum Sturz von einem Zehnmetersprungbrett gezeigt haben.

Martin Walser
Deutsche Szene im Zug

So ein Zug hat gleich etwas Nationales. Man sitzt zwischen Leuten, die aus Köln, sogar aus Kiel sein können. Keiner weiß das vom anderen. Bevor einer den Mund aufmacht, ist es lediglich erlaubt, ihn für einen Deutschen zu halten. Für einen Westdeutschen wenigstens. Die Aschenbecher, die Spiegel, die immer für das stillste Deutschland werbenden Fotografien. In diesem Abteil hängen ›Bärbel von Ottenheim‹ und die Neresheimer Klosterkirche. Der Kunststoffbezug der Sitzbänke. Alles ist überregional. Man spürt es sofort: die Eisenbahn ist etwas Nationales. Das Rückgrat kennt den Winkel von Rückenlehne zur Sitzfläche sozusagen auswendig, die Lungen sind nicht überrascht von der Abteil-Luft: unsere ganze Physis bestätigt uns, daß wir in einem deutschen Schnellzug sind. Um dessen noch deutlicher inne zu werden, gehe ich gern in den Speisewagen. Im Gang eines Wagens 1. Klasse steht ein Herr in einem Mausgrau, das man streicheln möchte. Er hält aber an sehr kurzer Leine einen rassigen, immer irgendwohin drängenden Deutschen Schäferhund. Um seine wahrscheinlich doch empfindlichen Hände vor der einschneidenden Leine zu schützen, trägt der Herr Lederhandschuhe, die am Handgelenk offen stehen. Über das goldene Uhrarmband wachsen struppiggraue Haare. Auf dem Kopf hat dieser Herr keine Haare mehr. An den steilsten Stellen aber noch einen kräftigen Saum. Über den linken Mundwinkel hinab zieht sich bei ihm eine Narbe. Offensichtlich um der Symmetrie willen preßt er auch den rechten Mundwinkel energisch nach unten. Daß er so einen besonders entschlossenen Eindruck macht, scheint ihm recht zu sein. Bevor ich an Herr und Hund vorbeigehe, schlüpft schmal ein ganz blasser Herr, geht mutig eine schöne schwarzhaarige Dame durch die unsichtbare Lücke zwischen

Hundeschnauze und Gangwand. Der blasse Herr, kleiner als seine Dame, wendet sich halb um, sobald er durch ist, man sieht, er will der Dame die Hand reichen, um ihr Mut zu machen; aber die Entschlossenheit, mit der sie auf die Enge zu und durch sie hindurchgeht, schüchtert den Blassen ein, er läßt die Hand wieder sinken, geht seiner Dame schwankend voraus. Der mit dem Hund schaut den beiden nach, stiert ihnen nach, muß ich sagen, wenn das erlaubt ist bei einem so feinen Herrn. Er kann einfach den Blick nicht lassen von denen, so wenig wie sein Hund. Ich benütze die Gelegenheit und schlüpfe auch durch. Und plötzlich fällt mir ein: die schwarzhaarige Dame und der blasse Herr sind Juden. Und als gehörte das notwendig dazu, fällt mir noch ein: die Narbe, die sich über den Mundwinkel des Hundeherrn hinabzieht, diese Narbe ist ein Schmiß. Ohne daß ich noch darüber nachdenken muß, haben die winzigen Vorkommnisse der letzten sechzig Sekunden eine Erklärung gefunden: der ängstlich-schmal durchschlüpfende Blasse, der demonstrative Mut, mit dem die schöne Dame die unruhige Hundeschnauze passierte, ihre Ablehnung, sich beschützen zu lassen, die fast stupide Faszination, die Hund und Herr hinter dem entschwindenden Paar dreinblicken ließ, als wäre ihnen da was entgangen. Wenn ich das sagen darf: ich war böse gestimmt, übel aufgelegt, als mir im Speisewagen vom Kellner ein Platz angewiesen wurde. In mir ergänzten sich die Vorkommnisse jener sechzig Sekunden ganz von selber zu einem Ausschnitt aus der schlimmsten deutschen Chronik. Das Paar, der Herr mit dem Hund, drei mir völlig unbekannte Reisende spielten Rollen, durch die sie mir immer vertrauter wurden. Ich hätte die Handlungen lokalisieren können. In Saloniki oder Theresienstadt.

Ich wurde gestört. Der Kellner setzte den mausgrauen Herrn an meinem Tisch. Handschuhe und Hund fehlten. Das wirkte, als bemühe er sich, etwas zu verbergen, als wolle er nicht erkannt werden. Aber dann konnte er doch nicht aus seiner Rolle heraus: als die Suppe aufgetragen wurde, stieß er zweimal mit dem Pfeffer- und zweimal mit dem Salzfäßchen scharf auf die Tassenöffnung hinab. Er hatte die Suppe noch nicht probiert. Aus Erfahrung wußte er offensichtlich, daß für ihn kein Koch scharf genug würzte. Mit dem Fleisch war er fertig, ehe ich meinen zweiten Bissen halb zerkaut hatte. Dann rauchte er. Aber der Kellner mußte ihm das verbieten. Sofort drückte er seine Zigarette zu einem großen S zusammen, drückte weiter, bis sie zweimal brach. Er tat es ohne Kommentar, ohne aufmurrende oder ironische Geste. Er gehorchte, schien mir, wie nur ein Mann gehorchen kann, der weiß, wie wichtig es ist, daß Befehle ausgeführt werden, weil er, außerhalb des Speisewagens, immer zu den Befehlenden gehörte. Er gehorchte geradezu fröhlich. Es machte ihm offensichtlich Spaß, jetzt auch einmal gehorchen zu können. Ich sah ihn schon, wie er bei der nächsten Gelegenheit seinen Untergebenen erzählen wurde, wie er im Speisewagen seine Zigarette ausgemacht habe ohne jeden Harm gegen den Kellner oder die Betriebsvorschriften der Bundesbahn.

Sein scharf und breit ausschwingendes Kinn hatte er in eine Gabel aus Zeigefinger und Daumen gelegt. Den Zeigefinger bog er ab. Er schaute mich an. Oder ganz eng an mir vorbei. Im Spiegel sah ich, daß hinter mir das jüdische Paar saß. Er starrte die beiden an, daß ich schon fürchtete, die würden sich das nicht länger gefallen lassen können. Er hob die Kaffeetasse vom Tisch, ohne hinzusehen, trank, stellte die Tasse auf den Tisch, zielte aber mit seinem Blick immer eng an mir vorbei auf die anderen. Ich dachte: so willenlos wird der Mörder, wenn es ihn an den Tatort zurückzieht.

Ja, und dann hielt es der Herr an meinem Tisch plötzlich nicht mehr aus. Er stand auf, näherte sich dem Paar, fragte sehr höflich, auf französisch, ob er sich einen Augenblick setzen dürfe, und nach fünf Minuten wußte ich, daß alle drei aus Genf waren, er ein Chirurg und der blasse Herr ein Richter. Bis jetzt hatten sie einander nur einmal unter vielen Leuten gesehen, allerdings gab es da eine Menge gemeinsamer Freunde; auf deren Andenken leerten sie nach weiteren zehn Minuten die Gläser, die sie hatten füllen lassen mit Châteauneuf du Pape. Ich ging in mein Abteil zurück und merkte, daß ich verärgert war über diesen Herrn, als wäre er es gewesen, der mich getäuscht hatte. Aber hätte sich nicht alles genau so verhalten können, wie ich es mir vorgestellt hatte?

Thomas Wolfe
Dunkel im Walde, fremd wie die Zeit

Es ist ein paar Jahre her, da standen im Hauptbahnhof München auf dem Bahnsteig neben einem Zug, der in wenigen Minuten in die Schweiz abgehen sollte, unter vielen anderen Leuten ein Mann und eine Frau – eine Frau, so schön, daß die Erinnerung an sie das Gedächtnis dessen, der sie sah, auf immer heimsuchen sollte, und ein Mann, der leserlich bereits im dunklen Antlitz die Künderschrift einer fremden, schicksalverhängten Begegnung trug.

Die Frau, fehlerlos auf der Höhe reifer, strahlender Schönheit, durchdrungen von Leben und Gesundheit bis in die letzte Röte und Ründe der Lippe, war ein Wunder an Lieblichkeit, und die Elemente des Schönen verbanden sich in ihr zu einem Bild von so erlesenen Ebenmaßen und mit einer so rhythmischen Ausgewogenheit, daß man seinen Augen kaum traute, wenn man sie ansah. So wirkte sie, die nicht übergroß war, manchmal prangend und von königinnenhafter Gestalt, und dann, wenn sie sich im nächsten Augenblick innig-traut an ihren Begleiter anschmiegte, erschien sie einem wieder fast untersetzt und klein. Auch war es, als hätte ihre Figur nichts von der biegsamen Schlankheit der Jungmädchenjahre eingebüßt, und doch stand sie verschwenderisch hold und üppig reif in der Vollentfaltung ihres Frauentums, und jede ihrer Bewegungen war von berückender Anmut.

Die Frau war elegant angezogen. Ein kleiner, bäffchenartiger, schmalrandiger Hut, vom Scheitel in die Stirn heruntergezogen, saß schmiegsam und festangepaßt auf dem kupfrig-rötlichen Haar und verschattete Augen, die eigentlich verhangen und rauchblau waren, sich aber bis ins beinah Schwarze verdunkeln und überhaupt im Ausdruck jeder, auch der schnellsten, übers Gesicht huschenden Regung verwandeln konnten. Die Frau sprach leis und zärtlich auf den

Mann ein, blickte ihn wollüstig und vage lächelnd an; sie redete ihm zu, begierig, ernsthaft und lustig, und von Zeit zu Zeit brach sie in ein kleines Lachen aus, das dunkel-üppig und sinnlich zart aus der Kehle aufwallte.

Die beiden gingen vor dem Wagen auf und ab, sie hängte sich bei ihm ein, schmiegte sich eng an ihn an und legte manchmal kuschelnd den schönen, blumenhaft stolzen, blumenhaft anmutigen Kopf an den Ärmel seines schweren Wintermantels. Dann blieben die beiden einen Augenblick stehn und sahen einander fest an. Sie tat im Scherz so, als mache sie ihm Vorwürfe und verwiese ihm etwas, sie packte ihn an den Ärmeln und schüttelte ihn zärtlich, zog dann den schweren Pelzbesatz seines Mantelkragens zusammen und drohte ihm verspielt mit dem Zeigefinger ihrer kleinen, behandschuhten Hand.

Der Mann sagte wenig, er sah die Frau einfach an. Seine großen, dunklen Augen, die von den Feuergluten des Todes brannten, hingen an ihr mit Blicken, die sie mit unersättlich heißhungriger Liebeszärtlichkeit geradezu körperlich auffraßen. Er war Jude, ein langer, dürrer Mensch, leichenhaft und so ausgezehrt von einer Krankheit, daß seine Gestalt, verschlungen von einer Hülle teurer Kleidungsstücke, gleichsam verloren und vergessen wirkte.

Sein schmales, weißes Gesicht, fast vollkommen vom Fleisch gefallen, beinah nur noch Haut und Knochen, lief in eine ungeheuer große Hakennase aus. Es wirkte wie ein von zwei grellen, verzehrenden Augen erhellter, von zwei brennendroten Flammen beflankter, großer Totenschnabel und war trotz all der Häßlichkeit von Kränke und Auszehrung ein sonderbar denkwürdiges und ergreifendes Gesicht, ein irgendwie tragisch-edles, vom Tod gezeichnetes Antlitz.

Aber nun war es Zeit zum Abschiednehmen geworden. Über den ganzen Bahnsteig hin riefen die Beamten aus, die Fahrgäste sollten einsteigen, und sofort kam mehr Bewegung – schnelles Gedräng, eiliges Gestrudel – in die wartenden Freundesgruppen. Man sah Leute einander umarmen, sich küssen, sich innig die Hände drücken, weinen, lachen, sich schnell noch einmal zu einem letzten Kuß umdrehen und dann hastig in den Wagen klettern. Und der junge Ausländer hörte nun in der ihm fremden Sprache Ausrufe, Gelübde und Versprechungen, hörte Späße und flüchtige Anspielungen, wie sie überall einzelnen Menschengruppen geheim und teuer sind und hier lautes Gelächter hervorriefen, hörte Lebwohlworte, wie sie auf der ganzen Welt die gleichen sind.

»Otto! Otto! Hast du das, was ich dir mitgab? Fühl mal nach, ob du's noch hast!« Er betappte seine Tasche, er hatte es noch, die ganze Gruppe lachte schallend.

»Wirst du Else besuchen?«

»Wie bitte? Versteh nicht ...« rief er zurück, hielt die Hand als Schallbecher ans Ohr und wandte mit verlegenem Gesicht den Kopf seitwärts.

»Ob du Else besuchen wirst?!« schallte es laut über den Lärm der Menge hinweg durch das Sprechrohr zweier, an den Mund gelegter Hände.

»Ja. Ich hoffe doch. Wir wollen uns in Sankt Moritz treffen.«

»Sag ihr, sie soll mal schreiben!«

»Wie? Versteh nicht ...« Dieselbe Pantomime wie zuvor.

»Sag ihr, sie soll mal schreiben!!!« Wiederum schallendes Gelächter der Gruppe.

»O ja! Ja!« Er nickte schnell, lächelte: »Wird ausgerichtet!«

»Oder ich werde böse auf sie!«

»Wie? Versteh kein Wort bei diesem Radau.« Dasselbe Hin und Her wie zuvor.

»Sag ihr, ich werd bös auf sie, wenn sie nicht schreibt!!« Langsam, Wort für Wort mit aller Lungenkraft herausgeschrien.

Ein Mann aus der Gruppe, der einer Frau, die vor unterdrücktem Lachen bebte, etwas listig Lustiges zugeflüstert hatte, wandte sich nun grinsend an den Abreisenden, um diesem etwas zuzurufen, wurde aber von der Frau zurückgehalten, die ihn am Arm packte und ein hysterisches »Nein! Nein!« japste. Aber der grinsende Mann hielt die Hände an den Mund und brüllte: »Sag Onkel Walter, er soll seine –«

»Wie? Versteh nicht ...« Wie zuvor wandte der Abreisende den Kopf seitwärts und hielt die Hand ans Ohr.

»Sag Onkel Walter –« begann der andre langsamer und lauter.

»Nein! Nein! Nein! Psst!« japste die Frau empört und zog ihn am Arm.

»– er soll seine wollenen –«

»Nein! Nein! Nein! Heinrich! Psst!« quietschte die Frau.

»– die dicken, in die ihm Tante Berta seine Anfangsbuchstaben gestickt hat!« fuhr der Mann unentwegt fort.

Die Männer aus der Gruppe brüllten, die Frauen aber kreischten vor Lachen und quietschten: »Aber nein! Nein!« und zischten laut: »Psst! Psst!«

»Ja! Wird bestimmt ausgerichtet!« rief der grinsende Fahrgast zurück, sobald sich die Aufregung ein wenig gelegt hatte. »Aber vielleicht hat er sie nicht mehr!« brüllte er, beglückt über den Einfall, nachträglich hintendrein. »Vielleicht hat ein Fräulein dort ihm sie –« Das Lachen erstickte ihm die Stimme, er rang nach Luft.

»Otto!« kreischten die Frauen. »Psst!«

»– weggenommen!« keuchte der Fahrgast lachend.

»O-o-o-otto! ... Schäm dich! Psst!« kam es von den Frauen.

»Souvenir an München!« brüllte nun der Witzbold auf dem Bahnsteig dem Abreisenden zu, und die ganze Gruppe wurde wieder vom Lachen geschüttelt.

Als das Gelächter ein wenig nachließ, begann ein andrer Mann, schwerschnaufend, sich die tränenden Augen wischend, zu stammeln: »Sag Else –« Die Stimme blieb ihm aus, er quiekte leis und wischte sich wieder die strömenden Augen.

»Was denn?« rief der Fahrgast zurück.

»Sag Else, daß Tante Berta –« begann der Mann mit starker Stimme und stöhnte dann: »Ach Gott!«, als ihm die Luft abermals ausblieb. Das Lachen schüttelte ihn so, daß er nicht weitersprechen konnte. Er wischte sich die Augen und brachte kein Wort hervor.

»Was denn? Ei was denn? Was soll ich Else sagen?« rief der grinsende Fahrgast und legte die hohle Hand ans Ohr.

»Sag Else, daß Tante Berta ihr das Rezept für Schwarzwälder Torte schickt!« kreischte der Mann nun, ganz so, als gälte es, die Bemerkung unbedingt noch herauszubringen, ehe er vom Lachen bezwungen, ohnmächtig zusammenbräche. Die Wirkung, die diese scheinbar bedeutungslose Erwähnung von Tante Bertas Schwarzwälder Torte hervorbrachte, war erstaunlich. Keine der vorhergegangenen Bemerkungen hatte eine so heftig krampfhafte Heiterkeit bei diesem kleinen Freundeskreis ausgelöst. Es war einfach so, als müßten sich diese Leute lahm und krank lachen, es war, als wäre die Fallsucht mit Lachschaudern in sie gefahren. Sie taumelten wie Betrunkene, hielten sich aneinander fest, um nicht umzusinken, lachten Tränen, die ihnen in wahren Strömen aus den geschwollenen Augen quollen, und aus ihren aufgesperrten Mündern kamen gelegentlich matte, halberstickte Keuch-, Japp- und Röchellaute, die Frauen quietschten und schnappten nach Luft – es war ein allgemeiner Heiterkeitskrampf, der endlich in ein allgemeines hilfloses Schlucksern überging.

Jemand, der diesem Freundeskreis nicht angehörte, hätte zwar unmöglich schließen können, was es eigentlich mit diesem erwähnten Tortenrezept auf sich hatte, aber trotzdem wirkte das Gelächter der Gruppe ansteckend auf die Umstehenden, die nun ebenfalls grinsten oder lachten oder einander, erheitert die Köpfe schüttelnd, ansahen. Und allenthalben auf dem Bahnsteig war Leben, standen Leute, die gesetzt, heiter, traurig, ernst, jung, alt, gleichmütig oder erregt waren, Leute, die in Geschäften reisten und Leute, die zum Vergnügen fortfuhren, Leute, die mit jedem Wort, jeder Gebärde verrieten, daß das Reisen sie freudig bewegte und Hoffnungen in ihnen weckte, und Leute, die angemüdet und gleichgültig dreinblickten, es sich auf ihren Plätzen bequem machten und kein weiteres Interesse an den Ereignissen der Abfahrt nahmen. Das ist überall so. Die Menschen sprachen die Weltsprache des Abschieds – jene Sprache, die oft aus Gemeinplätzen besteht, nichtssagend ist und keinen Sinn hat, einen aber so eigenartig ergreift, weil sie dazu herhält, tiefere Regungen des Menschenherzens zu verbergen, die innere Leere, die beim Gedanken des Scheidens aufkommt, auszufüllen, weil sie zum Schild dient oder als Maske, die das wahre Empfinden verhehlt.

Aus diesem Grunde ward die Zeremonie des Abschieds für den jungen Mann – den ortsfremden, hergereisten Ausländer – zu einem erregenden und eindringlichen Erlebnis. Was er sah, war vertrautes Gebaren, was er hörte, vertrautes Wort – Gebaren, wie er es sein Lebtag zu Haus an Menschen beobachtet hatte, Wort, das hinter der Maske der Fremdsprache dem Wort gleichkam, das er von Kind auf kannte – und so empfand er plötzlich wie nie zuvor das Alleinsein vor Vertrautem, und spürte jene Wesensgleichheit, die alle Völker der Welt so eigenartig einigt und im Daseinsgefüge wurzelt mit Wurzeln, die tiefer hinabreichen als die der Sprache, die einer spricht, der Rasse, der einer angehört.

Die schöne Frau und der vom Tod gezeichnete Mann standen umschlungen, sie blickten sich mit seltsam verzehrender Zärtlichkeit an, und nun, in der Minute des Abschieds, sprachen sie nichts. Sie umarmten sich, ihre Arme umfingen ihn, ihr lebensvoller, wollüstiger Leib schmiegte sich eng an ihn an, ihre roten Lippen hingen an seinem Munde, als wolle sie ihn nie gehen lassen. Schließlich riß sie sich heftig von ihm los, schob ihn mit beiden Händen verzweifelt von sich fort und sagte: »Geh jetzt, geh! Höchste Zeit!«

Die Vogelscheuche wandte sich um und stieg schnell in den Wagen, ein vorbeikommender Beamter schmiß knallend die Tür zu, der Zug zockelte ab. Der Mann kam an ein Gangfenster, lehnte sich hinaus und blickte die Frau an, die neben dem Zug herging und den Mann, solang es ihr möglich war, im Auge behielt. Der Zug kam stärker in Fahrt, die Frau verlangsamte ihren Schritt, sie blieb stehn, Tränen traten ihr in die Augen, ihre Lippen murmelten etwas Unverständliches, und im letzten Augenblick rief sie laut: »Auf Wiedersehn!« und warf dem Mann eine Kußhand zu.

Der junge Ausländer, der ein Stück der Strecke mit dem

gespenstischen Menschen zusammenreisen sollte, stand ebenfalls am Fenster. Er blickte am Zug entlang auf die hochgewölbte Stationshalle zu, ganz so, als sähe er den Leuten auf dem Bahnsteig nach, obschon er in Wirklichkeit nichts sah außer der holden, hohen Gestalt der Frau. Die Frau ging langsam, den Kopf gesenkt, mit einem langen, behutsamen Schritt von unvergleichlicher Anmut, wogender Üppigkeit. Einmal blieb sie stehen und blickte zurück, dann drehte sie sich um und ging weiter, langsam wie zuvor.

Plötzlich hielt sie inne. Aus der Menge auf dem Bahnsteig hatte sich ihr jemand genaht. Es war ein junger Mann. Die Frau blieb überrascht stehn, hob abweisend eine behandschuhte Hand und wollte weitergehn. Im nächsten Augenblick aber hielten die beiden sich heftig umschlungen und küßten sich leidenschaftlich.

Als der junge Ausländer seinen Platz im Abteil aufsuchte, war der vom Tod gezeichnete Mann bereits vom Gang hereingekommen und hatte sich leise atmend ins Polster fallen lassen. Nun sah er etwas beruhigter und weniger erschöpft aus. Der junge Mann blickte gespannt in das schnabelartige Gesicht mit den müden, geschlossenen Lidern und fragte sich, ob dieser Sterbende jene Begegnung auf dem Bahnsteig mitangesehn habe, und was ihm wohl das Wissen um diesen Vorfall bedeuten könne. Aber diese Totenmaske war rätselhaft und unerschließlich, und der junge Mann fand nichts, was er lesen und deuten konnte. Ein mattes, seltsam lichtes Lächeln spielte um die Ecken des dünnlippigen Mundes. Dann schlug der Mann die tiefeingesunkenen Augen auf, und sein brennender Blick schien nun aus unsäglichen Tiefen auf etwas Fernes gerichtet. Eine kleine Weile später sagte er mit tiefer, zärtlicher Stimme – auf englisch mit deutschem Akzent: »Das war meine Frau. Nun im Winter muß ich allein fortfahren, denn so ist es am besten. Aber im Frühling, wenn's mir besser geht, kommt sie zu mir.«

Den ganzen Winternachmittag über brauste der Zug durch Bayern. Er kam schnell und mächtig in Fahrt, ließ die verstreut umherliegenden Außenposten der Stadt hinter sich und sauste über die Hochebene, auf der München liegt. Der Tag war grau unter einem undurchdringlich verhangenen Himmel, etwas schwer zwar, aber doch herb, scharf und kräftig von der freudigen Frische reiner, kalter Hochgebirgsluft. Nach einer Stunde schon hatte der Zug die alpine Landschaft erreicht – da waren Berge und Täler und die Sensation vom unvermittelten Nahesein ragender Hochgebirgsketten – und da war die dunkle Verwunschenheit der Wälder Deutschlands, jener Wälder, die etwas mehr bedeuten als baren Baumbestand, nämlich Bann, Zauber und Berückung, wie sie den Menschen (besonders aber Fremden, die diesem Land blutmäßig verbunden sind) zu Herzen dringen mit dunkler Musik und heimsucherischen Erinnerungen, die sich nie ganz einfangen lassen.

Es ist dies ein überwältigendes Gefühl unmittelbarer, nahe bevorstehender Entdeckung, etwa dem zu vergleichen, was ein Mann empfinden mag, wenn er zum erstenmal in die Heimat seines Vaters kommt. Es ist so, als kämen wir in das unbekannte Land, nach dem sich unsre Seele in der Jugend so leidenschaftlich sehnte, in das Bruderland und Ergänzungsland zu dem, das wir in der Kindheit erlebten. Und dies offenbart sich uns inständig im Augenblick, in dem wir das Land sehn, mit einer mächtigen Regung des vollkommenen Erkennens und Nichtglaubenkönnens in jener Traumwirklichkeit, die Gesichten und allen Bezauberungen eignet.

Was ist es, dies Wildheftige aus Lust und Weh, das uns die Herzen schwellt? Diese Erinnerung, die wir nicht in Sätzen ausdrücken können? Dieses augenblicklich-inständige Erkennen, für das uns Worte fehlen? Wir können es nicht sagen, haben keine Möglichkeit, es zu äußern, keinen ordentlichen Beweis, es zu belegen, und spöttischer Stolz kann uns abergläubischer Albernheit zeihen. Und doch: wir kennen das dunkle Land im ersten Augenblick der Ankunft, und obschon uns Zunge, Beweis und Äußerung fehlen, wir haben, was wir haben, wissen, was wir wissen, sind, was wir sind.

Und was sind wir? Wir sind die nackten Menschen, die

verlornen Amerikaner. Ungeheure und einsame Himmel wölben sich über uns, und zehntausend Menschen gehn uns im Blut um. Wo kommt es her, dieses eigne Gefühl augenblicklicher Erkenntnis, traumhaft heimsucherischer, beinah eingefangener Erinnerung? Woher kommen sie, dieser ständige Hunger, diese reißende Gier und diese Musik, dunkel, feierlich und zaubrisch, die durch den Wald erschallt? Woher kommt es, daß dieser junge Amerikaner dieses Land beim ersten Anblick sofort gekannt hat?

Woher kam es, daß er seit seinem ersten Abend in einer deutschen Stadt die nie zuvor gehörte Sprache verstand, daß er selber sofort sprach und alles, was er zu sagen begehrte, in einer fremden Sprache, die er gar nicht sprechen konnte, sagte – sich in einem wunderlichen Kauderwelsch, das weder seine Sprache, noch die Sprache des Landes war, ausdrückte, und zwar so, daß er sich dessen gar nicht bewußt wurde, so sehr vermochte er es augenblicklich aus dem Geist, nicht dem Wortstand der Sprache heraus, zu reden – und daß er auf diese Weise sofort von jedem, mit dem er sprach, verstanden wurde?

Nein, beweisen konnte er es nicht, und doch wußte er, diese selbstverständliche Bekanntschaft mit diesem Land und dem Volk seines Vaters war und lag ihm tief im Blute. Er spürte die tragische und unauflösliche Beimischung der Rasse, er wußte um die furchtbare Verbindung von Bestie und Geist, er kannte die namenlose Angst vor dem alten barbarischen Wald, kannte den Kreis barbarischer Gestalten, deren düstre, geisterhafte Runde ihn einschloß, kannte dieses Gefühl des Ertrinkens im blinden Urwaldentsetzen barbarischer Zeit. Er trug das alles in sich selbst herum, die träge Freßsucht und Gier des unersättlichen Schweins sowohl als auch die seltsame mächtige Musik der Seele.

Er kannte den Haß und Abscheu vor der nimmersatten Bestie, der Bestie mit dem Schweinsgesicht und dem unstillbaren Durst, dem unaufhörlichen Hunger, der dicken, trägen, reißenden Hand, die mit glosend-unersättlicher Gier tappt. Und er haßte diese große Bestie mit dem Haß auf Hölle und

Mord, weil er sie in sich selber spürte und wußte und selber das Opfer ihrer reißenden, unstillbaren, geilen Gierden war. Ströme trinkbaren Weins, ganze Ochsen, die am Bratenspieß gedreht werden, und durch den düstern Wald, den brüllenden Wall aus riesigen Bestienleibern und barbarischen Lauten ringsum – das üppige Fleisch großer, blonder Weiber zu der rohen Orgie des allverschlingenden, nimmersatten Schoßschlunds, der Orgie, die nie endet und keinen Überdruß bringt ... das alles war ihm ins Blut, in den Geist, ins Leben gemischt. Es war aus dem dunklen Zeitschauder des uralten Walds irgendwie auf ihn gekommen zusammen mit all dem, was magisch, glorreich, seltsam und schön war: den heiseren Hornklängen, die leis und elfenhaft durch die Wälder hallen, der unendlich sonderbaren Versponnenheit und der drängerisch dichten Wandelbarkeit im Weben der altgermanischen Seele. Wie grausam, verworren, eigenartig und schmerzlich das Rätsel der Rasse war! Diese Kraft und Stärke des unverderblichen, hochfliegenden Geists, der aus der mächtigen, verderbten Bestie in so strahlender Reinheit aufstieg, und die Zaubergewalt großer Musik und edler Dichtung, so schmerzlich unabänderlich verwoben und durchzogen mit all dem blinden, rohen Hunger des Bauchs und der Bestie Mensch!

Das alles war sein eigen, das alles war in seinem eignen Wesen enthalten und konnte, das wußte er, ihm nie genommen werden, sowenig wie einer aus seinem Leib und Leben das Blut seines Vaters, das uralte, unwandelbare Gewebe der dunklen Zeit heraussondern kann. Und aus diesem Grund spürte er nun, als er zum Zugfenster hinaus auf das einsame, verschneite Alpenland mit seinen dunklen, verwunschenen Wäldern hinausblickte, sofort das unbändige Gefühl vertrauten Wiedererkennens, und deswegen war ihm zumute, als hätte er diese Gegend schon immer gekannt und sei hier zu Hause. Und etwas Dunkles, Wildes, Jubelhaftes und Seltsames schwellte ihm im Gemüt und durchwallte ihn wie eine große, heimsucherische, wie in Träumen gehörte Musik.

Nun, nachdem eine freundliche Bekanntschaft angebahnt war, begann das Gespenst mit der unersättlichen, besitzerischen Neugier seiner Rasse, den Mitreisenden mit Fragen zu zwicken, Fragen, die sich auf das Leben, die Heimat, und die Europareise des jungen Amerikaners und auf den Grund zu dieser Europareise bezogen. Der junge Mensch antwortete bereitwillig, er empfand es nicht belästigend. Er war sich zwar bewußt, daß er mitleidlos ausgepumpt wurde, aber die spukhafte Flüsterstimme war so verführerisch, freundlich und liebenswürdig, die Art zu fragen so höflich, gütig und eingängig, das matte, angenehm resignierte Lächeln so licht und gewinnend, daß die Fragen sich schier von selber beantworteten.

Der junge Mann war Amerikaner, nicht wahr? Ja. Und wie lange schon in Europa? Zwei Monate? Ein Vierteljahr? Nein? Fast ein volles Jahr! So lange! Nun, dann gefiele ihm wohl Europa, ja? War dies seine erste Reise? Nein? Schon die vierte? Das Gespenst rückte ausdrücklich staunend die Augenbrauen hoch und lächelte das feine zynisch-müde Lächeln, das die ganze Zeit um den dünnlippigen, sensitiven Mund spielte.

Schließlich war der junge Mann trocken gepumpt, das Gespenst wußte Bescheid, blickte ihn eine Weile matt-, licht-, spöttisch-fein und doch gütig-lächelnd an und sagte schließlich müd und geduldig mit jener ruhigen Endgültigkeit, die Lebenserfahrung und Todeswissen einem Menschen verleihen können: »Sie sind sehr jung. Ja. Nun möchten Sie alles haben, alles sehen ... und Sie haben nichts. Stimmt das, ja?« fragte der Mann und lächelte bestrickend. »Das wird sich alles ändern. Eines Tages werden Sie nur wenig begehren, aber dann werden Sie vielleicht auch ein wenig haben.« Wieder spielte das lichte, gewinnende Lächeln. »Und das ist besser. Glauben Sie nicht auch?« Er lächelte wieder und sagte müde: »Ich weiß, ich weiß. Ich bin überall hingefahren, ganz wie Sie, hab alles haben wollen und hab nichts gehabt. Nun geh ich nirgends mehr hin. Es ist überall dasselbe«, sagte er müde, blickte zum Fenster hinaus und machte eine entlassende Gebärde mit der schmalen, weißen Hand. »Felder, Hügel, Berge, Flüsse, Städte, Menschen … Sie möchten sie alle kennen. *Ein* Feld, *ein* Fluß aber, das ist genug«, flüsterte er.

Er schloß auf eine kleine Weile die Augen. Als er wieder sprach, war es ein fast unhörbares Flüstern: »… *Ein* Leben, *ein* Ort, *eine* Zeit.«

Es wurde dunkel, in den Abteilen ging das Licht an. Und wieder drang das Wispern des schwindenden Lebens angelegentlich liebenswürdig zu dem jungen Mann mit einer unabweislichen Bitte. Der Schwerkranke fragte, ob es recht sei, wenn er das Licht lösche und sich, um auszuruhn, auf dem Polster ausstrecke. Der junge Mann war bereitwillig einverstanden, er löschte sogar sehr gern das Licht. Sein eignes Reiseziel war nicht mehr weit, und draußen leuchtete der frühaufgegangne Mond mit seltsam strahlendem Zauberglanz auf Alpenwälder und Schnee, so daß ein Schein des geheimnisvollen Geisterlichts ins nun verdunkelte Abteil hereinfiel.

Das Gespenst hatte die Augen geschlossen und lag ruhig ausgestreckt auf dem Sitzpolster. Das ausgezehrte Gesicht, auf dem – hochrot nun – die Wangenflecken brannten, wirkte in diesem magischen Licht wie der Schnabel eines fremden, gräßlichen Riesenvogels. Der Mann rührte sich nicht und schien kaum zu atmen, und im Abteil war kein Laut zu vernehmen außer dem rhythmischen Räderstoß auf den Schienen, dem ledrigen Ächzen und Knirschen des Wagens und der ganzen fremdvertrauten Symphonie des fahrenden Zugs, jenem hohen, symphonischen Monoton, das der Laut der Stille und des Immerdar ist.

Vom Bann des magischen Lichts und der Zeit festgehalten, saß der junge Mensch eine Weile still da und blickte zum Fenster hinaus auf die verwunschene Schwarzweißwelt, die großartig und eigen im phantomischen Mondglast vorüberfegte. Schließlich aber stand er auf, trat, die Tür vorsichtig schließend, hinaus in den Korridor und ging durch die schmale Passage rückwärts, Wagen um Wagen, durch den schlingernden Zug, bis er in den Speisewagen kam.

Dort war alles Glanz, Bewegung, Luxus, Sinnenwärme und Heiterkeit, und das ganze Leben des Zugs schien sich nun auf diesen Raum konzentriert zu haben. Die Kellner, sicheren Fußes und gewandt, gingen flink hin und her auf dem Mittelgang des ruckelnden Wagens und brachten große Platten und Auftragsbretter mit wohlzubereiteten Speisen an jeden Tisch. Hinter ihnen drein kam der »Sommelier« und entkorkte hohe, beschlagne Rheinweinflaschen; er nahm die Flasche zwischen die Knie, zog an, und mit einem ergötzlichen Plopplaut kam der Korken heraus, den er dann in ein kleines Körbchen fallen ließ.

Eine verführerisch schöne Frau speiste an einem Tische mit einem verlebt aussehenden, alten Mann. An einem andern saß stattlich und stämmig ein Deutscher – kahlgeschorner Kopf, Stehkragen mit Flügelecken, großes Schweinsgesicht mit einer edlen, einsamen Denkerstirn –, starrte mit einem konzentrierten Blick bestialischer Gefräßigkeit auf die Fleischplatte, von der ihm der Kellner vorlegte, und sagte, die Worte in der Kehle lautend, in einem gelüstigen Ton: »Ja! ... Gut! ... Und etwas von diesem hier auch!«

Das Bild, das sich hier bot, war ein Bild von Reichtum, Macht und Luxus und löste jene Empfindungen aus, die das Reisen auf erstklassigen europäischen Zügen auslöst, Empfindungen, die anders sind als jene, die man auf amerikanischen Zügen hat. In Amerika spürt man im Zug ein Gefühl wilder und einsamer Freude, eine Sensation, die einen andringt aus der ungebändigten, uneingezäunten, unendlichen Wildnis, durch die der Zug dahinbraust, und dazu eine wortlose, nicht auszusagende Hoffnung, die in einem aufkommt bei dem Gedanken an die verzauberte Weltstadt, der man entgegeneilt, und an die ungekannten, fabelhaften Verheißungen des Lebens, das man dort finden wird. In Europa ist das Gefühl von Freude und Vergnügen wirklicher und stets gegenwärtig. Die luxuriösen Züge, die gediegen-vornehme Einrichtung, das tiefe Kastanienbraun und das Dunkelblau, die frischen, lebhaften Farben im Wageninnern, das gute Essen, der funkelnde, zu Kopf steigende Wein und das weltmännische, wohlbehäbige, kosmopolitische Aussehen der Reisenden – das alles erfüllt einen mit mächtiger Sinnenfreude und dem Gefühl soeben wahr werdender Erwartung. In ein paar Stunden fährt man von einem Land ins andre, durch Jahrhunderte der Geschichte, durch eine von Menschen beschwärmte Welt bedrängter Kultur und volkreicher Nationen, von einer namhaften, viel Vergnügen bietenden Stadt zur andern.

Und statt der wilden Freude und namenlosen Hoffnung, die man empfindet, wenn man in Amerika zum Zugfenster hinausblickt, empfindet man hier in Europa eine unglaubliche Freude am Verwirklichten, eine unmittelbare Befriedigung der Sinne, ein Gefühl, so als gäbe es auf Erden nichts außer Wohlstand, Macht, Luxus und Liebe – ein Leben, das man mit all seinen unendlich abwechslungsvollen Vergnügungen immer leben und genießen könnte.

Als der junge Mann fertig gespeist und seine Rechnung beglichen hatte, ging er einen Korridor nach dem andern die ganze Länge durch den schlingernden Zug zu seinem Wagen zurück. Als er in sein Abteil eintrat, sah er die Spukgestalt ganz wie zuvor auf dem Polster ausgestreckt daliegen, und das schimmernde Mondlicht schien noch immer auf das große Schnabelgesicht.

Zwar lag der Mann um keinen Zoll anders da, aber dem jungen Menschen wurde sofort bewußt, daß hier eine feine, verhängnisvolle, ihm unerklärliche Verwandlung vorgegangen war. Was war es? Der junge Mann nahm seinen Platz gegenüber wieder ein und musterte prüfenden Blicks die stille gespenstische Erscheinung. Atmete der Mann nicht? Der junge Mensch glaubte, er sähe, wie die ausgezehrte Brust sich im Atemgang hob und senkte, er war beinah gewiß, aber ganz gewiß war er nicht. Was er aber deutlich sah, war eine hochrote, im Mondlicht dunkel abgeschattete Laufspur aus einer Ecke des festgeschloßnen Mundes und einen großen, roten Flecken auf dem Fußboden.

Was sollte er tun? Was überhaupt ließ sich da tun? Das Geisterlicht des fatalen Monds schien seine Seele dunkel eingetaucht zu haben in eine Verhextheit, in den Bann einer maßlosen, stumpfen Ruhe. Zudem verlangsamte der Zug bereits seine Fahrgeschwindigkeit, die ersten Lichter der Stadt erschienen, der junge Mann war am Ziel seiner Reise.

Und nun bremste der Zug. Draußen blitzten Schienen, grellten scharf in der Dunkelheit kleine, helle, harte Signallichter, grün, gelb und rot, und auf Nebengeleisen standen die Wagenreihen kleiner Güterzüge und verdunkelter Personenzüge, leer, unerleuchtet und in sonderbarer Bereitschaft des Lebens gewärtig, dem sie vor kurzem noch gedient hatten.

Dann begannen die langen Bahnsteige langsam unterm Fenster in Sicht zu gleiten, stämmige Gepäckträger, wie Ziegenböcke aussehend, kamen gesprungen, grüßten begierig, riefen, sprachen mit Leuten im Zug, die sich bereits anschickten, ihnen Koffer durchs Fenster herauszureichen.

Der junge Mann nahm leis Mantel und Handtasche aus dem Gepäcknetz und trat hinaus in den engen Gang. Ruhig schloß er die Schiebetür des Abteils hinter sich. Dann, auf einen Augenblick noch, noch immer ungewiß, blieb er stehen und blickte zurück. Im Halbdunkel auf dem Polster lag die spukhafte Leichengestalt und rührte sich nicht.

War es am Ende nicht wohlgetan, alles so im Stillschweigen zu belassen, wie er es vorgefunden hatte? Mochte es nicht so sein, daß es in diesem großen Traum von der Zeit, in dem wir leben und dessen bewegende Gestalten wir selber sind, wohlgetan ist, wenn wir, nachdem wir uns getroffen, miteinander gesprochen und einander eine kleine Weile gekannt haben, während wir irgendwo auf dieser Erde zwischen zwei Zeitpunkten durchs Dunkel vorwärtsgeschleudert wurden, uns damit zufriedengeben, so voneinander zu scheiden, wie wir uns trafen, und jeden seinem gesetzten Ziel entgegengehen lassen – nur dieser einen Sache gewiß, nur dieser einen Sache bedürftig, daß dort für uns alle Stillschweigen sein wird, nur Stillschweigen, nichts als Stillschweigen am Ende?

Der Zug stand. Der junge Mensch ging durch den Korridor

zum Ende des Wagens, und einen Augenblick später, erschreckt und erfrischt von der Kälte, die lebhafte, schneekühle Luft einatmend, schritt er den Bahnsteig hinunter, einer unter hundert andern Leuten, die alle in gleicher Richtung gingen, die einen auf eine Gewißheit und ein Heim zu, die andren einem Neuland entgegen, der Hoffnung und dem Hunger, den schwallhaften Freudenahnungen und den Verheißungen einer strahlenden Stadt. Er wußte, daß er wieder heimkehren würde.

Wolf Biermann

Deutschland
Ein Wintermärchen

Die Paßkontrolle zog sich hin
Der Zug war festgewachsen
Ich saß und saß und saß und saß
Auf Kohlen statt auf Achsen

Und meine Schöne visavis
Mit großen Kinderaugen
An ihren Lippen fing sie an
Zu beißen und zu saugen

Halb ängstlich, halb mokant sah sie
Auf unsre Grenzsoldaten
Das war Anschauungsunterricht
Thema: Zwei deutsche Staaten

Die Kleine hielt den Westpaß hin
Fast wie ein Kruzifix
Wer Jesus schwenkt und Marx nicht kennt
Dem tut der Teufel nix

Doch nützte ihr das Westpapier
Nicht viel; ihr scharfer Busen
– die Grenzer schielten schräg und frech
Und tief ihr in die Blusen

Die strammen Jungs aus Mecklenburg
Da kamen sie ins Schlottern
Sie fingerten am Koppelschloß
Und fingen an zu stottern

Das rührte mich, ich geb es zu
Es hat mich fast ergriffen:
Die haben auf die Dienstvorschrift
Ganz ungeniert gepfiffen

Ein Deutscher, der in Uniform
Auf Sex starrt, statt auf Stempel
Ist schon ein Fortschritt, sag ich euch
Ein menschliches Exempel

Bis Büchen warn es insgesamt
Acht Paß- und Zollkontrolln
Es war, als ob wir achtmal doch
Noch schnell entlarvt wer'n solln

Die alten Frauen warn aufgekratzt
– es dauerte zu lange –
Aufsässig saßen sie und schrien
Wie Hühner auf der Stange

Die alten Männer griffen acht
Mal neu in alle Taschen
Und zogen den Passierscheinfisch
Angstschweißnaß aus den Maschen

Und achtmal brüllte ein Soldat
Glashart freundlich trocken:
Wir wünschen gute Weiterfahrt!!
– die Rentner hats erschrocken

Die Rentner hat es aufgeregt
Sie konntens nicht erwarten
Es drängte sie ganz offenbar
In Gottes Super-Garten

Und endlich kroch der Rentnerzug
Heraus aus Griebnitzsee
Und schob sich in die DDR
Durch Nebel und durch Schnee

Der Zug kroch quer durch Brandenburg
Durch manchen toten Bahnsteig
Da öffneten die Blüten sich
An meinem schönen Pflaumzweig

Sie wurd gesprächig, fragte mich
Ob ich von Osten käme
Ob ich schon Rentner sei, ob ich
Auch Rückfahrkarten nähme …

»Ich bin ein ganz besondrer Fall
Von einem deutschen Rentner
Nachts schläft er von der Arbeit aus
Am Tage aber pennt er

In dem Gitarrenkasten da
Steckt ein Maschingewehr
Damit misch ich mich manchmal ein
In euren Geldverkehr

Ich bin ein Liedermacher, ein
Verrückter Rattenfänger
Ich bin kein deutsches Lyrikschaf
Kein Stürmer auch und Dränger

Der Hund geht anders los! Ich misch
Mich in die Politik
Wenn man auf solchem Pflaster rutscht
Bricht man sich das Genick

Dem Dichter Heine folgte stets
Ein Mann mit einem Beile
Er war die Tat von Heines Geist
Und teilte aus die Keile

Ich teil die Keile selber aus
Mit dem Maschingewehr
(Die Arbeitsteilung: Kopf und Hand
Genügt uns heut nicht mehr)«

Ich sagte ihr wies ist mit mir
Die Wahrheit unverhohlen
Sie schaute mich ungläubig an:
»Sie wolln ein' wohl verkohlen?!«

»Nein, doch! Ich knall auch Menschen ab
In Hamburg läuft ein Mann rum
Der brachte meinen Vater fast
Mit einer Kette um

Mein armer Vater, schönes Kind
Hing im Gestapo-Keller
Neun Monate in Ketten fest
Wie ein bemalter Teller

Wie ein bemalter Teller, den
Manch einer sich zur Zier
An seine Wand hängt, so hing da
Mein Vater bei dem Tier

Mein Vater hing bei diesem Herrn
An einem Schlachterhaken
Prolet Prophet Prometeus mit
Dem ungebrochnen Nacken

Der deutsche Mann von damals lebt
Jetzt still als Fleischinspektor
Im Schlachthof von Peymann & Co
Und singt im Männerchor

Er liefert Rind- und Schweinefleisch
Das hat sich gut getroffen
In Zinksärgen wie man sie hat
Beim Schlachter: oben offen

Doch meiner Mutter schickte er
Pro Monat, ach das tat er
Ein dreck- und blutverschmiertes Hemd
Frei Haus von meinem Vater

Und meine Mutter wusch das Hemd
Mit Seife und mit Tränen
Und wartete auf ihren Mann
Mit Zittern und mit Sehnen

Sie wartete acht Jahre, bis
Mein Vater mit den Wolken
Von Auschwitz wieder heimwärts schwamm
Nach Hamburg ... in den Wolken

Sie sehn, ich habe allerhand
In Hamburg zu besorgen
Der Herr wohnt Große Bleichen acht
Ich hoff, ich treff ihn morgen

Zuerst fuhr ich nach Langenhorn
Die Mutter kurz besuchen
Sie schrieb mir: ›Komm, ich backe dir
den schönsten Kirschenkuchen‹

Sie schrieb: ›Mein Sohn, bring, wenn Du kommst
Was mit zum Schießen Dir
Die Krähen fraßen diesen Herbst
Die roten Kirschen mir

Von meinem letzten Kirschenbaum
Es ist zum Haarausraufen
Die Kirschen für den Kuchen mußt
Ich diesmal teuer kaufen‹«

Mißtrauisch sah das schöne Kind
Auf den Gitarrenkasten
Ich glaub sie glaubte mir kein Wort
Sie wollt sich nicht belasten

Sie sagte nur: »Im Osten wird
Euch auch das Kreuz gebrochen
– Was man so in der Zeitung liest ...«
Ich hab nicht widersprochen

Ich kniete mich dicht vor sie hin
Und sprach: »Probiern Sie mal
Und tasten Sie mein Rückgrat ab«
– die Hand war weich und schmal

Sie tastete mein Rückgrat ab
Mit ihren zarten Fingern
Der Zug beschleunigte die Fahrt
Und fing stark an zu schlingern

Ich fiel auf ihre weichen Knie
Wir mußten beide lachen
Die Rentner sahen böse zu
Als müßten sie uns bewachen

»Ihr Kreuz ist grader jedenfalls
Als unter uns die Schienen
Ich wüßte gern, wie lang die schon
Als Unterlage dienen«

Wir sprachen dann von Liebe noch
Von Freiheit lang und breit
Bis Ludwigslust verging uns so
Sehr angenehm die Zeit

Sie ließ nicht nach: »Ihr drüben lebt
Im Ghetto und versauert!«
Ich nickte schief und sprach: »Ich hab
Die Mauer mitgemauert

Die Falle aus Beton und Draht
Ist lang und eine Sünde
Ich hab in sie mit reingebaut
Zorn, Träume und viel Gründe«

Lutz Rathenow
Ohne Kommentar

Einen Moment dachte ich, es wäre Prof. Mitzenleim.

Ich sah weg, da ich annahm, dort vorn im Abteil sitzt Prof. Dr. Mitzenleim.

Ich wollte nicht hinsehen, weil ich ihn hätte erkennen müssen und schaute aus dem Fenster. Vier Zugabteile weiter mußte er sitzen.

Ich beobachtete konzentriert die Baumgruppen des Mischwaldes.

Ich wollte ihn nicht grüßen und sah nicht hin.

Der Erziehungswissenschaftler Prof. Dr. Mitzenleim, der regelmäßig Publikationen veröffentlicht, in denen Lenin dreimal so oft wie Marx, Marx zweimal so oft wie Engels und er selbst anderthalb mal soviel wie Walter Ulbricht zitiert wird.

Es war peinlich, nicht hinauszusehen, nur weil ich nicht grüßen wollte. Um nicht ständig aus dem Fenster zu blicken, öffnete ich die Zeitung in meinen Händen und täuschte lesen vor.

Prof. Dr. Mitzenleim, der freundlich ist zu den Studenten
energisch (aber verständnisvoll),
unnachgiebig (aber tolerant),
der interessiert ist an allen offenen Fragen, die uns helfen, vorwärts zu kommen.

Ich wollte nicht grüßen und hob den Kopf nicht an.
Mitzenleim, der immer methodisch klug vorgeht.
Didaktisch aufbaut.
Vorausbedenkt.
Dialektisch geschult ist.

Der sagt, daß der Erzieher stets Vorbild zu sein hat,

sagt, daß die Auseinandersetzung mit der bürgerlichen Ideologie keine Verschnaufpause kennen darf und bei der Zahnpasta anfängt.

daß die Kinderkrippe einen unverzichtbaren Bestandteil des sozialistischen Bildungssystems darstellt,

daß die Potenzen des Unterrichtsstoffes für die politisch-weltanschauliche Arbeit stärker genutzt werden könnten,

Theorie und Praxis sowjetischer Bildungspolitik als Vorbild und Maßstab unserer Bildungspolitik dienen sollten,

die Fundamente sozialistischer Persönlichkeitsentwicklung in der Schule gelegt und zementiert werden müssen,

daß in den fünfziger Jahren erfolgreich der Tendenz einer Intellektualisierung des Unterrichtes entgegengewirkt wurde.

Der sagt, daß Lehrer Repräsentanten des Staates sind und im Dienste der herrschenden Klasse stehen,

es dem Individualismus das Wasser abzugraben gilt,

wir uns hinter dem bisher Erreichten nicht zu verstecken brauchen,

daß es noch viel zu sagen gäbe, aber die Zeit leider wieder nicht reicht.

Ich wußte nicht, wohin ich sehen sollte, und dachte an schwammige Greise in mittleren Jahren.

Als ich dann hinsah (bereit, den Kopf ruckartig wegzudrehen), war es gar nicht Prof. Dr. Mitzenleim, sondern ein ähnlich aussehender Herr. Das Gesicht ähnelte, die Statur, der Anzug. Ich schämte mich, nicht hingesehen zu haben.

Es gab keinen Grund dafür. Ich hätte nicht zu grüßen brauchen.

Ich bin nicht verpflichtet, ihn grüßen zu müssen. Mir fiel ein, daß mir gleich aufgefallen war, daß das Abzeichen am Revers gefehlt hatte.

Ich blickte zum Fenster und dachte an verschwommene Gesichter schwammiger Greise in mittleren Jahren.

Dachte an Prof. Dr. Mitzenleim, dessen Vorlesungen pünktlich begannen und deren Zeit voll ausgenutzt wurde.

Ein Erziehungswissenschaftler, der weiß, daß die Prinzipien pädagogischer Führungsprozesse allgemein gültige, wesentliche Grundsätze sind, die bei der Führung pädagogischer Prozesse beachtet und angewendet werden müssen.

Der weiß, daß Pestalozzi zwar Grenzen in seiner Bildungskonzeption hat, aber einen unverzichtbaren Bestandteil unseres Erbes darstellt.

Weiß, daß Bildungseffekte in der Regel in kürzeren Zeiträumen zu erzielen sind als Erziehungseffekte.

Weiß, daß das imperialistische Bildungswesen als integrierter Bestandteil des Überbaus der imperialistischen Gesellschaft zur Regulierung und Manipulierung imperialistischer Verhältnisse dient.

Daß Schwierigkeiten bei der Befähigung des Gruppenrates zu eigenständiger Leitungstätigkeit in der ersten und zweiten Klasse noch vielerorts auftreten.

Weiß, welche didaktischen Sachverhalte durch welche didaktischen Funktionen erfaßt werden können.

Daß die kommunistische Erziehung höhere Anforderungen an alle Erzieher als die sozialistische Erziehung stellen wird.

Daß eine straffe pädagogische Führung die wichtigste Grundlage von Selbständigkeit und schöpferischer Arbeit der Schüler ist.

Daß Elternhaus und Schule unbedingt synchron laufen sollten.

Die Verbindung zur Praxis nie abreißen darf.

Die Klassiker auch die Klassiker der Pädagogik sind.

Mit der Einstimmung auf den späteren Armeedienst nie früh genug begonnen werden kann.

Daß die Kinder bei uns in guten Händen sind.

Ich betrachtete den Mann vier Abteile weiter und verstand nicht, wie ich ihn für Prof. Dr. Mitzenleim halten konnte. Ich überlegte, ob ich das Abzeichen wirklich nicht gesehen hatte oder das Nichtsehen mir nur nachträglich einbildete, und blickte wieder auf die Zeitung.

Mitzenleim, den die Studenten manchmal Mitzenpaul nennen.

Den ich nicht grüßen wollte.

Der mich zweimal wegen Schwatzen in der Vorlesung ermahnte.

Der mir ein Buch über antiautoritäre Erziehung mit dem Hinweis verweigerte, ich sollte doch besser seine kritische Rezension zu diesem Buch lesen, die er mir gern leihen würde.

Den ich auch nicht grüßen möchte, wenn er mich wegen eifrigem Nicken in der Vorlesung gelobt hätte.

Der in einem Vorbereitungslager für Ferienhelfer abends von Zelt zu Zelt schlich und von der notwendigen Einhaltung der Nachtruhe im Interesse eines maximalen Erfolges des Vorbereitungslehrganges sprach.

Wegen dem ich einmal ein Schaufenster zu betrachten begann, als er sich in Grußweite näherte.

Prof. Dr. Dr. h. c. Mitzenleim.

Und ich ärgerte mich, vorher nicht hingesehen zu haben.

Ich wurde wütend, weil ich weggesehen hatte.

Und ich ging hin und erschlug Prof. Dr. Dr. h. c. päd. Mitzenleim lustlos. Er fragte: Haben Sie Befehl Weisung Parteiauftrag. Ich nickte und er nickte und ich würgte stach erschoß ihn. Und ich ging auf meinen Platz zurück, bestellte einen Kaffee, zog die Notbremse, verhaftete den Zug. Stellte einen nach dem anderen an die Wand, erschoß jeden einzeln, irgendwann mich.

Dabei achtete ich vor allem auf einen bequemen Anschlag. Es dürfen keine Spannungen in der Brust- bzw. Rückenmuskulatur auftreten. Die Füße sollten schulterbreit auseinandergestellt sein. Erfahrungen zeigen, daß der günstigste Winkel des linken Fußes bei achtzig bis neunzig Grad zur Schußrichtung liegt. Der rechte Fuß wird außerdem eine halbe Fußlänge zurückgesetzt. Das entspricht einem Winkel von zehn bis zwanzig Grad zur Schußrichtung. Schulter- und Fersenlinie bilden annähernd eine Ebene. Der Kopf steht frontal zur Scheibe und wird weder nach vorn noch nach hinten geneigt. Man erhält so einen bequemen Anschlag, der einem erlaubt, ohne Anspannung längere Zeit ruhig stehend zu schießen.

Dann hob ich den Blick von der Zeitung und zerknüllte sie ohne Wut.

IV. Zugbekanntschaften der unglaublichen Art

Erich Fried
Altes Eisenbahnerlebnis

Im Zug war ich eingeschlafen
da weckte mich aus meinem Traum
ein Zweig der mich stach
Neben mir saß ein Baum

Er rauschte betreten
»Wollen Sie bitte verzeihen!«
und zog einen Teil
seiner Äste und Wurzeln ein

Ein Schaffner
der in unser Abteil kam und ihn sah
stand steif wie ein Brett
einfach angewurzelt da

Der Baum aber bat um Gehör
»Wenn ich einen Fahrschein löse
Herr Kontrolleur
sind Sie mir doch nicht mehr böse?«

Doch der Mann sprach von Lokomotive
und Axt und Verheizen
und ich beschwor ihn umsonst
den Baum nicht zu reizen

Mitten in dieser peinlichen Diskussion
hielten wir in meiner kleinen Station
Als ich ausstieg hörte ich den Beamten noch grollen
Im nächsten Wald ist der Zug dann spurlos verschollen

Wenedikt Jerofejew
Kilometer 43

Ich kam zu meinem Platz und erstarrte. Wo war meine Flasche Rossijskaja? Die Flasche, die ich in Hammer-und-Sichel nur zur Hälfte geleert hatte? Seit Hammer-und-Sichel hatte sie neben meinem Köfferchen gestanden, mit noch fast hundert Gramm darin. Wo war sie jetzt?

Ich blickte in die Runde – keiner zuckte mit der Wimper. Ich war wirklich verliebt und wahnsinnig. Wann sind die Engel weggeflogen? Sie haben schließlich auf mein Köfferchen aufgepaßt, solange ich draußen war. Wann sind sie nur weggeflogen? In der Gegend von Kutschino? Richtig! Also hat man mir die Flasche zwischen Kutschino und Kilometer 43 *gestohlen*. Während ich euch meine Gefühlswelt offenbarte, während ich euch in die Geheimnisse des Seins einweihte, hat man mich des Kusses der Tante Klara beraubt. In meiner Herzenseinfalt habe ich in der ganzen Zeit kein einziges Mal ins Abteil gesehen, es ist eine Komödie ... »Eine Dummheit macht auch der Gescheiteste«, wie der Dramatiker Ostrowskij sagte. Doch nun – finita la commedia! Nicht jede Einfalt ist heilig, und nicht jede Komödie ist göttlich ... Genug des Fischens im Trüben, jetzt heißt es Menschen fischen.

Doch welche und wie?

Der Teufel weiß, in welchem Genre ich heute Petuschki erreichen werde. Seit Moskau waren da dauernd philosophische Essays und Memoiren, Gedichte in Prosa, wie bei Iwan Turgenjew ... Und jetzt beginnt ein Kriminalroman ... Ich sah in das Innere meines Köfferchens, ob alles an Ort und Stelle war. Alles war da. Aber wo waren *jene* hundert Gramm?

Ich sah nach rechts. Da saßen immer noch die beiden, der ganz, ganz Stumpfsinnige und der ganz, ganz Gescheite. Der Stumpfsinnige in der Joppe war schon längst umgeknickt und schlief. Der Gescheite im Covercoat saß dem Stumpfsinnigen gegenüber und versuchte, ihn zu wecken. Und wie brutal er das machte! Er packte ihn an einem Knopf seiner Joppe und zerrte ihn zu sich heran, als spannte er einen Bogen. Dann ließ er ihn wieder los, und der Stumpfsinnige in der Joppe segelte auf seinen Platz zurück und bohrte sich in die Rückenlehne wie der stumpfe Pfeil Amors in ein Herz.

»Trans-zen-den-tal«, dachte ich.

Seit wann er das wohl macht ...? Nein, die beiden konnten die Flasche nicht gestohlen haben. Der eine trägt zwar eine Joppe, und der andere schläft nicht, was im Prinzip bedeutet, daß sie sie beide gestohlen haben könnten, aber der in der Joppe schläft schließlich und der andere trägt einen Covercoat. Also konnte sie weder der eine noch der andere gestohlen haben ...

Ich sehe nach rückwärts, aber nein, dort ist auch nichts, was zu einer Vermutung Anlaß geben könnte. Da sitzen zwar zwei, die Anlaß zu einer Vermutung geben könnten, allerdings zu einer ganz anderen. Sehr sonderbare Menschen, diese beiden: sie und er. Sie sitzen auf verschiedenen Seiten des Abteils, beide am Fenster, und kennen sich offenbar nicht. Aber bei alledem sehen sie einander frappierend ähnlich: er im Jackett und sie im Jackett; er mit brauner Baskenmütze und Schnurrbart und sie mit brauner Baskenmütze und Schnurrbart ...

Ich rieb mir die Augen und sah nochmal nach rückwärts ... Eine frappierende Ähnlichkeit. Sie starren einander an, mit wütendem Interesse ... Ganz klar, die konnten sie nicht gestohlen haben.

Und vorne? Ich sah nach vorn.

Vorne das gleiche Bild. Sonderbar scheinen nur zwei: der Opa mit seinem Enkel. Der Enkel ist zwei Kopf größer als sein Opa und von Geburt an schwachsinnig. Der Opa ist zwei Kopf kleiner, aber auch schwachsinnig. Die beiden sehen mir unverblümt in die Augen und lecken sich die Lippen ...

Verdächtig, dachte ich. Warum die sich wohl die Lippen lecken? Andere sehen mir schließlich auch in die Augen, ohne sich dabei die Lippen zu lecken. Sehr verdächtig ... Ich begann, sie genauso unverwandt anzustarren wie sie mich.

Der Enkel, nein, das ist wirklich ein absoluter Kretin. Schon sein Hals ist anders als bei anderen Leuten. Er ist nicht in den Rumpf hineingewachsen, sondern irgendwie aus ihm herausgewachsen, und der Nacken zieht sich mit dem Schlüsselbein bis in den Hinterkopf. Und wie idiotisch der atmet: zuerst aus, dann ein, während es doch bei allen anderen umgekehrt ist: zuerst ein, dann aus. Und wie er mich anglotzt, mit weit aufgerissenen Augen und zusammengekniffenem Mund, statt umgekehrt ... Und der Opa schaut noch angestrengter, als würde er in einen Gewehrlauf starren. Mit blauen, überquellenden Augen, aus denen es, wie aus zwei Wasserleichen, auf seine Stiefel tropft. Er sieht aus wie ein zum Tode Verurteilter mit kahlgeschorenem Schädel. Sein Gesicht ist von Narben übersät, als wäre es aus nächster Nähe zerschossen. Und mitten im zerschossenen Gesicht hängt eine aufgeblähte, blaue Nase, wie eine angefaulte Leiche, die noch am Strick baumelt ...

Sehr verdächtig, dachte ich noch einmal. Ich erhob mich etwas von meinem Platz und winkte die beiden zu mir heran.

Sie sprangen sofort auf und stürzten sich auf mich, während sie nicht aufhörten, sich die Lippen zu lecken. Auch das ist verdächtig, dachte ich; sie sind, glaube ich, sogar etwas früher aufgesprungen, als ich gewinkt habe ...

Ich bat sie, mir gegenüber Platz zu nehmen.

Sie setzten sich und starrten unverwandt auf mein Köfferchen. Das Enkelchen setzte sich irgendwie merkwürdig. Wir alle setzten uns gewöhnlich auf den Hintern, aber der kauerte sich auf die linke Arschbacke, so, als wolle er ein Bein mir anbieten und eins dem Opa.

»Wie heißt du denn, Opa, und wohin fährst du?«

»Mitritsch heiße ich. Und das ist mein Enkelchen, er heißt auch Mitritsch ... Wir fahren nach Orechowo in den Vergnügungspark, Karussell fahren ...«

Und das Enkelchen ergänzte:

»I-i-i-i-i ...«

Das war ein ungewöhnlicher Laut. Es ist verdammt schade, daß ich ihn nicht richtig wiedergeben kann. Das war kein Sprechen, sondern ein Kreischen. Und wenn er sprach, dann nicht durch den Mund, weil der dauernd zusammengekniffen war und irgendwo hinten anfing. Er sprach durch das linke Nasenloch, und das mit einer solchen Anstrengung, als müßte er das linke Nasenloch mit dem rechten hochziehen: »I-i-i-i-i, unser Zug fährt so schnell nach Petuschki, so schön ist es in Petuschki ... I-i-i-i-i, wie betrunken der Opa ist, der gute Opa ...«

»So, so. Karussell wollt ihr fahren, sagst du ...«

»Ja.«

»Vielleicht doch nicht Karussell ...?«

»Doch, Karussell«, bestätigte Mitritsch noch einmal mit der gleichen verängstigten Stimme, wobei das Wasser aus seinen Augen tropfte und tropfte ...

»Sag mal, Mitritsch, was hast du hier gemacht, solange ich auf der Plattform war? Solange ich auf der Plattform meinen Gedanken nachhing? Über meine Gefühle nachdachte? Meine Gefühle zur Geliebten? Na? Sag mir das doch mal ...«

Mitritsch rührte sich nicht, nur seine Augen fingen an unruhig hin und her zu wandern.

»Ich? Ich habe nichts gemacht. Ich wollte nur etwas Kompott essen. Kompott mit Weißbrot ...«

»Kompott mit Weißbrot?«

»Ja, Kompott. Mit Weißbrot.«

»Wunderbar. Dann ist ja alles klar: ich stehe auf der Plattform und hänge meinen Gedanken nach, und unterdessen sucht ihr auf meinem Platz etwas Kompott mit Weißbrot. Und nachdem ihr kein Kompott findet ...«

Der Opa hielt es als erster nicht mehr aus und begann zu schluchzen. Dann fiel auch der Enkel ein. Seine Oberlippe fiel nach unten bis zum Nabel, wie beim Pianisten die Haare ... Beide weinten ...

»Ich verstehe euch, ja. Ich kann alles verstehen, wenn ich verzeihen will ... Ich habe eine Seele, die so groß ist wie der Bauch des Trojanischen Pferdes, da läßt sich alles unterbringen. Ich verzeihe alles, wenn ich verstehen will. Und ich verstehe ... Ihr wolltet ganz einfach Kompott mit Weißbrot. Aber auf meinem Platz findet ihr weder das eine noch das andere. Und so seid ihr einfach gezwungen, das zu nehmen, was ihr findet, als Ersatz für das, was ihr wolltet ...«

Meine Beweislast hatte sie erdrückt. Sie hielten sich die Hände vors Gesicht, beide, und schaukelten reuevoll hin und her im Takt zu meinen Beschuldigungen.

»Ihr erinnert mich an einen Bekannten in Petuschki. Der trank auch nur Geschnorrtes und Geklautes. Er mopste sich zum Beispiel eine Flasche Eau de Cologne in der Apotheke, verzog sich in die Bahnhofstoilette und trank es heimlich, still und leise aus. ›Brüderschaft trinken‹, nannte er das. Er war davon überzeugt, daß das tatsächlich ›Brüderschaft trinken‹ war. Er starb schließlich in seiner Verblendung ... Ihr habt euch also auch für ›Brüderschaft trinken‹ entschlossen ...«

Sie schaukelten weiter vor sich hin und weinten. Des Enkels Schultern bebten vor Kummer.

»Genug der Tränen. Wenn ich verstehen will, bringe ich alles unter. Das, was ich auf den Schultern trage, ist kein Kopf, sondern ein ›Haus der offenen Tür‹. Wenn ihr wollt, kann ich euch noch einen anbieten. Ihr habt schon fünfzig Gramm gehabt, hier – ich kann euch noch mal fünfzig einschenken ...«

In diesem Augenblick kam jemand von hinten an uns heran und sagte: »Ich möchte auch mit Ihnen trinken.«

Alle sahen gleichzeitig auf. Es war ein Mann mit schwarzem Schnurrbart, im Jackett und mit brauner Baskenmütze. »I-i-i-i«, kreischte der junge Mitritsch, »schau mal, der Onkel, was für ein schlauer Onkel ...«

Der Schnurrbärtige unterbrach ihn mit strafendem Blick. »Ich bin überhaupt nicht schlau. Ich stehle nicht, wie manche. Ich stehle fremden Leuten keine lebensnotwendigen Dinge. Ich habe meinen eigenen mitgebracht – hier ...«

Er stellte mir eine Flasche Stolitschnaja auf das Klappbrett unter dem Fenster. »Trinken Sie einen von meinem?« fragte er mich. Ich rückte zur Seite, um ihm Platz zu machen.

»Nein, später trinke ich vielleicht einen von Ihrem, aber im Moment ziehe ich meinen eigenen vor. Den ›Kuß der Tante Klara‹.«

»Was für einen Kuß?«

»Den ›Kuß der Tante Klara‹.«

Wir schenkten uns ein, jeder das seine. Der Opa und der Enkel streckten mir beide ihr Gefäß entgegen. Sie hatten es bereitgehalten, lange bevor ich sie zu mir herangewinkt hatte. Der Opa hatte eine leere Flasche, die ich sofort wiedererkannte. Und der Enkel holte irgendwo zwischen den Beinen eine ganze Schüssel hervor.

Ich schenkte ihnen soviel ein, wie versprochen. Sie lachten.

»Auf Brüderschaft, Kinder?«

»Auf Brüderschaft.«

Alle tranken, den Kopf nach hinten geworfen, wie Pianisten. »Der Zug hält nicht in Jessino. Haltestelle in allen Ortschaften außer Jessino.«

Es begann ein Schlürfen und Raunen. Als hätte der ewig trinkende Pianist nun endlich alles ausgetrunken und, versunken in seine Mähne, die Etude »Waldesrauschen« in cis-Moll von Franz Liszt angestimmt. Als erster ergriff der Schnurrbärtige im Jackett das Wort. Komischerweise wandte er sich ausschließlich an mich:

»Ich habe bei Iwan Bunin gelesen, daß rothaarige Leute immer rot anlaufen, wenn sie trinken ...«

»Ja und, weiter?«

»Was heißt: und weiter? Wie war es denn bei Kuprin und Maxim Gorkij? Die sind überhaupt nicht mehr zu sich gekommen ...!«

»Schön. Und weiter?«

»Was heißt: und weiter? Was waren die letzten Worte Anton Tschechows vor seinem Tod? Erinnern Sie sich? Er sagte, und zwar auf deutsch: ›Ich sterbe‹. Und dann fügte er hinzu: ›Gebt mir Champagner.‹ Und erst dann – erst dann starb er.«

»So, so.«

»Und Friedrich Schiller? Der konnte ohne Champagner

nicht leben, geschweige denn sterben. Wissen Sie, wie der geschrieben hat? Er stellte seine Füße in eine Wanne mit Eiswasser, goß sich ein Glas Champagner ein und begann zu schreiben. Ein Glas durch die Kehle gejagt – und fertig ist ein Akt der Tragödie. Fünf Gläser – und fertig ist die ganze Tragödie in fünf Akten.«

»So, so, so ... Und ...«

Er warf mit seinen Gedanken um sich, wie ein Triumphator mit Münzen, und ich mußte mich beeilen, um sie einen nach dem anderen aufzusammeln.

Nur zu, dachte ich.

»Und Nikolaj Gogol ...«

»Was ist mit Nikolaj Gogol?«

»Wenn der bei den Panajews war, verlangte er immer ein besonderes rosarotes Glas ...«

»Um daraus zu trinken?«

»Klar.«

»Was hat er denn daraus getrunken?«

»Das weiß der Teufel ...!«

Was kann man schon aus einem rosaroten Glas trinken?

Wodka, was denn sonst!

Ich und die beiden Mitritschs verfolgten seine Ausführungen mit Interesse. Und er, der Schnurrbärtige, lachte im Vorgefühl seiner neuen Triumphe ...

»Und der Modest? der Mussorgskij? Mein Gott, der Modest, der Mussorgskij! Wissen Sie, wie der seine unsterbliche Oper ›Chowanschtschina‹ geschrieben hat? Da weiß man nicht, ob man lachen oder weinen soll. Modest Mussorgskij liegt, besoffen vom Vortag, im Straßengraben, da kommt Nikolaj Rimskij-Korsakow vorbei, im Smoking, mit einem Bambusstock in der Hand. Er bleibt stehen, der Nikolaj Rimskij-Korsakow, kitzelt den Modest mit seinem Bambusstock und sagt: ›Steh auf! Geh dich waschen und setz dich hin und schreibe deine göttliche »Chowanschtschina« zu Ende!‹ Und dann sitzen sie da, die beiden, Nikolaj Rimskij-Korsakow im Sessel, ein Bein über das andere geschlagen, mit dem Zylinder in der ausgestreckten Hand. Und ihm gegenüber, zusammengekauert auf der Bank, sitzt Modest Mussorgskij, unrasiert, völlig entkräftet, sitzt und malt schwitzend Noten. Dabei ist ihm überhaupt nicht nach Noten. Durst hat er, der Modest, sonst nichts! Aber Nikolaj Rimskij-Korsakow, mit dem Zylinder in der ausgestreckten Hand, gibt ihm nichts gegen den Durst ... Doch kaum schließt Rimskij-Korsakow hinter sich die Tür, schmeißt der Modest seine unsterbliche ›Chowanschtschina‹ hin und nichts wie in den Straßengraben. Zwischendurch steht er auf, löscht den Durst und wieder nichts wie in den Straßengraben. Übrigens, die Sozialdemokraten ...«

»Ein belesener Teufel!« unterbrach ihn begeistert der alte Mitritsch, während der junge sich Haarsträhnen ins Gesicht zog und vor Aufmerksamkeit geiferte.

»Ja, ja. Ich lese sehr gern! Es gibt so viele wunderbare Bücher auf der Welt!« fuhr der Mann im Jackett fort. »Ich saufe einen Monat, saufe einen zweiten, und dann nehme ich ein Buch und fange an zu lesen. So wunderbar kommt mir dieses Buch dann vor, und so dumm ich mir selbst, daß ich ganz mißmutig werde und nicht mehr weiterlesen kann. Ich schmeiße das Buch hin und fange wieder an zu saufen. Einen Monat, zwei und dann ...«

»Warte«, unterbrach ich ihn, »warte. Was ist mit den Sozialdemokraten?«

»Was für Sozialdemokraten? Es geht doch hier nicht nur um die Sozialdemokraten. Alle wertvollen Menschen Rußlands, alle Menschen, die für Rußland wichtig waren, haben gesoffen wie die Löcher. Nur die Überflüssigen, die Beschränkten haben nicht gesoffen. Nehmen wir Eugen Onegin. Zu Gast bei den Larins, trank er nicht mehr als ein Glas Himbeersaft und kriegte selbst davon den Dünnpfiff. Und währenddessen haben die aufrechten Zeitgenossen Onegins beim französischen Champagner zwischen ›Château Lafite‹ und ›Veuve Clicquot‹ (man beachte: ›zwischen Château Lafite und Veuve Clicquot‹) die ›Wissenschaft vom Aufruhr‹ und die Dekabristenbewegung geschaffen. Und als sie endlich Herzen aufweckten ...«

»Versuch mal, den aufzuwecken, diesen Herzen«, grunzte plötzlich jemand aus der rechten Ecke. Wir zuckten alle zusammen und sahen nach rechts. Es war Amor im Overcoat, der gegrunzt hatte. »Er hätte schon in Chrapunowo aussteigen müssen, dieser Herzen, aber er fährt immer noch, der Hundesohn ...!«

Alle, die noch konnten, brachen in Gelächter aus: »Laß ihn doch in Ruhe, verdammt, du Arsch von Dekabrist!« »Zieh ihm die Ohren lang!« »Ist es nicht egal, ob der Alte nach Chrapunowo fährt oder nach Petuschki? Vielleicht hat er Lust gekriegt, nach Petuschki zu fahren, und du jagst ihn nach Chrapunowo!«

Alle hatten inzwischen Schlagseite und schwankten unmerklich und vergnügt, unmerklich und unanständig. Und ich schwankte mit ihnen ... Ich wandte mich an den schwarzen Schnurrbart: »Angenommen, sie haben also Alexander Herzen aufgeweckt, was haben die Demokraten und die ›Chowanschtschina‹ damit zu tun?«

»Die haben sehr wohl was damit zu tun. Damit hat alles angefangen – die Fuselpantscherei statt ›Veuve Clicquot‹, der Vormarsch der Nichtadeligen, die Ausschweifung und die ›Chowanschtschina‹. Diese ganzen Uspenskijs und Pomjalowskijs konnten doch ohne Flasche keine einzige Zeile mehr schreiben! Ich habe es gelesen, ich weiß Bescheid! Sie haben verzweifelt gesoffen! Alle aufrechten Menschen Rußlands! Und warum haben sie so verzweifelt gesoffen? Weil sie aufrecht waren, deswegen nämlich, weil sie das schwere Schicksal ihres Volkes nicht mildern konnten! Das Volk erstickte in Armut und Unwissenheit, das können Sie bei Dmitrij Pissarjew nachlesen! Er spricht es ganz deutlich aus: ›Das Volk kann sich kein Rindfleisch leisten, Wodka ist billiger. Deswegen trinkt der russische Muschik, die Armut treibt ihn in den Suff. Ein Buch kann er sich nicht kaufen, weil es auf dem Markt keinen Gogol und keinen Belinskij gibt, nur Wodka, staatlichen und anderen, zum Mitnehmen, zum Hiertrinken und so weiter. Deswegen trinkt er, wegen seiner Unwissenheit!‹

Wie soll man da nicht in Verzweiflung geraten, wie soll man da nicht vom Muschik schreiben, wie ihn nicht retten wollen, wie nicht aus Verzweiflung dem Suff erliegen! Der Sozialdemokrat schreibt und trinkt und trinkt und schreibt. Aber der Muschik liest nicht und trinkt, er trinkt, ohne zu lesen. Darauf steht Uspenskij auf und erhängt sich, und Pomjalowskij legt sich in der Kneipe unter den Tresen und krepiert, und Garschin steht auf und stürzt sich im Rausch über das Geländer ...«

Der Schnurrbärtige war aufgesprungen und hatte die Baskenmütze abgeworfen. Er gestikulierte wie ein Verrückter mit hochrotem Kopf, aufgeheizt vom Wodka. Selbst der Dekabrist im Overcoat hatte seinen Herzen vergessen, war näher an uns herangerückt und heftete seine trüben, wäßrigen Augen auf den Redner ...

»Seht doch selbst, was passiert! Das Dickicht der Unwissenheit wird immer undurchdringlicher. Die Verelendung wächst *absolut*! Habt ihr Marx gelesen? Jawohl, *absolut*! Mit anderen Worten, es wird immer mehr und mehr gesoffen. Und im gleichen Maße wächst die Verzweiflung der Sozialdemokraten. Da würde auch kein ›Lafite‹ und kein ›Clicquot‹ mehr helfen, um einen Herzen aufzuwecken. Das ganze denkende Rußland trauert um den Muschik und säuft, ohne aufzuwachen. Da kannst du Herzens ›Glocke‹ in ganz London schlagen, so laut wie du willst – in Rußland hebt keiner den Kopf: alle liegen in ihrer Kotze, erdrückt von ihren Sorgen!

So geht es bis zu unserer Zeit, bis zum heutigen Tag. Dieser Kreislauf, dieser unglückselige Kreislauf des Lebens schnürt mir die Kehle zu! Ich brauche nur ein gutes Buch zu lesen, da weiß ich nicht mehr, wer weswegen trinkt: die Unteren, nach oben blickend, oder die Oberen, nach unten blickend. Und schon halte ich es nicht mehr aus: ich schmeiße das Buch hin und fange an zu saufen, einen Monat, zwei und dann ...«

»Stop!« unterbrach ihn der Dekabrist. »Geht es denn nicht ohne zu trinken? Kann man sich denn nicht zusammenreißen und nicht trinken? Der Geheimrat Goethe zum Beispiel hat überhaupt nicht getrunken.«

»Nicht! Tatsächlich überhaupt nicht?« Der Schnurrbärtige erhob sich sogar und setzte seine Baskenmütze auf. »Das kann nicht sein!«

»Das kann eben doch sein. Er konnte sich zusammenreißen und keinen Tropfen trinken ...«

»Sie meinen Johann Wolfgang von Goethe?«

»Ja. Ich meine Johann Wolfgang von Goethe, der nie einen Tropfen getrunken hat.«

»Merkwürdig ... Und wenn ihm Friedrich Schiller was angeboten hätte? Ein Glas Champagner?«

»Auch dann nicht. Er hätte sich zusammengerissen und einfach nichts getrunken. Er hätte gesagt: Ich trinke keinen Tropfen.«

Der Schnurrbärtige wurde ganz still und schwermütig. Sein ganzes System war unter den Augen des Publikums zusammengebrochen, ein so wunderbar aufgebautes System brillanter, zündender Ideen.

Hilf ihm, Jerofejew, dachte ich. Hilf dem armen Kerl. Gib eine Allegorie oder irgendwas Ähnliches von dir ...

»Sie behaupten also, der Geheimrat Goethe hätte keinen einzigen Tropfen getrunken?« Ich drehte mich zum Dekabristen um. »Wissen Sie auch, warum er nicht getrunken hat? Was war es, was ihn dazu bewogen hat, nicht zu trinken? Alle aufrechten Menschen haben getrunken, und er nicht. Warum? Das ist ganz einfach: Nehmen wir unseren Zug nach Petuschki. Warum hält er überall, nur nicht in Jessino? Warum könnte er nicht auch in Jessino halten? Aber nein, er rast daran vorbei. Das kommt daher, daß in Jessino keine Passagiere sind, die steigen alle in Chrapunowo oder Frjasewo zu. Ja. Sie legen den ganzen Weg von Jessino bis Chrapunowo oder Frjasewo zu Fuß zurück und steigen dort ein. Und warum? Weil der Zug in Jessino durchrauscht, ohne zu halten. So auch Johann Wolfgang von Goethe, der alte Querkopf. Glauben Sie vielleicht, der hätte nicht gern einen zur Brust genommen? Und ob! Aber um nicht selbst zu versumpfen, hat er statt dessen seine ganzen handelnden Personen trinken lassen. Nehmen Sie zum Beispiel den Faust: wer säuft da nicht? Alle saufen. Faust säuft und wird dabei immer jünger, Siebel säuft und geht auf den Faust los, der Mephisto tut auch nichts anderes als saufen; säuft, bietet den Studenten an und singt das Lied vom König und dem Floh. Sie werden fragen, wozu der Geheimrat Goethe das alles nötig hatte. Darauf kann ich Ihnen nur eins antworten: Warum hat er den Werther sich eine Kugel durch den Kopf jagen lassen? Weil er, und dafür gibt es Beweise, selbst an der Grenze zum Selbstmord war, und um sich nicht selbst zu versündigen, hat er es an seiner Stelle den Werther tun lassen. Verstehen Sie? Er blieb am Leben, aber so, als hätte er Selbstmord begangen. Und damit war er voll und ganz zufrieden. Doch das ist schlimmer als Selbstmord. Das ist Feigheit und Egoismus und darüber hinaus schöpferische Niederträchtigkeit ...

Und genauso, wie er sich erschossen hat, hat er auch gesoffen, Ihr Geheimrat. Mephisto säuft, und er freut sich, der Hundesohn. Faust säuft, und er kriegt den Rausch, der alte Bock. Mit mir hat auf der Baustelle ein gewisser Kolja gearbeitet, der war genauso: selbst trinkt er nichts vor Angst, daß ihm beim ersten Schluck die Sicherung durchbrennt und daß er dann mit dem Schlucken wochen- und monatelang nicht mehr aufhören kann. Aber uns zwingt er geradezu zum Trinken. Schenkt uns ein, grunzt und frohlockt, der Drecksack, der dreckige ... So auch Ihr vielgerühmter Johann Wolfgang von Goethe. Schiller schenkt ihm ein, und er lehnt ab – von wegen! Ein Alkoholiker war er, Ihr Geheimrat Johann Wolfgang von Goethe, ein Trunkenbold! Dem zitterten nur so die Hände ...«

»Da haben wir's ...«, der Dekabrist und der Schnurrbärtige strahlten mich glücklich an. Das schöne System war wiederhergestellt und mit ihm die gute Laune. Der Dekabrist holte mit ausschweifender Geste eine Flasche Pfefferwodka aus seinem Overcoat und stellte sie dem Schnurrbärtigen zu Füßen. Der Schnurrbärtige holte seine Flasche Stolitschnaja hervor. Alle rieben sich die Hände, merkwürdig erregt ...

Sie gossen mir ein – mehr als allen anderen. Dem alten Mitritsch gossen sie auch ein und gaben auch dem jungen ein

Glas. Der drückte es glücklich mit dem rechten Oberschenkel an die linke Brustwarze, wobei ihm aus beiden Nasenlöchern die Tränen kamen ...

»Also, auf das Wohl des Geheimrats Johann Wolfgang von Goethe!«

Jakov Lind
Reise durch die Nacht

Wenn Sie zurückschauen, was sehen Sie? Gar nichts. Und wenn Sie vorwärts schauen? Erst recht nichts. Stimmt. So schaut's aus.

Es war drei Uhr nachts und es regnete. Der Zug hielt nirgends. Lichter gab es zwar irgendwo in der Landschaft, aber mit Bestimmtheit ließ sich nicht sagen, ob es Wohnstuben oder Sterne waren.

Das Gleis war ein Gleis – aber warum sollte es in den Wolken keine geben?

Paris war irgendwo am Ende der Fahrt. Welches Paris? Das irdische – mit Kaffeehäusern, grünen Autobussen, Springbrunnen und schmutzigen Kalkwänden? Oder das himmlische? Teppichbelegte Badezimmer mit Aussicht auf den Bois de Boulogne?

Im blauen Licht sah der Nachbar noch bleicher aus. Seine Nase war gerade, die Lippen schmal, die Zähne übertrieben klein. Er hatte glattgekämmtes Haar, wie ein Seehund. Einen Schnurrbart braucht er. Auf der Nase könnt' er balancieren. Unter den Kleidern ist er naß. Warum zeigt er die Stoßzähne nicht?

Nach dem »So schaut's aus« sagte er nichts. Er hatte den Strich unter die Rechnung gezogen. Jetzt raucht er.

Die Haut ist grau, das ist klar – gespannt ist sie auch, wenn der sich kratzt, zerreißt er. Wohin schauen? Er hat ja nur ein Gesicht und den Koffer. Was trägt er im Koffer? Werkzeug? Säge, Hammer und Meißel? Vielleicht auch einen Bohrer? Wozu braucht er einen Bohrer? Schädel anbohren? Bier trinkt man so. Wenn sie leer sind, werden sie bemalt. Wird er mein Gesicht bemalen? Welche Farben? Mit Wasser- oder Ölfarbe? Und wozu? Kinder spielen zu Ostern mit leeren Eierschalen. Seine mit Schädeln.

Als dann, sagte er unverbindlich und drückte die Zigarette aus. Er rieb sie aus, es kratzt gegen das Aluminium. Als dann, wie wär's?

Ich weiß nicht, sagte ich. Kann mich nicht entschließen. Versteht der Mensch keinen Spott?

Sie sind vielleicht etwas weich, sagte er. Entschließen Sie sich jetzt, in einer halben Stunde schlafen Sie sowieso, dann mach ich, was ich will.

Ich schlaf heut nacht nicht, sagte ich. Sie haben mich gewarnt.

Warnen hilft Ihnen nichts, sagte er. Zwischen drei und vier hat jeder einen Scheintod. Sie sind ein gebildeter Mensch, das müßten Sie wissen.

Wissen schon, aber ich kann mich beherrschen.

Zwischen drei und vier, sagte der Mensch, und er rieb sich den Schnurrbart, der ihm noch wachsen sollte, sind wir alle im Plastiksackerl, da hört man nichts und sieht man nichts. Da stirbt jeder. Sterben ist eine Erholung, nach vier wacht man wieder auf, und dann geht's weiter. Sonst täten es die Leut' nicht so lang aushalten.

Ich glaub Ihnen kein Wort, Sie können mich nicht zersägen.

So wie Sie sind, kann ich Sie nicht fressen, sagte er. Sägen muß sein. Erst die Haxen, dann die Arme, dann den Kopf. Alles schön der Reihe nach.

Was machen Sie mit den Augen?

Die lutsch ich ab.

Kann man Ohrwatschel verdauen oder sind Knochen drin?

Knochen nicht, aber sie sind zäh. Ich freß eh nicht alles, glauben Sie, ich bin eine Sau?

Ein Seehund, hab ich mir gedacht.

Schon eher. Er gab es also zu. Ein Seehund, ich habe es gewußt. Er ist ein Seehund. Wieso spricht er deutsch? Seehunde sprechen dänisch, und man versteht sie nicht.

Wieso sprechen Sie nicht dänisch?

Ich bin ein gebürtiger St. Pöltner, sagte er. Man hat bei uns nicht dänisch gesprochen. Ausreden, natürlich gebraucht er Ausreden. Vielleicht ist er ein St. Pöltner, in der Gegend soll es solche Menschen geben.

Und Sie leben in Frankreich?

Das könnte Ihnen doch wurscht sein, sagte er. In einer halben Stunde sind Sie weg. Wissen nützt, wenn man eine Zukunft hat, in Ihrer Lage ...

Natürlich ist er wahnsinnig, aber was kann man machen. Das Kupee hat er zugesperrt (wo nimmt der Mensch die Schlüssel her?), Paris wird nie kommen. Er hat sich das richtige Wetter ausgesucht. Man sieht nichts, und es regnet, natürlich kann er mich umbringen. Wer eine Angst hat, muß reden können. Beschreiben Sie mir das noch einmal, bitte. Bitte wird seiner Eitelkeit schmeicheln. Mörder sind krank, kranke Leute sind eitel. Das Bitte zieht.

Also, erst kommt der Holzhammer, sagte er, es war genau wie in der Schule ... Blöden Schülern muß man alles zweimal erklären, Blödheit ist auch eine Angst, Lehrer geben Ohrfeigen oder Ziffern.

Dann, nach dem Holzhammer, kommt das Rasiermesser, das Blut muß raus, wenigstens das meiste, man verschmiert sich ohnehin den Mund bei der Leber; na, und dann kommt eben die Säge.

Nehmen Sie das Bein beim Oberschenkel oder beim Knie ab?

Meistens Oberschenkel, manchmal Knie. Wenn ich Zeit hab' beim Knie.

Und die Arme?

Die Arme nie beim Ellbogen, immer bei der Achsel.

Warum?

Vielleicht eine Gewonheit, fragen Sie mich nicht. Der Unterarm hat wenig Fleisch, bei Ihnen überhaupt, und trotzdem, wenn er dran hängt, sieht es nach was aus. Wie essen Sie die Haxn von Backhendln?

Der Mensch hatte recht.

Ein Menschenfresser kennt sich aus, wie man Menschen ißt.

Gebrauchen Sie Gewürze?

Nur Salz. Menschenfleisch ist süß, das wissen Sie auch. Wer hat schon süßes Fleisch gern.

Er öffnete den Koffer. Nein, schrie ich, ich schlaf noch nicht.

Haben S' keine Angst, Sie Haserl, ich wollte Ihnen nur zeigen, daß ich keinen Witz gemacht habe. Er suchte zwischen den Werkzeugen herum. Der Koffer hatte wirklich nur fünf Werkzeuge, sie lagen aber lose herum. Der Koffer war klein, wie ihn Ärzte haben, bei denen liegen die Instrumente aber angeschnallt, gegen den mit Samt ausstaffierten Deckel. Hier lagen sie herum. Hammer, Säge, Bohrer, Meißel und Zange. Einfache Tischlerwerkzeuge. Ein Lappen war auch dabei. Im Lappen eingerollt war das Salzfaß. Einfaches Salzfaß aus Glas, wie man es in billigen Restaurants auf den Tischen findet. Das hat er irgendwo gestohlen, sagte ich mir. Er ist ein Dieb.

Er hielt mir das Salzfaß vor die Nase. Es war Salz drin. Er schüttete mir Salz auf die Hand. Kosten Sie, sagte er, prima Tafelsalz. Er sah den Ärger in meinem Gesicht, ich war sprachlos. Er lachte. Die kleinen Zähne widerten mich an.

Ja, sagte er und lachte wieder, ich wette, Sie sind lieber lebendig gesalzen als tot gefressen.

Er schloß den Koffer und zündete sich eine andere Zigarette an. Es war halb vier. Der Zug fuhr nicht, er flog, und trotzdem wird es kein Paris am Ende geben. Kein Irdisches und kein Himmlisches. Ich war in der Falle. Das Sterben kommt jedem. Ist die Art wirklich wo wichtig? Man kann überfahren werden, man kann zufällig erschossen werden, man kriegt einen Herzschlag, wenn man alt genug wird, oder stirbt an Lungenkrebs, was heutzutag häufig ist. Irgendwie geht der Mensch drauf. Warum nicht gefressen werden von einem Wahnsinnigen im Schnellzug Nizza – Paris?

Alles ist Eitelkeit, natürlich nur Eitelkeit. Sterben muß man, nur will man nicht. Leben muß man nicht, will man aber. Nur das Notwendige ist wichtig. Die großen Fische fressen die kleinen, die Lerche frißt den Wurm und singt trotzdem so schön, Katzen fressen Mäuse, und keiner hat je eine Katz dafür erschlagen – alles frißt alles, damit es am Leben bleibt, Menschen fressen Menschen, was ist daran unnatürlich? Ist Schweine- und Kälberfressen natürlicher? Tut es mehr weh, wenn man sagen kann »es tut weh?« Tiere weinen nicht, Menschen weinen, wenn ihnen ein Verwandter stirbt, aber beim eigenen Tod, was läßt sich da weinen? Hat man sich so gern? Dann ist es Eitelkeit. Beim eigenen Tod zerbricht einem nicht das Herz. So ist das nun einmal.

Mir wurde wohl und warm zumute. Hier ist ein Wahnsinniger, er will mich auffressen. Aber wenigstens will er was. Was will ich schon. Niemanden aufzufressen, ist das vielleicht so ehrenhaft? Was bleibt noch übrig, wenn man nicht das will, was man bestimmt tun sollte?

Wenn man das Ekelhafte nicht tut, was geschieht mit dem Ekel? Der bleibt einem im Halse stecken. Dem Mann aus St. Pölten bleibt nichts im Halse stecken. Der schluckt.

Eine Stimme sagte ganz leise, und sie klang fast zärtlich: Na, sehen Sie, Sie werden schon schläfrig, das kommt vom Nachdenken. Was erwartet Sie schon in Paris? Paris ist auch nur eine Stadt. Wen brauchen Sie schon, und wer braucht Sie? Sie fahren nach Paris. Na und? – Vom Geschlechtsverkehr und vom Trinken wird man auch nicht glücklicher. Und von der Arbeit schon gar nicht. Vom Geld haben Sie nichts. Vom Leben haben Sie einen Dreck. Schlafen Sie ruhig ein. Aufwachen werden Sie nicht, das versprech ich Ihnen.

Aber ich will gar nicht sterben, flüsterte ich. Noch nicht. Ich möcht' in Paris ... spazierengehen.

In Paris spazierengehen? Große Sache. Sie werden nur müd' davon. Gibt eh' genug Spaziergänger, die sich die Geschäfte anschauen. Die Restaurants sind überfüllt. Die Bordelle auch. In Paris sind Sie überflüssig. Tun Sie mir einen Gefallen, schlafen Sie ein. Die Nacht dauert nicht ewig, und dann muß ich alles so schnell herunterschlucken, daß mir der Bauch von Ihnen weh tun wird.

Auffressen muß ich Sie. Erstens habe ich Hunger, und zweitens gefallen Sie mir. Ich hab' Ihnen gleich am Anfang gesagt, Sie gefallen mir, und Sie haben geglaubt, der Mensch ist ein Warmer. Aber jetzt wissen Sie's. Ich bin ein einfacher Menschenfresser. Es ist kein Beruf, sondern ein Bedürfnis. Mensch, verstehen Sie doch: Sie haben jetzt einen Zweck. Ihr Leben hat einen Zweck, erst durch mich hat es einen Zweck. Sie glauben, es war ein Zufall, daß Sie zu mir ins Kupee gekommen sind? Es gibt keine Zufälle. Glauben Sie das nicht. Ich habe Sie beobachtet, wie Sie in Nizza den ganzen Bahnsteig entlanggingen. Dann haben Sie sich zu mir ins Abteil gesetzt, ausgerechnet zu mir. Weil ich so schön bin? Keine Spur. Ist ein Seehund schön. Sie haben sich zu mir gesetzt, weil Sie gewußt haben, daß hier was los sein wird.

Ganz leise öffnete er den kleinen Koffer. Er nahm den Holzhammer heraus und schloß das Köfferchen. Den Holzhammer hielt er in der Hand.

Na, wird's? sagte er.

Gleich, sagte ich, gleich. Und auf einmal stand ich auf. Nur Gott weiß wie, aber ich stand auf den Beinen und streckte die Hand aus. Der kleine Draht riß, die Plombe fiel, der Zug fauchte und kreischte. Man hörte Schreie von nebenan. Dann hielt er. Der St. Pöltener ließ den Holzhammer eiligst im Koffer verschwinden, nahm seinen Mantel, und war im Nu bei der Tür. Er schloß die Tür auf und blickte sich um: Sie tun mir leid, sagte er. Dieser Unsinn wird Sie zehntausend Francs Strafe kosten, Sie Trottel, in Paris müssen Sie jetzt spazierengehen.

Leute drängten sich in das Kupee, ein Schaffner und ein Polizist tauchten auf. Zwei Soldaten und eine schwangere Frau drohten mir mit der Faust.

Der Seehund von St. Pölten stand bereits draußen, gleich unter meinem Fenster. Er rief etwas. Ich öffnete das Fenster: Sie haben sich aber blamiert, schrie er, auf Ihr ganzes Leben. Und so was möchte leben. Er spuckte aus, zuckte die Achsel, und mit dem kleinen Koffer in der Rechten stieg er die Böschung vorsichtig herunter und verschwand im Dunkeln. Wie ein Landarzt, der zu einer Entbindung eilt.

Sebastiano Vassalli
Von Sciara nach Palermo, 1. Februar 1893

Ein kurzer Pfiff, ein Ruck, ein langes knirschendes Geräusch unter den Füßen der Reisenden, und der Eilzug nach Palermo setzte sich wieder in Bewegung, knarrend und quietschend in sämtlichen Verbindungsteilen zwischen seinen klapprigen Waggons, während von der Lokomotive her das Keuchen des im Kessel gefangenen Dampfes drang und das Stampfen der Kolben immer rascher und hektischer wurde, je mehr der Zug an Fahrt gewann.

Der Commendatore Emanuele Notarbartolo setzte sich, und nachdem er eine der Armstützen hochgeklappt hatte, streckte er sich, so gut es ging, auf der roten Plüschbank des Erste-Klasse-Abteils aus, dessen einziger Passagier er war. Er fühlte sich müde, aber zufrieden. Auch in diesem Jahr – dachte er – hatte er es geschafft, sich (wie es ihm von seinem Vater, Gott hab ihn selig, immer eingeschärft worden war) persönlich um die Frühjahrsarbeiten auf den Familiengütern zu kümmern: Er hatte das Schneiden der Obstbäume und Reben und den jungen Wein kontrolliert, hatte sich davon überzeugt, daß Quantität und Qualität des Saatgutes dem dafür ausgegebenen Kaufpreis entsprachen, hatte die Fässer ausbessern lassen, hatte ein kleines Guthaben aus einem Pachtrückstand kassiert ... Mit einem Blick nach oben vergewisserte er sich, daß die doppelläufige Flinte, aus der er – wie er es immer machte, wenn er in den Zug stieg – vorsichtshalber die Patronen herausgenommen hatte, so im Gepäcknetz verstaut war, daß sie nicht herunterfallen konnte. Er schaute hinaus, um zu sehen, wo er war: Aber die Scheibe des Zugfensters, vom Regen schräg gestreift und fast undurchsichtig, ließ ihn nur schattenhafte Umrisse von Feigenkakteen, Steinmäuerchen und Pfahlrohrfeldern wahrnehmen, die dem Reisenden entgegensprangen und sogleich wieder im späten

Licht eines grauen, regnerischen Tages verschwanden, der sich bereits anschickte, seinen Platz der Nacht zu überlassen. Notarbartolo zog die silberne Uhr aus der Westentasche. Es war zwanzig Minuten nach fünf, und der Commendatore machte eine ärgerliche Bewegung; er schüttelte den Kopf und dachte an seine Frau und seine Tochter, die wahrscheinlich gerade jetzt das Haus verließen, um ihn am Bahnhof abzuholen, wo er, wenn alles gutging, mit einer halben Stunde Verspätung eintreffen würde ... »Daß man auch nicht ein einziges Mal pünktlich ankommt!« brummte er. »Verdammte Eisenbahn!«

Er lehnte sich wieder in den roten Plüsch seines Sitzes zurück und überließ im Halbdunkel des Abteils Beine und Arme, ja sogar den Kopf den rüttelnden Bewegungen des Zuges. Sein Blick richtete sich jetzt auf die kleinen dichten Regentropfen an der Fensterscheibe und die Olivenhaine und Zitruspflanzungen des Torto-Tals dahinter, aber seine Gedanken weilten woanders: in Palermo, in den Büros des Hauptsitzes eben jener Bank von Sizilien, deren Generaldirektor er, Emanuele Notarbartolo, dreizehn Jahre lang gewesen war und die er 1890 auf Veranlassung des damaligen Ministerpräsidenten Francesco Crispi und dessen sizilianischer Freunde hatte verlassen müssen ... Eine Bande von Verbrechern! Ein Verein von Dieben, großen und kleinen, die sich nach seinem Weggang sofort darauf gestürzt hatten, mit den Geldern der Bank an der Börse zu spekulieren, mit Wechseln, ausgestellt auf Verstorbene, große Summen zu kassieren und auf jede überhaupt erdenkliche Weise Geld zu scheffeln, ohne sich auch nur die Mühe zu machen, die Fehlbeträge mit irgendeinem Trick in der Buchhaltung zu vertuschen. Dieses Räubern – dachte der Commendatore – währte nun schon über zwei Jahre; doch seit in Rom die Regierung gewechselt hatte, fingen in ganz Italien und selbst in Palermo die anständigen Menschen an zu hoffen, sie könnten auf die Posten zurückkehren, von denen man sie vertrieben hatte, und endlich wieder Ordnung in der öffentlichen Verwaltung schaffen. Der neue Ministerpräsident, Marchese di Rudiní, hatte ihm,

Notarbartolo, bestellen lassen, daß man auf ihn zähle, um das Diebesgesindel aus der Bank von Sizilien zu verjagen; und ihm wiederum, der sich nichts Besseres wünschen konnte, war es gelungen, einen davon auf frischer Tat zu ertappen und bei der zuständigen Stelle anzuzeigen. Das war vor zwei Monaten gewesen, Ende November: Ein Abgeordneter, zugleich Mitglied des Vorstandes der Bank, der Onorevole Raffaele Palizzolo, hatte nach einer Börsenspekulation mit dem Geld der Sparer den Fehler begangen, den Gewinn auf seinen eigenen Namen gutschreiben zu lassen, anstatt sich eines Strohmanns oder einer Aktiengesellschaft zu bedienen; und die Zahlungsanweisung lag nun in Rom, auf dem Schreibtisch des Ministers ...

Der Waggon rumpelte über die Weichen. Bei der Einfahrt in den Bahnhof Cerda hörte man das Quietschen der Bremsklötze, die sich um die Räder preßten; die Häuser jenseits der Straße tauchten auf und die vom Regen glänzenden Bahnsteige mit den schemenhaften Gestalten der Reisenden, die, unter Regenschirmen oder die Kapuzen ihrer *scappulari* übergezogen, auf den Zug warteten. Schließlich kam der Zug in einer schneeweißen Dampfwolke zum Stehen, und der Commendatore Notarbartolo, dessen Blick immer noch zum Fenster gerichtet war, hatte Gelegenheit, Zeuge einer kleinen Episode zu werden, die ihn überraschte und die seine Neugier weckte: Ein großer Mann mit Bart und Brille näherte sich, die Hand bereits ausgestreckt, um die Tür zu dem Abteil zu öffnen, in dem er saß. Und bestimmt wäre er auch eingestiegen, wenn ihm der Schaffner, der auf dem Bahnsteig stand, nicht durch ein Zeichen bedeutet hätte, das Nebenabteil zu nehmen; es fielen auch ein paar Worte, die Notarbartolo aber wegen des Lärms, den die Lokomotive machte, nicht verstehen konnte. So unbedeutend der Vorfall auch war, er irritierte ihn. Seit wann – fragte sich der Commendatore – stand es denn im Ermessen eines Eisenbahnschaffners, den Fahrgästen vorzuschreiben, welches Abteil sie wählen sollten? Wer sein Billett bezahlt hat, muß das Recht haben, sich hinzusetzen, wo es ihm beliebt! Doch der Zug fuhr mit dem üblichen

Krach von zugeschlagenen Wagentüren und übermäßig strapaziertem altem Eisen wieder an, und auch der Commendatore Notarbartolo schüttelte sein Problem mit einem Schulterzucken ab und murmelte: »Um so besser! Auf diese Weise bleibt mir die Unannehmlichkeit erspart, mich mit einem Unbekannten unterhalten zu müssen!« Immerhin nahm er sich vor, den Schaffner, wenn er käme, um die Fahrkarte zu lochen, nach diesem Mann mit der Brille zu fragen – nur so aus Neugier! –, wer er sei und warum man ihn in ein anderes Abteil verfrachtet habe, wo er doch bereits mit einem Fuß auf dem Trittbrett zu dem seinen gestanden hatte …

Der Zug fuhr jetzt am Meer entlang, und es an diesem Winterabend gegenwärtig zu wissen, beschwichtigte die Gedanken unseres Reisenden Erster Klasse, brachte sie wieder in Einklang mit dem Keuchen der Lokomotive und mit dem blau abgetönten Licht im Innern des Abteils, das er selbst eingeschaltet hatte. Er drückte die Stirn ans Wagenfenster. Dort unten lag das Meer, grau wie Blei und von Segeln verlassen, aber Notarbartolo sah es einen Augenblick lang wieder so, wie es in der schönen Jahreszeit war, mit der Sonne, die den Sand golden funkeln ließ, und dem Wasser zwischen den Klippen, das von Leben wimmelte wie am fünften Tag der Schöpfung … Hierher, an die Orte seiner Kindheit, wollte er sich in ein paar Jahren zurückziehen: wenn auch die jüngere Tochter verheiratet wäre und sich Palermo und die Bank von Sizilien in Händen einer ehrlichen und fähigen Verwaltung befänden. Das mochte freilich noch dauern, und die Gedanken des Commendatore wanderten erneut zur Bank, wo haarsträubende Dinge vor sich gingen, neben denen die Börsenspekulationen und die Darlehen an Verstorbene wie ein Kinderspiel erschienen. Seit einem Monat, vielleicht sogar schon seit zweien, wurden in der Münze der Bank von Sizilien in aller Heimlichkeit Geldscheine mit Seriennummern gedruckt, die bereits in Umlauf waren: Falschgeld! Und dieses Geld, das es eigentlich gar nicht geben dürfte, dieses verfluchte Geld, das Hunger, Elend und Auswanderung nach sich zog, diente den Herrn Politikern da oben in Rom dazu, die Wechsel über Hunderttausende von Lire für ihre Wahlkampagnen und die ihrer Freunde zu bezahlen: die Schand- und Skandalwechsel der Banca Romana, von denen alle Zeitungen auf der ersten Seite berichteten und derentwegen es bereits Verhaftungen und Selbstmorde gegeben hatte ... Jetzt, wo der Skandal endlich publik geworden war, zeigte sich jemand in Palermo eifrig darum bemüht, alles zu vertuschen und alle mit dem Falschgeld der Bank von Sizilien zu befriedigen: Aber er, Notarbartolo, würde das nicht zulassen!

Er richtete sich auf und schaute hinaus in die Dunkelheit; in der Scheibe gespiegelt sah er das Abbild eines Mannes, den zu erkennen er im Moment Mühe hatte: ein finsterer Mann, mit Augen, die jedem, der ihn anblickte, zu drohen schienen, und mit einer tiefen Falte auf der Stirn. Bin ich wirklich so häßlich, wenn ich wütend werde? fragte er sich. Und sogleich glättete sich die Miene des Mannes, sein Spiegelbild geriet in Bewegung, entspannte sich bis zur Andeutung eines Lächelns. Der Commendatore Notarbartolo erinnerte sich daran, wie sein Sohn Leopoldo, als er ihn einmal ausschimpfte, als Kind zu ihm gesagt hatte: »Papa, nicht wütend werden, das macht dich so häßlich!« Er fuhr sich mit der Hand über die unrasierte Wange. Als guter Sizilianer dachte er, daß das im Grunde die einzigen Dinge seien, die im Leben zählten: die Familie, die Kinder ...

Nach und nach, und ohne daß er es richtig bemerkt hätte, hatte sich das Dunkel vor den Fenstern wieder mit Lichtern erhellt, und im Zug war aufs neue der Lärm erwacht. Eine Stimme rief von Waggon zu Waggon: »Termini Imerese! Termini Imerese!«, und dann sah man die Lampen des Bahnhofs und das eiserne Bahnsteigdach und die Reklamen für die Zahnpasta *Kalodont* (»Weltmarke«) und für die Bertelli-Lakritzen, die mit dem Adler, der die Schachtel mit den Pastillen in seinen Fängen hält. Im Bahnhof von Termini dauerte der Aufenthalt für gewöhnlich mindestens zwanzig Minuten, weil die Eisenbahner hier die beiden Züge nach Palermo, den aus Catania und den aus Messina, aneinanderkuppeln mußten; auf den Bahnsteigen standen die Verkäufer und priesen ihre Waren in einem an Klagetöne erinnernden Singsang an: *acqua e limone* (Zitronenwasser), *lupini* (Lupinenkerne), *frittelle calde di farina di ceci* (heiße Erbsmehlfladen) ... Der Commendatore Notarbartolo stand auf und machte ein paar Schritte im Abteil, um sich die Beine zu vertreten. Er schaute aus dem Fenster, und zu seiner Überraschung sah er ebenjenen Schaffner, der in Cerda den Mann mit der Brille in ein anderes Coupé dirigiert hatte, vor sich auf dem Bahnsteig: Unbeweglich stand er mit der Signallaterne in der Hand da, und es sah aus, als stünde er Wache vor dem Wagen erster Klasse. Notarbartolo kurbelte das Fenster herunter und rief: »He, Sie!«

Der Schaffner wandte sich um. Es war ein Mann um die fünfunddreißig, mager und von kleiner Statur, mit einem dünnen Schnurrbärtchen und einem Gesichtsausdruck zwischen verschlagen und verblüfft: wie jemand, der bei etwas ertappt wird, das er eigentlich nicht tun dürfte. Er sah zu dem Reisenden hin, der ihn gerufen hatte, und dann schaute er hinter sich, zum Bahnhofsgebäude, um sicher zu sein, daß nicht eine andere Person gemeint sei. »Mit wieviel Verspätung werden wir in Palermo ankommen?« fragte Notarbartolo.

Der Mann in Uniform schien zusammenzuschrecken. Er kramte in seiner Tasche nach der Uhr und starrte lange darauf, als ob er Schwierigkeiten hätte, die Zeit abzulesen. »Wir fahren in zehn Minuten ab«, sagte er endlich, ohne dem Adressaten der Information ins Gesicht zu sehen. »Wir werden gegen sieben in Palermo sein.« Der Commendatore hätte ihn gern noch wegen des Herrn gefragt, der in Cerda zugestiegen war; aber man hörte den Pfiff der Lokomotive, die die Wagen aus Messina heranschob, und der ganze Zug machte einen Satz und bewegte sich ein paar Meter nach vorn. Eine Stimme unter dem Bahnhofsvordach, vielleicht die eines Gepäckträgers, fing ein *stornello* zu singen an, das sich mit seiner Melodie gegen das Schnauben der Lokomotive und die anderen Geräusche des Bahnhofs durchsetzte. Die Worte lauteten:

Amuri, amuri, amuri, amuri amaru!
l'amuri, s'assumigghia a lu citrolu:
na punta è duci e l'autra punta è amara!

Von der anderen Bahnhofsseite, von einem Gleis, auf dem ein Güterzug im Dunkeln stand, erwiderte eine nicht minder melodiöse Stimme der ersten:

Amuri, amuri, amuri, amuri è focu!
Amuri è dinta e nun vi n'addunati:
lu vuliti cacciari e nun putiti!

Notarbartolo schloß das Fenster wieder und setzte sich auf seinen Platz. Wer weiß – kam es ihm in den Sinn –, ob es andere Länder auf der Welt gibt, in denen die Menschen so singen, ohne ersichtlichen Grund, auf die gleiche Weise wie die Vögel: einfach um dem, was in ihnen ist, Ausdruck und Stimme zu verleihen! Und er dachte, daß »sein« Sizilien eigentlich ein Paradies sei, in dem die Menschen glücklich leben könnten, wenn nicht irgendwo, zwischen Minze und Salbei, eine giftige Schlange lauerte: vielleicht dieselbe, von der in der Genesis die Rede ist, jene, die unsere Stammeltern in Versuchung führte ... Er schaute wieder auf die Uhr. Die Reise fing an, ihn nervös zu machen, und er fragte sich, worauf der Bahnhofsvorstand eigentlich noch warte, um zur Abfahrt zu pfeifen, jetzt, wo die Wagen aus Messina angehängt waren: Warum versuchte man nicht, wenigstens ein bißchen von der entstandenen Verspätung einzuholen?

Durch das Fenster sah er, daß der Schaffner immer noch auf dem Bahnsteig stand und jetzt mit einem anderen Mann redete: einem Bremser mit der blauen Mütze der Bahnarbeiter und einem großen gezwirbelten Schnauzbart. Der Arbeiter deutete in Richtung Wartesaal, und der Schaffner schien ihn, den Gesten nach zu urteilen, zur Geduld aufzufordern: Man müsse warten ... Dann wandten sich die beiden zum Waggon der ersten Klasse, und erst als sie merkten, daß sie ihrerseits beobachtet wurden, taten sie so, als gelte ihre Aufmerksamkeit den Männern vom Postdienst, die gerade vorbeikamen. Was ging hier vor? Ein plötzliches und akutes Gefühl von Gefahr durchzuckte wie ein Blitz den Kopf des Commandatore Notarbartolo: Aber es gab keinerlei Anzeichen von Gefahr hier herum, nur die gleichmäßigen Rufe der Verkäufer von Lupinenkernen und Fladen, die Eintönigkeit des Regens, die Reklamen, die Gaslaternen ... Als die Glocke, die die Abfahrt der Züge ankündigte, zu läuten begann, trat der Bahnhofsvorstand aus seinem Büro unter dem Bahnhofsdach und ging zur Lokomotive. Schnaubend wie immer setzte sich der Zug in Bewegung. Genau in diesem Augenblick kamen aus dem Wartesaal erster Klasse zwei dunkel gekleidete Männer, die steifen Hüte bis zu den Ohren heruntergezogen, und Notarbartolo begriff, daß das seine Mörder waren. Mit vor Schreck aufgerissenen Augen sah er, wie sie sich auf den Zug zubewegten, der langsam an ihnen vorbeifuhr, wie sie ihren Schritt beschleunigten, ohne dabei zu rennen; er sah den Schaffner, der auf ein Abteil wies – sein Abteil! –, und dann sah er auch die Wagentür, die sich öffnete, und die beiden Männer, die sich im Schimmer des bläulichen Lichts hereinzwängten. Einer der beiden, der dickere, mit einem pockennarbigen Gesicht, ließ sich auf die Polsterbank ihm gegenüber fallen und musterte ihn, als wolle er den Widerstand abschätzen, den das Opfer beim Abgeschlachtetwerden leisten würde. Der andere Mann dagegen, der mit dem breiten Gesicht und den tiefliegenden Augen, blieb, nachdem er die Coupétür geschlossen hatte, vor dem Fenster stehen und wandte Notarbartolo den Rücken zu, während der Zug über das Gewirr von Weichen und regennassen Gleisen rumpelte, die letzten Gaslaternen des Bahnhofs eine nach der anderen hinter sich ließ und ins Dunkel der Nacht und des freien Feldes eintauchte – ohne Möglichkeit einer Umkehr ...

Notarbartolo war allein und verzweifelt, so wie jeder Mensch allein und verzweifelt ist im Angesicht des Todes. Schreien hätte ihm nichts genützt; selbst wenn ihn die anderen Reisenden gehört hätten, hätten sie ihm nicht zu Hilfe kommen können: Denn der Waggon, in dem er sich befand, bestand aus drei großen Einzelabteilen, die nur von außen zugänglich waren. Wenn er das Gewehr nicht entladen hätte – dachte er –, wäre diese seine letzte Partie mit dem Schicksal nicht gar so ungleich gewesen! Aber die Flinte lag dort oben im Gepäcknetz, völlig harmlos, und es gab weder Zeit noch Möglichkeit, sie neu zu laden. Man konnte nur versuchen, sie am Lauf zu packen und als Keule zu benutzen ...

Die Lokomotive hatte mittlerweile das Tempo erhöht. Gleich nach der Brücke über den Fluß San Leonardo gibt es einen Tunnel, und der Zug nach Palermo stürzte sich hinein, rauchspeiend und heulend wie ein Dämon. Nun wandte sich der Mann, der bis zu diesem Moment vor dem Fenster gestanden hatte, um und gab dem anderen mit dem Kopf ein Zeichen, worauf dieser aus seiner Jacke ein *feddapani* zog, ein Brotmesser mit einer über zwanzig Zentimeter langen gezackten Klinge. Notarbartolo schnellte hoch, um die Flinte aus dem Gepäcknetz zu reißen, und wahrscheinlich kostete ihn schon diese Bewegung das Leben, denn der erste Messerstich traf ihn in den Unterleib, während er noch beide Arme über dem Kopf erhoben hatte; er klammerte sich an das Gepäcknetz, das zerriß, und fiel nach vorn. Mit der Kraft der Verzweiflung versuchte er, die Coupétür zu erreichen, um sie zu öffnen und sich hinauszustürzen: Aber er wurde an den Armen festgehalten und mit Gewalt wieder hochgezogen, während seine Schreie im Dröhnen des durch den Tunnel rasenden Zuges untergingen und der Mann mit dem Pockengesicht im bläulichen Licht des Abteils das Messer herauszog und von neuem zustieß. Wie im Traum sah Notarbartolo das *feddapani*, das mindestens dreimal blutig aus seinem Körper gezogen wurde: Dann schien es ihm, als ob das Wagenabteil und der Zug und die ganze Welt von einer Explosion aus Licht überschüttet würden; seine Beine gaben nach, seine Augen verdrehten sich, und er sah nichts mehr. Er lag eingeklemmt zwischen den Bänken, zuckend und mit den Fingernägeln über den Samt der Polster fahrend, in einem verzweifelten letzten Versuch, sich an das Leben zu klammern. Da zog der zweite Mann, der sich bis zu diesem Moment darauf beschränkt hatte, dem Mörder die Arbeit leichter zu machen, indem er das Opfer festhielt, ein Klappmesser aus seiner Jakkentasche, ließ es aufschnappen und stieß es dem Sterbenden dreimal in den Rücken, in Höhe des Herzens; dann packte er ihn, und mit einem letzten Stich – bei dem viel Blut spritzte – schnitt er ihm die Kehle durch. Erst als er absolut sicher war, daß sich in dem Körper, den er da vor sich hatte, auch nicht mehr ein Hauch von Leben befand, entschloß sich Don Piddu *facci di lignu* (Holzgesicht) – so Name und Spitzname des Grausamen –, seine blutverschmierte Hand an der Jacke des Opfers abzuwischen und das Messer, nachdem er es wieder zugeklappt hatte, in die Tasche zu stecken.

Bei der Ausfahrt aus dem Tunnel drosselte der Zug das Tempo, um auf die Gleise zu wechseln, die in den Bahnhof von Trabia führten. Don Piddu bedeutete dem Pockennarbigen, die Leiche des Commendatore Notarbartolo aufzuheben und in eine Ecke der Bank zu setzen, wo er sie mit dessen eigenem Mantel zudeckte, so daß es aussah, als ob der Tote schliefe. Dann stellte er sich an die Wagentür, für den Fall, daß es irgendeinem unbedachten Reisenden in den Sinn käme, ausgerechnet in dieses Abteil steigen zu wollen; aber als der Zug hielt, sah man auf dem verlassenen und regenglänzenden Bahnsteig nur den Bahnhofsvorstand und den Schaffner, der, nachdem er zweimal »Trabia! Trabia!« ausgerufen hatte, am Wagen der ersten Klasse vorbeiging und Don Piddu auf eine bestimmte Art ansah, die besagen sollte: Hat alles geklappt? Habt ihr ihn erledigt? Don Piddu nickte unmerklich mit dem Kopf und schloß die Augenlider, und der Schaffner zeigte ihm daraufhin die zur Faust geschlossene Linke mit dem nach oben gestreckten Daumen: Wir haben's geschafft!

Aufs neue pfiff die Lokomotive, der Zug fuhr wieder an. *Facci di lignu* trat vom Fenster zurück, während sein Helfer hinter ihm fragte: »Und was machen wir jetzt, Don Piddu?« Ohne einen einzigen Muskel seines Gesichts zu bewegen, beugte sich der Angesprochene über den Toten: Er nahm ihm ein goldenes Kreuzchen ab, das er um den Hals trug, zog ihm die Brieftasche aus der Jacke und nahm auch die Uhr, wobei er das silberne Kettchen zerriß, um die Vermutung eines Raubüberfalls plausibler zu machen. Dann betrachtete er geringschätzig den Mann, der gerade geredet hatte: ein gewisser Peppi Lauriano, ein *malacarne*, ein abstoßender Kerl, der mit diesem Mord an einer hochgestellten Persönlichkeit sein eigenes Todesurteil unterschrieben hatte und so blöd war, es nicht einmal zu merken! Er antwortete ihm mit einem Satz im Dialekt, mit dem man früher einen beschied, der dumme Fragen stellte, und der auch heute noch in Gebrauch ist: »*Fecemu iddu chi ficiru l'antichi, ca si livaru li panzi e si misiru li viddichi*« (»Wir machen es wie die Alten, die sich ein Loch in den Bauch geschnitten und dafür den Nabel eingesetzt haben«). Er ging wieder zur Tür, öffnete sie mit einiger Vorsicht, da der Zug zwischen zwei Stationen seine Höchstgeschwindigkeit erreichte und die Gefahr bestand, hinausgeschleudert zu werden. Ein Schwall von Rauch, gemischt mit Regen, drang ins Abteil, aber *Facci di lignu* verzog keine Miene: Mit einer Geste forderte er den anderen auf, ihm zur Hand zu gehen und genau das zu tun, was auch er tue. Nun packten die beiden dunkel gekleideten Männer die Leiche an den Armen: Sie hoben sie hoch und zerrten sie aufrecht an die Tür, als der Zug auf seiner Fahrt durch die Nacht gerade ein beleuchtetes Bahnwärterhaus passierte, vor dem eine Frau mit Eisenbahnermütze auf dem Kopf beide Hände zum Gesicht hob, den Mund zu einem Schrei geöffnet. Die beiden versetzten dem Ermordeten von hinten einen Stoß – genauer gesagt war es nur Don Piddu –, so daß er hinausflog und einen kleinen Abhang hinunterkollerte, während man in der Ferne bereits die Lichter des Bahnhofs von Altavilla sah.

Nachdem es ihm endlich gelungen war, die Abteiltür wieder zu schließen, fuhr Don Piddu Peppi Lauriano an: »Zum Teufel mit dir! Darf man wissen, was in dich gefahren ist? Du hast mich alles allein machen lassen, und dabei sind wir fast schon im Bahnhof!« Aber Lauriano war zu Tode erschrokken. »Die Frau ...«, stammelte er, »die Frau vor dem Bahnwärterhäuschen … die hat den Toten gesehen … und die hat uns gesehen, wie wir ihn aus dem Zug gestoßen haben! Wir müssen zurück und sie aus dem Weg räumen!«

Facci di lignu bückte sich, um die Flinte des Toten aufzuheben, die in dem Durcheinander unter einer der Bänke gelandet war. Er setzte seinen Hut wieder richtig auf und machte sich zum Aussteigen bereit, wobei er sich in demselben Fenster ansah, in dem sich eine Stunde vorher auch sein Opfer betrachtet hatte. »Diese Frau«, erwiderte er gelassen, »hat gar nichts gesehen.«

Michail Kusmin
Der unverhoffte Proviant

In jenem Winter verbrachte ich die Tage und Abende vor dem Fest auf eine für mich ziemlich ungewöhnliche Weise: In den fernen Norden verschlagen, eilte ich, bald von kleinen verzottelten Pferden geschleppt, wobei ich von drei Pelzen zugedeckt lag, bald schließlich im holpernden Waggon der Archangelskschen Eisenbahn, heim, um die Geburt Christi, seinen Stern, die Magier und die Weihnachtskrippe nicht unterwegs feiern zu müssen, sondern an einem festen und behausten Ort, im Kreise von Freunden und Verwandten. Ganz besonders war mein Reisegefährte darauf aus, ein Petersburger Kaufmann, der mit altertümlichen Ikonen, Büchern und allem möglichen uralten Kram handelte; und so fuhren wir sowohl tags als auch nachts über zugefrorene Seen und Sümpfe, über wilde Waldhügel, bei steilen Abhängen aus dem Schlaf fahrend, so daß wir uns im Eisenbahnwagen mit seinem brennenden Ofen, wo wir uns unserer Pelze entledigen konnten, schon fast wie zu Hause fühlten und von den grimmigen Frösten wie von einer vergangenen Zeit sprechen konnten, die so stark gewesen waren, daß sie in den Ecken der Holzhäuser ein Krachen hervorgerufen hatten, das fast Kanonendonner glich. In der Vorausahnung des Petersburger Tauwetters äußerte mein Reisegefährte: »Ja, man kann wohl sagen, der Winter in Petersburg ist ein Waisenwinter, geradezu für Bettler bestimmt.«

»Man weiß nicht einmal, was schlimmer ist, frieren oder hungrig sein.«

»Es steht geschrieben, den Hungernden wird Gott speisen«, sagte der Kaufmann und bekreuzigte sich sogar.

An dieser Stelle mischte sich ein Unbekannter, außer uns der einzige im Eisenbahnwagen, der bislang geschwiegen hatte, in unser Gespräch. Als wir ihn jetzt betrachteten, gewahrten wir einen bartlosen Mann mit spitzer Nase und unruhigen Augen; er war bürgerlich gekleidet. Erstaunlich waren an ihm nur seine Augen, die, wenn sie nicht mehr unruhig hin und her liefen, von besonderer Größe und Durchsichtigkeit waren, mit einem solchen Ausdruck von Reinheit und erstaunter Naivität, daß es sogar sonderbar anmutete, warum sie eben noch nach allen Seiten gelaufen waren und warum er nicht den Menschen, mit dem er gerade sprach, die ganze Zeit über licht- und regungslos anblickte. Der Besitzer dieser Augen mischte sich jetzt in unser Gespräch mit hoher, ein wenig heiserer Stimme. Anfangs hatte er meinem Nachbarn, als dieser sich bekreuzigte, nur stumm zugelächelt, dann aber äußerte er verlegen: »Wissen Sie, es gibt manchmal die sonderbarsten Geschichten mit der Ernährung.« Da wir nicht darauf gefaßt gewesen waren, daß jemand sich an unserem Gespräch beteiligen würde, schwiegen wir nur, jener jedoch fuhr mit noch größerer Verlegenheit fort:

»Verzeihen Sie, meine guten Herren, daß ich mich Ihnen so aufdränge; ich habe das lediglich mit dem Hinblick gesagt, daß es manchmal bei solch unverhoffter Ernährung, wie Seine Würden soeben äußerten, zu großen Unregelmäßigkeiten führen kann. Einen solchen Fall haben wir in unserem Kloster gehabt.«

»Sind Sie denn aus einem Kloster?«

»Es ist drei Jahre her, daß ich von dort fortging, fünfzehn Jahre lang habe ich nämlich ausganglos im Kloster zugebracht.«

»Ja wie alt sind Sie denn?«

»Dreiunddreißig Jahre«, lautete die Antwort und dieser folgte der gleiche erstaunte hastende Blick.

Ich war überrascht; mein Reisegefährte aber stieß mich mit dem Ellenbogen leicht an und flüsterte dabei: »Euer Wohlgeboren, geben Sie Obacht auf Ihr Köfferchen.« Als großer Freund altmodischer Begegnungen im Eisenbahnwagen und solcher »Erzählungen wie bestellt« in der Art von Lesskow setzte ich mich bequemer und äußerte in Erwartung des mönchischen »à propos«: »Was war denn das für ein Vorfall in

Ihrem Kloster? Wenn es möglich ist, teilen Sie ihn uns doch mit.«

»Wenig Unterhaltsames, obwohl es andererseits ein ganz auffälliges Zusammentreffen von Umständen war. Natürlich ist es möglich, es zu erzählen.«

Nach solchen nicht eben ungewöhnlichen Vorreden übermittelte unser Reisegefährte uns folgende Erzählung, die ich meinerseits so zusammenhängend und bündig als möglich wiedergeben will, wobei ich freilich so viel es geht den Stil der Urquelle erhalten möchte. Folgendes vernahmen wir beim monotonen Gepolter des Eisenbahnwagens, wobei ich mich bequem auf meinem Wolfspelz ausstreckte, während mein Reisegefährte, der sich den Anschein gab, als schliefe er, unentwegt um die Sicherheit unseres Gepäckes besorgt war.

»Unser Kloster war vor alters sehr berühmt und reich, doch im Laufe der Jahre geriet es mehr und mehr in Verfall, einige Zeit hindurch wurde es sogar zu einem Frauenkloster umgewandelt und jetzt sind von allem früheren Reichtum und Ruhm nur noch die dauerhaften und unzerstörbaren Baulichkeiten nachgeblieben, die uralte Bücherei und altertümliche Ornate, die zur guten Hälfte bereits an Museen gegangen sind. Mönchszellen gab es in so großer Menge, daß nicht nur die Mehrzahl davon zugenagelt oder zu Abstellkammern verwandelt worden war, in denen, dies nebenbei, sogar die Ratten wenig Brauchbares fanden, sondern daß den Mönchen geradezu zwei Zellen pro Person zugeteilt wurden. Im Umkreis von fünfundzwanzig Werst lagen keine Dörfer, jene aber, die weiter als fünfundzwanzig Werst lagen, waren derart wenig ansehnlich, daß unser Kloster auch durch sie keinen Vorteil zu erzielen vermochte. Die Bauern, die reicher und gesetzter waren, waren alle altgläubig, die Rechtgläubigen aber, die keine Trunkenbolde waren, die waren derart arm, daß sie sich in Christi Namen eher selber hätten nähren müssen, geschweige denn, daß sie einem Kloster hätten Beistand leisten können. Genauso war es auch um die nächstliegende Stadt bestellt, und obwohl wir im Kloster sogar ein Gasthaus hatten, stand dieses doch fast immer entweder leer oder es wurde von Reisenden, die von weit her kamen, belegt. Einmal war freilich ein Künstler aus Petersburg im Frühling zu uns gekommen, der hatte lange bei uns gehaust und immerzu Tore und Türme abgemalt, na ja und auch die Ikonen – seriöses Publikum aber suchte uns nur wenig heim. Die Bruderschaft war nur sehr klein, die Männer waren alle von keinem großen Verstande oder, wie man so zu sagen pflegt, »überaus einfältig«. Ihre Armut war so offenkundig, daß nicht selten ernsthaft über die tägliche Verköstigung nachgedacht werden mußte. Und gerade zu jener Zeit, da sich der Vorfall zutrug, den ich Ihnen zu erzählen mich anschicke, hatte sich dieser Notstand besonders vertieft, und zwar ausgerechnet zur Weihnachtszeit. Während sich alle immer anschicken, Christi Geburt froh und reichlich zu begehen, hatten sich bei uns sogar die Ratten schon in alle Winde zerstreut. Man sagt, daß es schwer fiele, zu singen, wenn man sich satt gegessen habe, auf einen hungernden Magen aber singen müssen, das wolle Gott verhüten; Glocken, von denen sagt man zwar, daß sie sogar während der großen Fastenzeit noch Klang geben. Mir freilich, der ich zu jener Zeit noch ein junger Mensch war, man kann sagen, ein Jüngling (ich zählte damals neunzehn Jahre), machte das wenig aus, ich trug damals eine große Begeisterung für das Mönchsleben, lebte in meinen geistlichen Gesängen und ließ mir nie was anmerken.

Und gerade in dieser Zeit des Notstandes sprachen bei uns unverhofft Gäste vor: eine alte Frau und eine junge Dame, ob diese aus dem Beamtenstande war oder eine Kaufmannsfrau oder Gutsbesitzerin, wer wollte sich da auskennen? Wir alle waren ganz aus dem Häuschen: womit würden wir die teuren Gäste wohl speisen können? Jener, der dem Gasthaus vorstand, meldete ihnen sogar, so und so lägen die Dinge und sie dürften an der Ernährung keinen Anstoß nehmen, jedoch die Dame runzelte nur die Brauen und äußerte mit völliger Sorglosigkeit: »Macht nichts, Vater, wir sind nicht wählerisch, wir werden das gleiche essen wie Sie, wenn Sie uns aber nichts vorsetzen sollten, nun, dann haben wir Speise mit uns.« Auf diese Weise scherzte sie und wies mit den Händen auf zwei große Ballen. Jedoch sie bat, die Ballen auf Eis zu legen, während sie ihre Verpflegung aus einem kleinen Körbchen zu holen begann: Kaviar, Salm, Stör, je nun, was solchen Weltmenschen zur Fastenzeit ansteht. Und da beruhigten auch wir uns ein wenig und überlegten: wahrscheinlich würde sich in den Ballen allerlei eisgekühlter Proviant befinden, den die zwei Frauen gar nicht bewältigen könnten, und somit dürfte, wenn die beiden bis zum Fest bei uns bleiben würden, wohl auch auf uns etwas davon entfallen. Unser Dämchen machte immerzu Spaß und plauderte recht lustig, ihre Miene war freilich unlustig: bald runzelte sie die Brauen, bald wieder sprach sie in einem fort und verstummte dann plötzlich und wurde nachdenklich, sie stellte den gleichen Teller vom Tisch auf die Kommode und wieder von der Kommode auf den Tisch zurück und starrte dann wieder durch das gefrorene Fenster auf den roten Sonnenuntergang hinaus. Nachdem sie den Pelz abgelegt, sahen wir, daß sie mager wie ein junges Mädchen war, ihre Wangen waren rot; ihr Haar war schwarz wie Asche und sehr künstlich geflochten, ihre Augen aber waren groß wie altertümliche Taschenuhren, wenn sie wen anblickten, den überlief es geradezu. Die Alte dagegen, da muß man annehmen, daß sie ihre Kinderfrau oder sonst ein Dienstbote von ihr war, vielleicht stammte sie auch aus ihrer kaufmännischen Verwandtschaft; sie wurde Leontjewna gerufen, die junge Gnädige aber hieß Sinaida Pawlowna.

So hausten sie bei uns zwei Tage, sie gingen nicht zu allen Gottesdiensten und erkundigten sich immerzu, auf welche Art Depeschen zu uns gelangen könnten, wir indes hatten doch eh noch zu keiner Zeit je irgendwelche Depeschen erhalten. Ihre Gebete verrichtete Sinaida Pawlowna voll Eifer, doch nicht mit dem rechten Maß, und man konnte ihr ansehen, daß sie etwas beunruhigte. Und hernach versäumte unsere Dame gleich drei Gottesdienste, ihre Kinderfrau aber sagte, daß ihre Frau erkrankt wäre; sie hätten eigentlich in die Stadt schicken wollen, den Arzt holen zu lassen, jedoch die Kranke weigerte sich und trank lieber die häuslichen Aufgüsse. Als es Abend wurde, kam ich aus dem Walde mit Holz heim, da hörte ich, wie unser Besuch an das Gasthausfenster nach mir pochte. Ich band das Pferd an den Holzpflock, stieg die Freitreppe hinan und sprach vor der Tür ein Gebet, von innen sagte jemand: »Amen«, doch vernahm ich keinerlei Bewegung und hörte auch keinen Schritt. Ich trat ein – niemand zu sehen; hinter dem Verschlag kam das schwache Stimmchen unserer Gnädigen: »Treten Sie nur bei mir ein, ich bin zwar nicht ganz gesund, aber ich bin angezogen. Die Leontjewna ist fortgegangen, sie hat mich allein gelassen, ich langweile mich sehr und außerdem habe ich ein Anliegen an Sie.«

»Was können Sie wohl für ein Anliegen an mich haben, Sinaida Pawlowna?« Trotzdem wage ich mich nicht hinter die Scheidewand. Und denke nur: ja, wie kommt denn das, daß sie ans Fenster pochen und nicht vom Bett aufstehen kann?

»Haben nach mir zu pochen geruht?« frage ich.

»Ich habe Sie zwar nicht gerufen, doch ich bin sehr froh, Sie zu sehen, und außerdem habe ich ein Anliegen an Sie, Aljoscha.«

Es ist richtig, man ruft mich Alexej, doch wie konnte sie das wissen, und wie kam es, daß sie immerzu von einem Anliegen an mich sprach? Was denn für ein Anliegen konnte sie an mich haben? Das überlegte ich und sagte dann:

»Mir aber schien, daß Sie ans Fenster nach mir geklopft haben.«

»Ich habe nicht geklopft, das schien Ihnen nur so«, antwortete jene immer noch hinter der Scheidewand. »Treten Sie nur ein, ich bin angezogen, ich muß mit Ihnen sprechen.«

Ich bekreuzigte mich insgeheim und trat ein. Tatsächlich, Sinaida Pawlowna war angezogen und lag aufs Bett hingestreckt, sie war ganz bleich, ihre Wangen aber brannten wie Feuer, und ihre Augen waren noch größer geworden und ganz schwarz. Auf dem Tischchen brannte ein Lichtstümpfchen und dortselbst lag ein Paket mit Briefen. Ich stand und schwieg, und auch sie schwieg und starrte zur Decke empor. Da hüstelte ich, sie aber raunte leise, ohne die Augen von der Decke zu wenden: »Mein Gott, mein Gott, was wird das noch geben?« und brach, ohne mit den Augen zu zwinkern, in bittere Tränen aus. So trat ich einen Schritt vor und fragte:

»Was ist Ihnen, gnädigste Sinaida Pawlowna? Ich will nach der Leontjewna laufen, Sie haben gewiß hohes Fieber.«

Sie jedoch schüttelte den Kopf, das wäre nicht nötig, und fuhr leise fort:

»Aljoscha, Sie sind ein reiner Mensch und sind ein Mönch; sagen Sie mir auf Ehr und Gewissen, kann wohl ein Mensch aus Liebe einen geliebten Menschen töten und trotzdem kein Ungeheuer sein?« Und heftete mit eins ihre Augen auf mich. Da überlegte ich und entgegnete:

»Obwohl ich ein Mönch bin, fehlt es mir bis zur Reinheit noch weit, was jedoch jenes betrifft, wonach Sie fragen, so bin ich nicht imstande, darauf etwas zu erwidern. Danach muß man die Starzen fragen, ich aber bin noch jung und weiß sehr wenig von solchen Dingen.«

Doch es war, als habe sie meine Antwort gar nicht vernommen, wieder spielten ihre Augen, und sie sprach:

»Und trotzdem kein Ungeheuer sein ... Was meinen Sie, wieviel Jahre zähle ich, Aljoscha?«

»Zwanzig Jahre, vielleicht dreiundzwanzig.«

»Viel mehr, haben es nicht erraten.« Und begann zu lachen, und wurde wieder nachdenklich, hierauf hub sie aufs neue an:

»Ist es heute kalt, Aljoscha?«

»Nicht besonders.«

»Und ich friere immerzu.«

»Die Öfen sind gar gut geheizt; es ist sicher, daß Sie krank sind; es war falsch, daß Sie nicht nach dem Arzt geschickt haben.«

»Nein, ich bin gesund.«

»Was ist das schon für eine Gesundheit!«

Nach einer kleinen Pause legte ich von neuem los:

»Und was haben Sie für ein Anliegen an mich, Sinaida Pawlowna?«

Als wenn sie sich an was besinne, sprach unser Besuch:

»Ach ja, das Anliegen; ich erinnere mich nicht, wahrhaftig, ich habe Angst, so allein zu sein.«

Da war es, daß jemand an die Tür pochte, die Gnädigste sprang vom Bett auf und – packte mich am Arm, doch ihre Hand brannte wie Feuer: »Still«, sagte sie, »das ist Pjotr Prochorowitsch!«

Ich schaute mich um und sagte: »Bei uns gibt es keinen Pjotr Prochorowitsch, woher sollte er kommen? Sie sollten sich nicht so ängstigen.«

Sie beruhigte sich ein wenig, legte sich und erwiderte mit einem Lächeln: »Ist natürlich dumm, alles die Nerven. Wie sollte er auch vom Eiskeller hierher kommen? Sie haben recht, wenn auch nicht ganz«, fügte sie völlig ruhig hinzu und sogar wie mit einem Lächeln. Geklopft hatte die Leontjewna; und auch an die Kinderfrau richtete sie die gleiche Frage: »Ist es heute kalt, Leontjewna?«

»Kalt, wenn auch nicht sehr, mein Täubchen, und es wird bald Zeit, zu fahren.«

Da wandte ich dies ein: »Wie wollen Sie bloß, Gnädigste, sich bei solchem Unwohlsein auf den Weg machen?« Doch die Alte führte mich zur Tür und sagte: »Besser, Bruder, du gingest in die Kirche, ich will die Gnädige mit Alkohol abreiben.« Die Dame aber warf sich auf dem Bett hin und her und schrie: »Wie soll ich denn abreisen?! Ich kann mich nicht von ihm trennen!« So stand ich noch ein wenig hinter der Tür und horchte, die Gnädigste aber ließ nicht ab, sie wurde noch lauter, auf die Art von Klageweibern, und begann ein jämmerliches Geschrei. So ging ich fort, sie jedoch war wie unsinnig.

Nach dem Gottesdienst berichtete ich dem Vater Igumen alles, was ich gesehen und gehört, jener aber saugte nur an den Lippen und sagte: »Mag sie lieber abreisen, sie wollte dich gewiß zur Liebe herumkriegen.«

Und in der Tat, im Morgengrauen, noch in aller Frühe packten unsere Gäste und reisten ab, die Ballen aber ließen sie uns, wie wir uns schon gedacht hatten, zum Angedenken der Seele des Knechtes Gottes Pjotr und für die Gesundheit Sinaidens. Sinaida selber geriet bei der Abreise ganz und gar aus dem Häuschen: ihre Augen waren trübe, die Backen wie Feuer, die Tränen flossen wie ein Strom, sie jammerte laut vor sich hin und barg den Kopf bei der Kinderfrau, damit man kein Wort verstehen könne. Alle Befehle erteilte die Leontjewna. In einer solchen Zerrüttung reisten sie dann ab.

Am Heiligen Abend gingen wir, den wunderbaren Proviant anzuschauen – doch was hätten Sie wohl gedacht? In beiden Ballen befand sich statt der Truthähne, Hühner und Gänse ein Leichnam, in Stücke geschnitten, von Eis gekühlt und mit Kampfer überschüttet. Der Kopf war besonders, die Arme und Beine ebenso, der Leib lag ebenfalls für sich. Ein junger Mann war es, gut anzuschauen, voll, groß gewachsen und weiß. Wir stoben nur so auseinander, wir zitterten in unseren Zellen, hierauf ließen wir es die Obrigkeit wissen, und wir konnten uns später nicht mehr erinnern, wie wir die Feiertage verbracht.

Hierauf lasen wir in der Zeitung, daß dies Pjotr Prochorowitsch war, den seine Frau, Sinaida Pawlowna, aus Eifersucht getötet hatte, sie hatte ihn dann zerstückelt und auf Eis gehalten und drei Wochen lang mit sich herumgeschleppt, bis sie ihn zu uns geschafft hatte. Sie wurde freigesprochen; man sagte, daß sie in einer Art von Liebeswahnsinn gehandelt habe, meiner Ansicht aber hatte sie einer Verrückten ganz und gar nicht ähnlich gesehen.

Bald darauf ging ich aus dem Kloster fort, ein Jahr lang strich ich herum, dann kehrte ich wieder zurück, doch wo war ich in der Zwischenzeit nicht alles gewesen? Niemand freilich hatte mir auf die Frage Sinaidas je Antwort erteilen können.«

»Hinsichtlich wessen?«

»Na, hinsichtlich der Ungeheuer.«

Der Erzähler verstummte, ich jedoch fragte ihn:

»Und was ist hernach aus ihr geworden?«

Plötzlich begannen seine Augen zu laufen und stotternd erwiderte er:

»Weiß es selber nicht.«

»Aber Sie haben sie ja trotzdem gesucht und suchen auch jetzt noch nach ihr.«

Kaum hörbar flüsterte jener:

»Vielleicht.«

Werner Koch
Zwischen Stuttgart und Bonn

Das Abteil war zunächst leer. Ich wunderte mich, daß ich mich auf ein Wiedersehen mit Köln freute, denn ich habe an dieser Stadt nie besonders gehangen; ich verstehe ihre Sprache, nicht aber ihr Gefühl. Man meint allerorten, sie sei fröhlich, in Wahrheit ist sie unzufrieden und steht nicht mehr zu ihrem Wort. Sie lebt und läßt auch leben, aber sie läßt nur den leben, der sich fügt; sie verpönt den Außenseiter und verleumdet den Einzelgänger. Sie hat tausend Gesichter und keinen Freund. In Stuttgart stieg ein Herr zu, der mich, kaum daß er saß, in ein Gespräch verwickeln wollte. Schon nach zwanzig Minuten kannte ich seine gesamte Biographie. Er war Amtmann bei der Stadtverwaltung, wurde in sieben Jahren pensioniert, hatte eine verheiratete Tochter in Amerika, seine Frau war verstorben, er wählte CDU, besaß in Bad Wimpfen eine Eigentumswohnung, die er für monatlich 400 Mark Kaltmiete auf zunächst fünf Jahre an ein kinderloses Ehepaar verpachtet hatte, las regelmäßig »Die Welt«, die einzige Zeitung von Niveau, wie er meinte, der Nationalsozialismus würde von der Geschichte einmal anders bewertet werden, ganz ähnlich wie Napoleon, die jetzige Regierung verschenke gutes, altes deutsches Land ohne Gegenleistung, die Chinesen würden kommen und dann ginge es den Russen an den Kragen, aber das würden wir wohl nicht mehr erleben, Gott sei Dank nicht, sagte er, zündete sich eine Zigarre an und fragte mich, ob ich auch bis Bonn fahre.

Nach Köln, sagte ich.

Köln, sagte er, so. Sind Sie Kölner?

Nein. Vom See.

Vom See? Ich, sagte er, verbringe seit zwanzig Jahren meinen Urlaub in Nonnenhorn. Kennen Sie Nonnenhorn? Direkt am Bodensee, nicht weit von Wasserburg, zwischen

Lindau und Friedrichshafen. Ein kleines Nest, aber reizend, wirklich.

Ich schwieg.

So, sagte er, an einem See leben Sie. Sicher romantisch, aber auch einsam. Haben Sie Kinder?

Ich lebe allein am See.

Aber, sagte er, das sei doch nichts. Der Herrgott habe Männlein und Weiblein geschaffen, damit sie sich zusammentäten, sagte er, man müsse das Leben genießen, und das könne man nur zu zweit, und er, seit zwei Jahren Witwer, ginge jetzt auch wieder auf Freiersfüßen, obwohl er schon Achtundfünfzig sei, und ich sollte mir das doch noch mal überlegen.

Ich dachte an die Katze. Dann dachte ich, daß er mich für homosexuell halten könnte, und ich sagte: Ich war verheiratet. Ich bin geschieden.

So ist das. Aha. Ja, wissen Sie, ich bin katholisch, und obwohl sich ja manches gelockert hat in unserer Kirche, sagte er, teils zu Recht, teils aber auch aus allzu großer Nachgiebigkeit gegenüber den modischen Bestrebungen in den eigenen Reihen, nein, sagte er, eine Scheidung wäre für ihn nie in Frage gekommen, denn was der Herr zusammengefügt hat, solle auch zusammengefügt bleiben.

Ich wußte darauf keine Antwort, und ich wollte auch keine geben.

Wissen Sie, sagte er, ich war mit meiner Frau recht glücklich. Der Schaffner kam, und wir zeigten ihm unsere Fahrkarten. Also, sagte der Mann, wir haben eine recht gute Ehe geführt. Bis dann die Telefongeschichte begann.

Ich schwieg.

Hören Sie zu?

Natürlich, sagte ich.

Es interessiert Sie doch?

Ja, sagte ich, natürlich.

Die Telefongeschichte, sagte er. Der Zug hielt, ich sah hinaus. Wir waren in Karlsruhe. Auf dem Bahnsteig stand eine Negerin, sah mich an, blickte aber sofort wieder weg und ging dann auf dem Bahnsteig auf und ab. Ich sah ihr nach.

Wenn es Sie interessiert, sagte der Mann, zündete seine Zigarre noch einmal an, wissen Sie, sagte er, das war so:

Ich war damals, sagte er, im 19. Jahr verheiratet. Eines Abends, kurz vor Mitternacht, klingelte das Telefon. Ich saß in meinem Zimmer, meine Schnapsflasche neben dem Sessel, ich rauchte und trank. Ich konnte mir nicht denken, wer um diese Zeit noch anrief, und ich ließ den Apparat schrillen in der Hoffnung, der Anrufer würde wieder einhängen. Meine Zunge war schon schwer, und vielleicht rief der Oberstadtdirektor an. Ich hätte mich mit ihm unterhalten müssen, und es hätte sein können, daß er meine Trunkenheit bemerkt hätte. Das wollte ich nicht.

Natürlich nicht, sagte ich.

Dann, sagte er, nahm ich den Hörer doch ab.

Eine angenehme, männliche Stimme nannte meinen Namen und sagte: »Ich sehe Sie seit einiger Zeit beim Pferderennen. Ich habe Sie beobachtet. Sie gefallen mir. Gehen Sie morgen zum Rennplatz, und setzen Sie im siebenten Rennen auf ›Olivenblüte‹. Das Pferd wird 152:10 bringen.«

Dann war die Stimme nicht mehr da. Ich sagte: »Hallo!«, ich sagte nochmals, etwas erregt und etwas zu laut: »Hallo!« Aber die Stimme war nicht mehr da. Ich trank weiter, rauchte und schlief eine halbe Stunde nach Mitternacht in meinem Sessel ein. Ich war fest entschlossen, den unbekannten Anrufer zu vergessen und auf keinen Fall auch nur einen Pfennig auf »Olivenblüte« zu setzen. Denn ich bin ein klardenkender Mensch, sagte er.

Ich sah ihn an. Er hatte ein rundes Gesicht und viel zu kleine Augen. Er sah an mir vorbei, hinaus in die Landschaft oder auf irgendeinen Punkt, den er fixierte, um nicht abgelenkt zu werden, und ich sagte: Von Pferderennen habe ich gar keine Ahnung.

Der Mann sagte: Am Nachmittag des darauffolgenden Tages – ich saß in meinem Büro und hatte gerade mehrere Briefe diktiert – dachte ich, daß in wenigen Minuten das siebte Rennen gestartet würde. Ich rief meine Wettannahme an und bat den Buchmacher, zwanzig Mark Sieg auf »Olivenblüte« zu setzen. Eine halbe Stunde später erfuhr ich, daß »Olivenblüte« 152:10 gebracht hatte. Ich ging zum Buchmacher, holte mir meinen Gewinn ab und kaufte dann bei meinem Spirituosenhändler eine Flasche Schnaps. Dann ging ich nach Hause. Von dem unbekannten Anrufer sagte ich meiner Frau nichts.

Zwei Tage später, wieder kurz vor Mitternacht, klingelte das Telefon. Ich saß in meinem Zimmer, eine Schnapsflasche neben dem Sessel, ich rauchte und trank. Ich nahm den Hörer ab.

Die Stimme sagte: »Sie haben klug gehandelt. Wie gefiel Ihnen mein Tip? Und nun hören Sie: Wenn Ihr Chauffeur Sie morgen abholt, sagen Sie ihm, er möge schon vorausfahren. Fahren Sie auf keinen Fall mit ihm! Hören Sie auf mich!« – Dann war die Stimme nicht mehr da.

Am anderen Morgen stieg ich, wie gewohnt, in meinen Wagen. Ich hatte mir fest vorgenommen, den unbekannten Anrufer zu vergessen. Als wir jedoch kaum hundert Meter gefahren waren, sagte ich dem Chauffeur: »Fahren Sie bitte voraus. Ich habe noch etwas zu erledigen.« Ich stieg aus und ging zu Fuß ins Büro. Meine Sekretärin berichtete mir, es sei soeben angerufen worden, daß der Chauffeur verunglückt und ins Krankenhaus eingeliefert worden sei.

Der Zug hielt auf freier Strecke, es regnete. Der Mann mir gegenüber blickte vor sich hin, drehte die halb aufgerauchte Zigarre hin und her und erzählte weiter. Er redete mit sich selbst, so, als höre ihm niemand zu, und er wartete auch nicht darauf, daß ich ihn unterbrach oder eine Frage stellte. Wer hat denn nun angerufen? Ich fragte aus Höflichkeit, nicht aus Interesse.

Als er das nächste Mal anrief, sagte er, ich solle mich nach einer neuen Sekretärin umsehen; meine Sekretärin erwarte ein Kind, und noch diese Nacht würde sie sich umbringen. Zwei Tage später wurde ihre Leiche fünf Kilometer nördlich unserer Stadt ans Ufer geschwemmt. Meine Frau weinte.

Der unbekannte Anrufer ließ fast zwei Wochen nichts von sich hören.

Von meinem nächsten Kegelabend kam ich vorzeitig nach Hause. Es war gerade halb zwei nachts. Ich hörte die ruhigen, müden Atemzüge meiner Frau, sie lag in ihrem Zimmer und, wie immer, schlief sie. Ich ging in mein Zimmer, um mich auszuziehen. Als ich zu meiner Frau hinübergehen wollte, klingelte das Telefon. Ich war wütend. Ich nahm den Hörer ab. Die Stimme sagte: »Am kommenden Montag um 10 Uhr 37 wird Ihre Frau aus der Straßenbahn stürzen und tot sein.«

Der Herr aus Stuttgart schwieg. Dann sagte er:

Die Stimme war nicht mehr da. Ich schrie hinter ihr her, aber die Stimme war nicht mehr da. Ich rief die Auskunft an und bat das Fräulein, mir zu sagen, welche Nummer mich soeben angerufen habe. Das Fräulein gab mir die Auskunft, ich müsse mich irren. Niemand habe bei mir angerufen.

Ich setzte mich in meinen Sessel und trank. Ich war aufgeregt. Ich trank hastig und schnell. Ich war betrunken. Natürlich konnte ich nicht schlafen. Ich nahm das leere Schnapsglas zwischen meine Hände, faltete die Hände und sagte: »Lieber Gott, wenn du da bist, hilf mir! Laß die unbekannte Stimme noch einmal, nur einmal noch anrufen, denn ich will nicht, daß meine Frau stirbt. Lieber Gott, ich verspreche dir alles; ich trinke nicht mehr, ich rauche nicht mehr, ich wette nicht mehr, nur ...« Ich nahm dauernd den Hörer ab. Niemand meldete sich.

Am anderen Morgen sagte meine Frau beim Frühstück: »Bist du spät nach Hause gekommen?«

Ich war zu bange, ihr zu antworten. Dann sagte ich: »Nein, ich war schon um eins zu Hause.«

Es war Freitag, und der unbekannte Anrufer hatte gesagt: Montagmorgen wird sie sterben. Ich zweifelte keine Sekunde daran, daß auch diese Voraussage eintreffen würde. Noch drei Tage also. Jetzt strickte sie. Sie war froher als sonst, ich sah sie an.

Sie sagte: »Gehst du nicht hinunter?«

»Wie?« fragte ich. Ich konnte ihr nicht in die Augen sehen.

»Der Chauffeur hat vor zwei Minuten schon geläutet«, sagte sie. »Hast du es überhört?«

»So«, sagte ich. Ich zögerte. »Was strickst du denn da?«

»Einen Pullover.« Sie streichelte die Wolle.

»Du wirst gut darin aussehen«, sagte ich.

Sie sah mich an. Sie küßte mich auf die Stirn. Ich wußte nicht, warum sie auf einmal so zärtlich war. Der Chauffeur läutete noch einmal. Vielleicht ahnte sie, daß es die letzten Tage ihres Lebens waren.

Ich stieg in meinen Wagen und fuhr ins Büro. Ich tat nichts. Ich saß im Sessel hinter meinem Schreibtisch und dachte nach ...

Als ich nach Hause kam, war der Abendtisch festlich gedeckt. Meine Frau hatte Wein geholt und auf dem Tisch ein paar Kerzen angezündet.

Auf einmal kam mir ein furchtbarer Gedanke. Vielleicht war auch sie von dem unheimlichen Anrufer benachrichtigt worden?

Während des Abendessens sagte ich: »Gibt es irgend etwas Neues?«

»Nein«, sagte sie.

Sie hatte nie etwas Neues gewußt, aber diesmal glaubte ich ihr nicht.

»Vielleicht war jemand hier?« fragte ich.

»Nein, gewiß nicht«, sagte sie. »Wenn irgend etwas ist, dann sage ich es dir.« Sie trank. »Aber es ist ja nie etwas«, sagte sie. »Vielleicht«, antwortete ich, »hat jemand angerufen?« Ich beobachtete sie genau, aber sie blieb ruhig.

Wir tranken die Flasche Wein leer. Ich dachte nur daran, daß morgen der vorletzte Tag war. Ich dachte noch daran, als ich mitten in der Nacht wach in meinem Bett lag und plötzlich hörte, wie meine Frau die Tür öffnete. Sie kam an mein Bett und küßte mich auf die Stirn.

Am anderen Morgen fragte sie: »Hast du gestern nicht gewettet?« Ich hatte es vergessen. Dann ging ich ins Büro und dachte immer wieder darüber nach, was ich tun könnte. Ich überlegte mir auch, ob ich ihr nicht einfach sagen sollte, daß der unheimliche Anrufer mir ihren Tod angekündigt hatte. Aber ich sagte es ihr nicht. Ich wußte, daß sie darüber lachen würde. Und ich wußte ganz genau, daß sie mir einreden wollte, ich hätte in jenen Nächten zuviel getrunken.

Auch Sonntagnacht lag ich wach. Es war acht Stunden vor ihrem Tod. Sie kam an mein Bett und legte sich neben mich. Das hatte sie seit fünf Jahren nicht mehr getan. Sie küßte mich. Ich dachte an ihren Tod und strich ihr über die Wangen.

Sie sagte: »Nun wird noch alles gut.«

Ich verstand sie nicht. »Glaubst du?« sagte ich.

Plötzlich fiel es mir ein. Ich sagte: »Ich gehe morgen nicht ins Büro. Ich fühle mich krank. Bleib bei mir, bitte.«

Als ich erwachte, war es zehn Minuten vor elf. Ich sprang auf, rannte zur Tür und schrie: »Inge!« Ich schrie wie irrsinnig: »Inge, Inge, Inge ...«

Als sie kam, lächelte sie. Ich starrte sie an. Ich ging zum Tisch und sah auf den Wecker. Ich hatte mich nicht geirrt: es war neun Minuten vor elf. Es war vierzehn Minuten später als die Todesminute. Noch immer glaubte ich es nicht. Ich sagte: »Wie spät ist es?«

Sie lächelte. »Reg dich nicht auf. Du wolltest doch heute hier bleiben. Hast du es vergessen?«

Ich schrie sie an: »Wie spät ist es?«

Sie zuckte zusammen. Dann sagte sie: »Fünf Minuten vor elf.«

Ich hatte mich nicht geirrt. Sie lebte. Der unheimliche Anrufer hatte gelogen. Ich hatte gesiegt.

Nach dem Frühstück sagte ich: »Ich gehe doch noch ins Büro. Ich fühle mich wesentlich besser.« Sie nickte. Als ich kaum eine Stunde im Büro war, hatte ich plötzlich wieder Angst. Ich rief zu Hause an.

Ich sagte: »So, du bist da.« Meine Frau sagte: »Mein Pullover ist bald fertig.«

»So«, sagte ich.

Vom Büro ging ich zur Wettannahme und setzte auf »Olivenblüte«, »Orakel«, »Welle« und »Blumenprinz« je zehn

Mark Sieg. Ich gewann nichts. Ich ärgerte mich. Wenn der unbekannte Anrufer noch einmal anrief, würde ich ihn auslachen. Zu Hause wartete Inge. Sie strickte. Wir aßen und während sie sprach, dachte ich darüber nach, ob ich in jenen Nächten tatsächlich so betrunken gewesen war.

»Du hörst ja gar nicht zu«, sagte sie.

»Natürlich höre ich zu«, sagte ich. Dann ging ich in mein Zimmer und trank. Niemand rief an. Ich riß die Strippe durch. Mochte anrufen, wer wollte; mich konnte er nicht mehr erreichen.

Der unbekannte Anrufer schwieg. Donnerstagabend ging ich zum Kegeln.

Ich trank wie gewöhnlich. Nachher ging ich in meine Bar. Das Barmädchen setzte sich auf meinen Schoß. Dann kam der Portier und sagte, meine Frau wolle mich sprechen. Ich sagte: »Ich bin nicht hier.« Der Portier lächelte, ging, kam aber wieder zurück und sagte, meine Frau ließe sich nicht abweisen.

Ich ging in die Telefonzelle und nahm den Hörer ab. Die Stimme des unheimlichen Anrufers sagte: »Sie haben Ihre Chance versäumt. Das Spiel ist aus. Gehen Sie nach Hause!«

Als ich in Inges Zimmer kam, lag sie in ihrem Bett; sie war tot.

Der Mann schwieg, und ich sah ihn an. Noch immer hielt er die halb aufgerauchte Zigarre in der Hand, aber die Zigarre brannte nicht mehr. Der Zug fuhr durch Godesberg, der Regen hatte aufgehört. Und wer, fragte ich, war nun der Anrufer?

Der Mann wußte es nicht. Nein, sagte er, ich habe es nie erfahren. Er nahm seinen Koffer, ich half ihm in den Mantel, und als er in Bonn ausstieg, sah ich ihm nach. Er winkte mir zu.

Ich mochte ihn nicht. Und ich mochte seine Geschichte nicht. Er rauchte Zigarren, wählte CDU, war ein Trinker, und für den Tod seiner Frau machte er die Metaphysik verantwortlich.

Ich war froh, wieder allein zu sein.

Robert Gernhardt

Erinnerung an eine Begegnung in Duderstadt

»Sie haben die Züge dessen,
der viel gelitten hat«,
sagte mir zögernd die Fremde
im Bahnhof von Duderstadt.

Ich blickte ihr in die Augen,
sie waren so tief und so klug.
Nur ungern gestand ich die Wahrheit:
»Madame, mir gehört hier kein Zug.

Die Züge, die Sie hier sehen,
gehörn einem anderen Mann.
Sein Vorname lautet schlicht ›Bundes‹,
sein Nachname aber heißt ›Bahn‹.«

Wie schaute die Fremde so zweifelnd,
wie nahte der Zug sich so rot,
wie hob der Beamte die Kelle,
stünd ich nochmal an der Stelle,
ich wünschte, er schlüge mich tot.

V. Reise-Lust

Carl Sternheim
Im Schnellzug

Im schnellzug war es nacht. Flackerlichter auf den gängen. Einer, die müden augen halb geschlossen, schlich aus dem abteil hinaus und traf mit einer siebzehnjährigen zusammen, blond und halb verschlafen.

Im engen raum berührten sie sich, und ihre natürlichen wünsche schlugen zusammen. Er wollte ihr die hand geben, und sie that es, und beide schlichen in das abteil, das er eben verlassen.

Sie bebte zusammen, daß sie so gar nichts von ihm wußte. Er war ihr traum. Die vorhänge flogen unter seiner hand zu. Und der traum sank ihr zu füßen und erzählte, wie er eine verloren habe, monate durchs leben gestürmt sei, ohne zu sein. Und er nannte sie sein süßes erwachen ... Sie schliefen schon und bald miteinander.

Pina Mandolfo
Beginn einer Leidenschaft

Nachdem ich nun meine Leser vor den Gefahren der Leidenschaft gewarnt habe, möchte ich sie auch in die ungewöhnlichen Umstände einweihen, auf denen das, was sie gelesen haben, basiert.

Es war am 3. November 1993, und einer meiner zahlreichen Aufenthalte in Rom war gerade zu Ende gegangen. Sparsamkeit war angesagt, und da ich sowieso eine Menge zu lesen hatte und noch mehr nachzudenken, beschloß ich, diesmal mit dem Zug nach Hause zu fahren.

Einige Minuten vor Abfahrt des Zugs nahm eine Frau mir gegenüber Platz. Sie sah müde aus, und ich stellte mir vor, daß sie vielleicht gerannt war, um den Zug noch zu erreichen. Sie stützte den Ellbogen auf die Armlehne und das Kinn in die Hand und wandte sofort ihren Blick nach draußen.

Der Zug rollte langsam aus dem Bahnhof, und ich mußte nicht länger befürchten, daß noch andere Personen das Abteil besetzen würden.

Obwohl ich keinerlei Grund dafür hatte, erregte die Anwesenheit dieser Frau mein Interesse.

Als die letzten Häuser der Hauptstadt langsam aus dem Blickfeld verschwanden, bemerkte ich, wie ihr Blick ihnen mit einer schmerzlichen Zuckung nachhing. Es sah aus, als wollte sie sich mit aller Kraft an die Stadt klammern, als wäre sie gezwungen, dort ihren ganzen Lebensinhalt zurückzulassen.

Lange saß sie so da und blickte hinaus, und ich konnte sie dabei betrachten, ohne daß sie mich überhaupt wahrnahm. Schließlich zog ich meine Arbeitsunterlagen hervor und machte mich daran, die zehn langen Stunden, die die Fahrt dauern würde, sinnvoll zu nutzen.

Mit einer vollkommen automatischen Geste machte die

Frau es mir nach und holte ein Buch heraus, das sie dann während der Fahrt nie öffnete. Sie hielt es auf den Knien und sah ununterbrochen zum Fenster hinaus, verloren in dem fliehenden Raum jenseits der Scheibe.

Mir war sofort die Harmonie ihres kleinen Körpers aufgefallen; sie saß regungslos da, als wäre sie gelähmt. Sie war sicherlich nicht älter als vierzig, und es war mir unmöglich, mir eine andere Farbe für ihr weiches weißes Haar vorzustellen. Sie trug zwei winzige, ebenfalls weiße Perlen an den Ohren und ein Goldkettchen, das sie vier- oder fünfmal um das rechte Handgelenk gewickelt hatte.

Von Zeit zu Zeit stand sie auf, und dann konnte ich sie von hinten betrachten, wie sie, ohne sich zu rühren, im Korridor des Zugs stand, immer nach draußen gewandt, als brauche sie weiten Raum für ihr Herz. Nach einer Weile kam sie dann wieder herein, setzte sich vor mich und goß sich Wasser ein, das sie so gierig trank, als wäre es, mehr noch als für ihren Körper, eine Wohltat für ihre Seele.

Wir waren bereits seit mehreren Stunden unterwegs, als sie sich zum erstenmal meiner Anwesenheit bewußt zu werden schien. Einige Sekunden lang begegnete ich ihrem Blick. Ich sah ein unfaßbares, ausweichendes Gesicht mit verwunderten Augen.

Wie um vor mir zu fliehen und doch mit der Außenwelt wieder Kontakt aufzunehmen, schminkte sie sich die Lippen. Das leuchtende Rot verlieh dem weißen Rahmen ihres Gesichts ein ungeahntes Leuchten, ohne jedoch die Falte wehmütiger Trauer, die ihre Lippen formten, auszulöschen.

In den folgenden Stunden geschah nichts Neues, nur daß die Gegenwart dieser Frau, irgend etwas an ihr, meine Aufmerksamkeit derart gefangennahm, daß meine Bemühungen zu arbeiten nicht über eine demonstrative Zurschaustellung hinausgingen.

Auf dieser Strecke hat man bei Sonnenuntergang auf einmal das Gefühl, der Zug würde aufs Meer zufahren. Das Tageslicht bündelt sich auf ihm in einem einzigen mächtigen

Strahl, der bis in unsere innersten Gefilde dringt und sie befragt.

Die Frau war bereit, über ihre schmerzliche Heimkehr Rechenschaft abzulegen, und aus ihren Augen strömten Tränen. Es war ein stummes, unbeherrschbares Weinen.

Sie tat nichts, um es zurückzuhalten. Kein Schluchzer, keine Regung brachten ihr Gesicht aus der Fassung. Von Zeit zu Zeit trocknete sie ihre Tränen, als wolle sie Platz schaffen für neue. Sie gab sich ihnen hin, ohne sich zu schämen.

Ich wandte den Blick ab, auch wenn ich der Versuchung nicht widerstehen konnte, manchmal zu ihr hinüberzusehen. Unbewußt wurde ich langsam von einer seltsamen Rührung erfaßt. Vor mir breitete sich das weite Feld der Fragen und Vermutungen aus. Die Enge des Raums hatte eine Verschmelzung zwischen ihr und mir bewirkt, die nach Worten verlangte.

Ich überlegte mir sorgfältig, was ich sagen könnte, und wandte mich dann an die Frau mit dem Vorschlag, sich bei mir auszusprechen. Ich sagte ihr, daß das bestimmt ihren Schmerz leichter machen würde und daß der Umstand, mit einer Fremden zu sprechen, ihr um so größere Freiheit gewährte.

Als ich fertig war, wunderte ich mich über mich selbst. Unsere Welt ist so geizig, daß eine Geste wie die meine zumindest ein wenig seltsam wirken mußte. Was gab mir eigentlich das Recht, mich in den Schmerz dieser Frau einzumischen? Ich könnte nicht einmal sagen, ob es Neugier, Sympathie oder Mitleid war.

Die Frau sah mich an. Auf ihrem Gesicht zeichnete sich Dankbarkeit ab und zugleich das Bedürfnis, einem anderen die eigene Not mitzuteilen. Und so, wie sie sich zuvor den Tränen überlassen hatte, folgte sie jetzt gefügig meiner Einladung.

Das Weinen hatte die Spannung in ihrem Herzen gelöst, so daß die Stimme jetzt ruhig erklang, bisweilen von der Erregung der Erzählung bewegt, doch vollkommen frei von Verlegenheit über das, was sie mir erzählte.

»Ich liebte eine Frau mehr als alles andere auf der Welt. Ich hatte nicht geahnt, daß solches Glück möglich ist.«

So erfuhr ich, daß diese Frau, die sie so sehr liebte, am Vortag im Lauf eines kurzen Treffens an einem Kaffeehaustisch die Beziehung beendet hatte. Eiskalt, ohne einen ersichtlichen Grund, ohne ein Zeichen des Bedauerns oder des Schmerzes.

Auf einmal schwieg die Frau. Aus Scham? Um ihre Geschichte für sich zu behalten? Aber ich wollte noch mehr wissen, und die Reise war so gut wie zu Ende, also wagte ich es noch einmal. Da wir beide dieselbe Stadt zum Ziel hatten, schlug ich vor, uns zu treffen. Ich wußte, daß für sie jetzt das Martyrium der Schwermut, des Grolls, der tausend stummen Hoffnungen beginnen würde und daß das Bedürfnis, sich auszusprechen, sie vielleicht dazu bringen würde, mich aufzusuchen.

Fast zwei Monate waren vergangen, und ich erwartete schon nicht mehr, von ihr noch einmal zu hören, als sie mich Ende Januar anrief, um sich mit mir zu verabreden.

Das lange Schweigen der Geliebten war von einem Geschenk unterbrochen worden: sechs Flaschen Wein. Sie war außer sich vor Wut, zutiefst verletzt.

Von da an bis weit in den Frühling hinein fanden unsere Begegnungen in beinahe regelmäßigen Abständen statt.

Meine Bereitschaft, ihr zuzuhören, war grenzenlos. Ohne es zu merken, wurde ich immer mehr in ihre Erzählung hineingezogen. Ihre pralle Lebenserfahrung strömte auf mich ein. Ich vollzog ihre Herzensangelegenheiten mit meinem Körper nach. Ich erlebte den Schmerz, die Liebe und die Lust mit, als würde ich ihnen zum erstenmal in meinem Leben begegnen.

Ich war Neuland für eine Erfahrung mit bisher unbekannten Koordinaten.

Für mich war die Liebe zwar immer eine sehr wichtige Angelegenheit gewesen, aber diesmal bewegte sich meine Vorstellung auf völlig neuem Terrain und mit bisher ungeahnter Intensität.

Im Laufe der Zeit machte ich mir ihre Gefühle, ihre Worte, Erinnerungen und einige ihrer Erfahrungen zu eigen.

Eine nicht genau erklärbare Verknüpfung war im Gange. Der große Bildschirm, der sich zwischen uns herabgesenkt hatte, teilte uns nicht mehr lange in Protagonistin und Zuschauerin. Bald begann meine Silhouette sich auf der dünnen Leinwand abzuzeichnen, und wir begegneten jener mir unbekannten Frau gemeinsam.

Wenn sie mich verließ, denn immer war sie es, die zu mir kam, schrieb ich, ohne daß sie davon etwas wußte, an einem langen Brief an ihre Geliebte weiter. Ich schrieb ihr inzwischen so, als liebte auch ich sie.

Gegen Anfang des Sommers wurden unsere Treffen dann wie durch ein Wunder immer seltener. Die Frau aus dem Zug litt immer weniger unter dem Zwang zu sprechen und ich unter dem zu schreiben. Das Wunder war vollbracht. Vielleicht würden wir der Geliebten immer noch mit der Macht des Begehrens gegenübertreten, aber die Tyrannei der Leidenschaft war jedenfalls besiegt. Jener Leidenschaft, die durch das Staunen dessen geschürt wird, der liebt und sich die Ablehnung des oder der Geliebten einfach nicht erklären kann. Oder auch dessen, der sich bewußt ist, recht zu haben, und nicht erträgt, daß sich seinem Willen etwas in den Weg stellt.

Inzwischen sind einige Monate vergangen, seit ich meinen Brief beendet habe, und bisweilen befällt mich eine unerklärliche Schwermut.

Sollte das Schicksal mich eines Tages tatsächlich vor das Angesicht der unbekannten Geliebten führen, so werden ihr keinerlei Zweifel an meiner Identität bleiben: auch mein Gesicht ist eingerahmt von einem Kranz aus weichem weißen Haar.

Robert Walser
Das Eisenbahn-Abenteuer

Einmal machte ich eine Eisenbahnfahrt, wobei ich ganz allein in einem Wagenabteil saß wie der gedankenreiche Eremit in seiner schweigsamen, weltabgelegenen Klause. Auf irgendeiner Station hielt der Zug an, die Türe wurde mit beamtenhafter Schroffheit aufgerissen, und zu mir hinein in das sonderbare, auf Rädern gestellte Zimmer stieg eine Frau. Es war mir nicht anders, als wenn der Sonnenschein ins nächtlichschwärzliche Kupee einstiege, so hell mutete mich die liebe frauliche Erscheinung an, die wie auf Besuch zu mir kam. Freundlich sagte sie guten Abend. Wer als ich war glücklicher darüber? Der Zug setzte sich alsbald wieder in Bewegung, und hinaus in die Nacht und ins unbekannte Land wurde die Kammer getragen, in welcher nun zwei Personen saßen, die sich gegenseitig freundlich anschauten. Ein Lächeln ergab ein Wort, und indes die Räder fleißig fort und fort rasselten, hatte ich wie ein Schelm und Dieb die passende Gelegenheit wahrgenommen, saß schon an ihrer Seite und legte den Arm um ihre reizende Figur. Emsig arbeiteten die Räder, und Gegenden, die ich nicht kannte, flogen draußen in der stillen Mitternacht an uns beiden glücklichen Leuten vorüber. Emsig arbeitete ich mit meinen Lippen auf den ihrigen, die köstlich waren, wie Lippen eines Kindes. Ein Kuß lockte den andern hervor, ein Kuß folgte auf den andern. Ich ließ mir bei dem süßen Geschäft so recht Zeit, und da wurde ich zum Künstler im Küssen, zum Künstler in der Liebkosung. O wie die Liebe, die Süße lächelte mit dem schönen Mund und mit den schönen dunklen Augen, welche, indem sie in die meinigen schauten, mich küßten. Paradieseslüsternheit lag auf ihren Lippen, und Paradieseslust glänzte ihr aus den Augen. Ich unterdessen hatte es so recht schön gelernt, wie man es anstellen muß, um dem Kuß den höchsten Reiz abzugewinnen und ihm die tiefste Wonne mitzugeben. Unter unserem lusterfüllten Liebesgemach rasselten immerfort die Räder, und der Zug sauste durch die Länder, und wir zwei hielten uns umschlungen wie die Seligen in den überirdischen Gefilden, Wange an Wange gedrückt und Körper an Körper, als seien wir vorher zwei verschiedene Gedanken gewesen, doch jetzt nur noch ein einziger. Wie beglückte es mich, daß sich das süße Geschöpf durch das, was ich tat, glücklich fühlte. Ihren wonnigen Liebesdurst zu stillen machte mich zum Glücklichsten der Sterblichen, machte mich zum Gott. Doch jetzt blieb der Eisenbahnzug wieder stehen, die reizendste der Frauen stieg aus, während ich weiterfahren mußte.

Sten Nadolny
Die Stenotypistin aus Bad Oldesloe

Als ich um 22 h 40 in den Zug München–Hamburg einstieg, waren die meisten Abteile schon dunkel. Ich wanderte an den Türen entlang und spähte, soweit nicht die Vorhänge zugezogen waren, nach einem geeigneten Platz. Als ich im Dunkel eines Abteils eine weibliche Einzelperson erblickte, wollte ich erst scheu weitergehen, kehrte aber dann um und ließ mich bei ihr nieder. Es brannte nur eine kleine Nachtlampe, ich sah daher so gut wie nichts. Die Frau war groß und schlank, soviel war zu erkennen, sie hatte sich auf den herausgezogenen Liegesitzen lang ausgestreckt. Ich grüßte in die Richtung ihres Gesichts, sie grüßte kurz zurück. Ich verstaute meine Taschen und setzte mich zunächst aufrecht hin, blickte über die Frau hinweg aus dem Fenster. Draußen zogen nur ab und an einige Lichter vorbei, die das Abteil nicht sehr erhellen konnten. So saß ich eine ganze Weile. Irgendwann erhob sie sich, holte aus einem Beutel im Gepäcknetz eine Tüte. »Mögen Sie einen Apfel?« Ich bejahte gern und fragte überflüssigerweise: »Haben Sie denn noch einen übrig?« Ich merkte, daß sie über diese Frage nachdachte, dann sagte sie: »Aber ja. Ich weiß gar nicht, wie ich die alle essen soll.« Wir aßen.

Ich war beruhigt, daß es sich tatsächlich um eine Frau handelte. Nächtliche Täuschungen, zu spät entdeckt, führen oft zu Komplikationen. Ihre Stimme gefiel mir. Wenn ich nur sonst irgend etwas hätte in Erfahrung bringen können! Aber sie legte sich, nachdem sie den Apfel gegessen hatte, wieder lang hin, zog die Schuhe aus und ruhte. So sah ich auch in Gunzenhausen und in Ansbach ihr Antlitz nicht, denn sie hatte es unter ihrem langen, vom Haken herabhängenden Mantel verborgen und kam nicht hervor. Ihr langer Körper, mit Pullover und dunklem Rock bekleidet, erschien mir anheimelnd. Sie hatte etwas von einem leicht hilflosen, großen, freundlichen Pferd. Zwischen Ansbach und Würzburg war ich bereits sehr gierig nach ihr und spähte angestrengt in die dunkle Ecke hinüber. In Würzburg hielt der Zug sehr lange, mindestens eine Viertelstunde. Ich zog die Türvorhänge vollkommen zu und legte mich genauso lang hin, ohne Schuhe, wie sie. Noch im Bahnhof merkte ich, daß sie nicht schlief. Als der Zug wieder anfuhr, räkelte sie sich wie im Schlaf und legte ihre Hand etwas weiter ausgestreckt herüber auf den Sitz. Neu Zugestiegene kamen nicht herein. Der Schaffner war schon dagewesen. Ich lag da und war ganz krank vor Sehnsucht nach dieser Hand, vor allem, weil die Frau nur so tat, als ob sie schliefe. Was würde passieren, wenn ich die Hand leicht berührte? Sie würde sie wegziehen, ganz einfach.

Während ich dies schreibe, sitze ich längst in Westerland auf Sylt in einem Café, bereits gut durchgepustet vom Wind, aber immer noch gezeichnet von den Strapazen der vergangenen Nacht.

Zwischen Würzburg und Fulda lagen 113 Bahnkilometer. Ich ersah es aus dem »Zug-Begleiter«, einem Zettel, der in D-Zügen herumzuliegen pflegt. Anstatt nun einfach die Hand zu streicheln, studierte ich den Fahrplan. Zwischen Fulda und Bebra warteten 56 Kilometer ohne Bahnhof, das entsprach 36 Minuten – etwas zu wenig! Dann aber, zwischen Bebra und Göttingen und vor allem zwischen Göttingen und Hannover hatte ich jeweils rund eine Stunde für die Liebe, vielleicht unter Abzug von 10 Minuten, bis die Zugestiegenen und der Schaffner durch waren. Kaum hatte ich mich entschlossen, ihre Hand erst kurz nach Bebra zu berühren, da streckte ich schon die Finger aus, aber fast gelähmt wie in einem magnetischen Schwebezustand. Es ist unglaublich, wie schwer es fällt, ohne einen Blick, ohne ein Wort eine fremde Hand anzufassen! Ich überlegte: hätte sie mir denn einen Apfel gegeben, wenn sie mich ablehnte? Würde sie die Hand so ausdauernd hinlegen, wenn sie nicht auf die Berührung wartete und genauso Sehnsucht hatte wie ich? Oder schlief sie doch? Nein, so schlief kein Mensch!

Etwa in der Mitte zwischen Würzburg und Fulda – es

könnte an der bayrisch-hessischen Grenze gewesen sein – konnte ich nicht mehr zurück und berührte ihre linke Hand mit meiner rechten, strich mit der Innenseite meiner Hand über ihren Handrücken und steckte meinen Daumen unter ihre Finger.

Sie schreckte weder hoch noch zog sie die Hand weg noch war sie weiter bemüht, sich schlafend zu stellen. Ihre Finger schlossen sich ganz langsam um meinen Daumen und öffneten sich dann wieder, um meine Hand ein wenig zu streicheln. Sie sagte nichts, und ich sagte nichts. Ich rückte zu ihr hinüber. Alles Weitere war nur noch gebieterische, schöne Notwendigkeit. Ich sage nur: 56 Bahnkilometer zwischen Fulda und Bebra, 80 zwischen Bebra und Göttingen – mit einem hessischen und einem niedersächsischen Teil –, 108 zwischen Göttingen und Hannover! Der Schaffner kam dann auch. Er ging schnell wieder, ohne zu kontrollieren.

Ich erinnere mich an einen Film von Ken Russell über Tschaikowsky, wo in einer Szene der Komponist im fahrenden Zug zwar mit einer willigen Frau allein ist, aber zu seiner Lust nicht finden kann und darüber schier verzweifelt. Das bringt ihn dann, wenn ich mich richtig besinne, zur Komposition einer pathetisch-schmerzlichen Musik. Mir könnte das nicht passieren, ich kann nicht einmal Dur und Moll unterscheiden.

Die Frau war Stenotypistin aus Bad Oldesloe. Zwischen Celle und Uelzen war das Licht so gut, daß wir uns richtig betrachten konnten. Ich hatte sie mir völlig anders vorgestellt, jünger und hübscher. Sicherlich dachte sie über mich ähnlich, als mein stoppeliges Kinn im Morgenlicht prangte. Aber das machte nichts aus: wir hatten uns als verwegene Leute kennengelernt, und so etwas zählt. Sie trug einen Ehering. Beim Abschied in Hamburg Hauptbahnhof ein kleines Zögern: ich wußte nicht, sollte ich sie um ihre Adresse bitten oder ihr meine geben? Ich entschied bei mir: nichts dergleichen! Ich half ihr mit dem Koffer. Wir verabschiedeten uns gesittet. Sie lachte verschmitzt. Wir winkten noch kurz.

Nachtrag

Was mir auf der Durchreise in Hamm noch passierte (geschrieben in Berlin im November):

Während mein Zug stand, kam auf dem gleichen Bahnsteig in der Gegenrichtung ein Zug aus Hannover an. Ihm entstieg eine Frau mit einer Reisetasche. Was mir auffiel, war ihr Gang und ihr lockeres, beweglich sitzendes Kleid. Irgend etwas erinnerte mich sofort an Judith, ich wußte aber nicht was. Außerdem sah ich ihr Gesicht nicht deutlich genug. Ohne Zögern ging sie quer durch den Strom der Reisenden zu meinem Zug und stieg ein, verschwand damit vorerst aus meinem Gesichtskreis. Ich prüfte die Fahrpläne. Kein Zweifel: der andere Zug war dort hergekommen, wo wir jetzt hinfuhren. Vielleicht hatte sie zu Hause etwas vergessen – ich mußte der Sache nachgehen!

Sie saß im Speisewagen – einem sehr sehenswerten Modell der Mitropa: ovale Durchgänge, nierenförmige Spiegel, der ganze Resopalplatten-Chic der fünfziger Jahre, ebenso unernst wie humorlos. Sie saß mittendrin und hatte den Ernst und den Humor und das weite, bewegliche, bequeme Kleid. Ich sehe mittlerweile sehr viel auf einen Blick, wenn ich einen Speisewagen betrete.

Ich ließ in meinem Blick etwas aufleuchten, als sähe ich unverhofft ein Juwel, bestellte dann etwas, sehr zerstreut, als sei ich von ihr ganz durcheinander, bat schüchtern, bei ihr sitzen zu dürfen, und blätterte dann im Kursbuch, das ich zu diesem Zweck mitgebracht hatte. Während ich mich also auf dem sicheren Gelände meiner Methode bewegte, irritierte mich zunehmend, daß sie in der Tat etwas Besonderes war und mich wirklich durcheinanderbrachte. Ich beschloß das zu ignorieren und blickte sie an: »Haben Sie vielleicht eine Frage zum Fahrplan?« Ich war sehr neugierig darauf, was sie sagen würde. Sie hatte keine Frage außer der, wo ich denn hinführe. Ich kämpfte etwas mit mir, aber dann dachte ich: Nein, nicht wieder das alte Spiel! Ich sagte ganz einfach: »Nach Berlin, und Sie?« Um die Frage zu beantworten, holte sie aus ihrer Tasche – meiner Seel! – ein Kursbuch! Es war noch abgewetzter als meines, sie blätterte blitzschnell darin herum.

»Bis Helmstedt«, sagte sie.

»Sie steigen dort um?«

»Ja.«

Jetzt schlug ich meinerseits nach. Wir mußten beide lachen. Nach drei bis vier Sekunden fragte ich sie: »18.24 Uhr?«

»Ja.«

Wenn es, dachte ich, so etwas wie die Wahrheit von fixen Ideen gibt und in Jerxheim so etwas wie eine Bäckerstochter, dann mußte sie es sein! Bäckerstöchter sehen heutzutage aus wie Greta Garbo und lieben die Freiheit.

»Wohnen Sie in Jerxheim?« fragte ich.

Die Antwort hallte nach wie ein Glockenschlag.

»Nein.«

Ich saß verdattert. Meine Kindheit war vorbei. Nun gut, ich hatte das längst erwartet. Nach einer Weile sagte sie:

»Ich fahre mit einer Netzkarte.«

Ich hatte es doch schon in Hamm geahnt! »Wie lange denn schon?« fragte ich etwas stockend. »Gute drei Wochen.«

Mit ihr also teilte ich schon längst das Schienenkönigreich. Wie viele Male mußten wir aneinander vorbeigefahren oder im gleichen Zug gewesen sein! Ich sah sie sinnend an. Was konnte sie sein? Kriminell? Agentin, Kontrollbeamtin, Bahnjournalistin? Ich merkte an ihrer Miene, daß sie wohl dasselbe dachte wie ich. War sie – Taschendiebin? Unternehmerin? Sendbotin einer Sekte, eben dabei, hinzugehen und die Völker zu lehren? Falsch! Sie ist Malerin, reist und schaut zum Fenster hinaus. »Wie lange gilt die Ihre noch?« fragte sie.

Ich war erkannt, fühlte mich aber zugleich befreit. Ich führe nach Hause, sagte ich ihr. Die Reise sei abgeschlossen. Sie wollte wissen: »Was war das mit Jerxheim?«

Erst erzählte ich ihr von Jerxheim. Dann von Judith. Dabei stellte ich fest, daß Judith für mich zugleich wichtiger und unwichtiger geworden war – ich kann es nicht erklären. Ich erzählte auch von meinem Vater. Irgendwann sagte ich: »Ich glaube, es hat keinen Zweck! Soviel ich mir auch notiert habe, ich weiß doch noch nicht, worum es sich bei meiner Reise gehandelt hat, und die Sprache steht mir nicht zur Verfügung. Aber das macht nichts. Ich will meine Droschke verkaufen und noch über die Welt was lernen. Was genau, weiß ich noch nicht.« Ihr gefiel gut, was ich sagte: »Fangen Sie mit irgend etwas an«, erwiderte sie, »es ist wie bei einem großen Bücherschrank.« – »Ich würde Sie gern wiedersehen!« sprach ich und fand, daß es mir gut gelungen war, genau das zu sagen, was ich wollte. Wir tauschten die Adressen aus. Sie wohnt in München-Schwabing.

In Helmstedt stieg sie aus, um über Jerxheim nach Braunschweig zurückzufahren und von dort aus vielleicht weiter in den Bayerischen Wald. Es wurde dunkel. Ich fuhr Berlin entgegen, schaute zum Fenster hinaus, war glücklich und machte allerlei Pläne.

Marlen Haushofer
Menschenfresser

Sie mochte fünfzehn sein, vierzehn oder vielleicht erst zwölf; heutzutage wußte man ja nie, wie alt ein Mädchen wirklich war. Er saß ihr gegenüber in einem Zugabteil und beobachtete sie seit ungefähr zwanzig Minuten. Eigentlich hatte er vorgehabt, die Zeitung zu lesen, und zwar richtig und mit Genuß, wozu er als langsamer Leser fast nie kam, dann war er auf das Mädchen gegenüber aufmerksam geworden und hatte gehofft, diesen erfreulichen Anblick noch ein, zwei Stunden genießen zu können; jetzt wurde er allmählich unruhig.

Sie waren nur zu zweit im Abteil, und es war viel zu warm für die Jahreszeit. Die Landschaft lag in Gold und Schieferblau getaucht, und obgleich es seit einer Woche nicht geregnet hatte, war ein feuchter Glanz über allen Dingen.

Schon beim Erwachen hatte er Kopfschmerzen gespürt, genau hinter dem linken Auge; ein wühlender, bohrender Schmerz, den er mit Kaffee und Tabletten unterdrückt hatte. Vormittags hatte er das Wühlen und Bohren noch immer gespürt, aber ganz schmerzlos. Er wußte, daß er eigentlich heftige Kopfschmerzen hatte, aber wie unter örtlicher Betäubung. Nach dem Mittagessen hatte er noch einmal eine Tablette genommen, und seither war sein Kopf leicht und klar und wie aus Watte, als könnte er sich jeden Augenblick von den Schultern lösen und zur Decke schweben. Diese Vorstellung war irritierend, bestimmt verdankte er sie nur dem Föhn und dem Medikament. Normalerweise neigte er nicht dazu, sich anderen als den allgemein üblichen Gedanken hinzugeben, das heißt, Gedanken, von denen er annahm, sie wären allgemein üblich.

Seit zwanzig Minuten beobachtete er also das Mädchen in der Ecke gegenüber. »Die Kleine« nannte er sie bei sich, und sie war wirklich klein und stach seiner Meinung nach angenehm von den jungen Mädchen ab, die man heute allerorts sehen konnte. Selbst seine Tochter mit ihren vierzehn Jahren war schon so groß wie er; und wenn er auch nur mittelgroß war, für ein Mädchen war das schon zuviel. Und es war kein Ende abzusehen. Er verscheuchte den Gedanken an seine Tochter, der irgendwie störend war, und wandte sich wieder der Kleinen zu. Sie sah geradeso aus, wie man sich in seiner Jugend, vor dreißig Jahren, einen hübschen Backfisch vorgestellt hatte. Ein sehr weibliches Wesen, mit schmalen, abfallenden Schultern, einer kleinen runden Brust und schon jetzt mit einer leichten Schwellung der Hüften. Wahrscheinlich hatte sie, für heutige Begriffe, eine schlechte Figur, oben zu schmal, um die Hüften zu breit und kurzbeinig. Aber sie war bezaubernd, ein Labsal nach all den flachen langen Dingern, die wie junge Riesinnen durch die Gegend stapften; und sie hatte die zierlichsten Hände und Füße. Es war angenehm, einmal beim Anblick einer jungen Frau nicht an die Tatsache gemahnt zu werden, daß auch sie ein Skelett in sich trug.

Unbehagen nagte an ihm. Es war wohl nicht ganz anständig, dieses halbe Kind mit den Augen eines Mannes zu betrachten. Andererseits: auf diesem Gebiet gab es eben keine Anständigkeit, und er tat ja nichts, was die Kleine hätte verletzen können. Er sah sie nur verstohlen an und auch das nur, wenn sie nicht in seine Richtung blickte. Sie tat es übrigens selten genug und so, als wäre er ein etwas eigenartig geformter Koffer oder Schirmständer. Das war ein wenig kränkend für ihn, andererseits war er froh darüber, denn er hatte nicht die geringste Lust, in ein Gespräch mit ihr zu geraten.

Sie tat eigentlich gar nichts, als ihre rosigen Nägel mit unverhohlenem Entzücken betrachten. Dazwischen spähte sie manchmal auf ihr Spiegelbild in der Fensterscheibe und lächelte ihm verliebt zu. Es war sehr komisch und ein bißchen rührend zu beobachten, gleichzeitig sagte er sich, daß ihn ein derartiger Narzißmus an seiner Tochter geärgert hätte. Sofort schob er diesen Gedanken von sich und betrachtete mit Spannung, wie die Kleine ihre Zehen in den Sandalen auf und nieder bewegte und endlich auch mit ihnen zufrieden zu sein schien.

Neben sich auf der Bank hatte sie ein Buch liegen. »Naturgeschichte für die unteren Klassen der Mittelschulen«, also war sie allerhöchstens vierzehn. Einmal runzelte sie sorgenvoll die Stirn, als sei ihr etwas sehr Bedrückendes eingefallen, griff nach dem Buch und fing an, darin zu blättern; sofort schien sie von furchtbarer Müdigkeit überfallen, ließ das Buch auf die Bank sinken und gähnte reizend, aber unverhohlen.

Auch seine Tochter benützte dieses Buch in der Schule. Er ärgerte sich jetzt schon ein wenig heftiger über die Hartnäkkigkeit dieser Gedankenverbindung. Seine Tochter und diese Kleine, da bestand überhaupt kein Zusammenhang, übrigens würde es keinem Mann einfallen, seine Tochter so anzustarren. Oder doch? Irgend etwas an der Situation war leicht quälend, und zu seinem Erstaunen merkte er, daß er nicht nur die Kleine, sondern auch sich selber beobachtete und sich zu seinem Unbehagen ziemlich widerlich fand. Er sagte sich, daß daran der Föhn schuld sei und die vielen Tabletten, besonders aber der Föhn. Er hatte während der letzten Wochen einen Artikel in einer Zeitung über den Föhn gelesen und fühlte sich jetzt als Föhnexperte.

Schließlich wollte er endlich die Sportnachrichten in Ruhe lesen und sich nicht mehr um dieses kleine Frauenzimmer kümmern. Was war denn eigentlich los? So alt war er ja auch wieder nicht, daß ihn so ein Fratz beunruhigen konnte. Übrigens war es gar keine Beunruhigung, sondern das ganz natürliche Entzücken an einem schönen Geschöpf, eine platonische Regung. Und schon wieder sah er über den Rand der Zeitung auf ihr Gesicht, dieses Gesicht, das gar nichts von der perfekten kleinen Figur zu wissen schien. Es war einfach das Gesicht eines reizenden, oberflächlichen und nicht besonders intelligenten Kindes, und es strahlte vor Gesundheit. Das Weiße um die Iris war noch bläulich, die Wimpern kindlich lang und dicht und das Haar, das sich in die niedrige Stirn ringelte, glänzendes, weiches Kinderhaar. Sie mußte wirklich noch sehr jung sein, denn ihre Haut war noch makellos und gesund.

Dann verstärkte sich sein Unbehagen, das er die ganze Zeit hindurch nicht hatte unterdrücken können, und wuchs an zu einem nie gekannten Gefühl von Leere und Hunger. Es wurde ihm ein wenig übel, und er fuhr sich mit dem Taschentuch über das Gesicht. Gott sei Dank bemerkte die Kleine nichts und lächelte hingerissen ihrem Spiegelbild zu.

Sein Herz pochte ungebührlich laut, und er hatte große Angst. Dann versuchte er sich über seinen Zustand klar zu werden. Soviel war gewiß, er empfand kein sexuelles Verlangen nach diesem Kind, es war etwas viel Tieferes und Gefährlicheres. Und dann wußte er es: die wahnsinnige Gier quälte ihn, das Mädchen aufzufressen, ganz in sich hineinzuschlingen und die traurige leere Höhle in seinem Innern mit ihrer Jugend zu füllen. Es war ein wahnsinniger Gedanke, besonders für einen Menschen, der ähnliche Gedanken nur aus Büchern kannte. Das mußte es sein, was über die verdammenswerten Verbrecher kam, ehe sie ihre unbegreiflichen Untaten ausführten. Jetzt verstand er alles; und einen Herzschlag lang waren sie seine Brüder, und er haßte das kleine Mädchen, weil es ihn soweit gebracht hatte, und er haßte es, weil nichts, was er mit ihm hätte anstellen können, jenen schrecklichen Hunger stillen konnte.

Der Zug lief in eine Station ein, blieb stehen, und vier Reisende drängten ins Abteil. Er war froh, nicht mehr allein mit dem Mädchen zu sein, und zwang sich, an etwas anderes zu denken und die Ankömmlinge zu betrachten. Bald stellte er fest, daß sie nicht betrachtenswert waren; ein häßlicher rothaariger Mensch mit Hornbrille, vorstehenden Zähnen und einem abscheulich angenagten Daumen, vermutlich ein Intellektueller also; ein ländlich aussehender Mann in einem Trachtenanzug, mit einer Uhrkette über dem Bauch, eine knochige Dame in mittleren Jahren mit wertvollem Schmuck und unzähligen Sommersprossen besät und ein sehr junger, gutaussehender Mann, der ihn keines Blickes würdigte, sich in den Eckplatz neben der Tür flegelte, die langen Beine durch das halbe Abteil streckte und sich in ein Buch über Segelboote vertiefte. Ein eingebildeter junger Flegel mit einem Wort.

Immerhin hatte ihn diese Unterbrechung soweit beruhigt, daß er hoffte, endlich die Sportnachrichten lesen zu können. Natürlich gelang es ihm auch diesmal nicht, weil seine Hände so stark zitterten, eine Erscheinung, die bei Föhn häufig auftritt. Außerdem mochte er mittags zuviel Kaffee getrunken haben.

Plötzlich merkte er, daß es still im Abteil war, unnatürlich still. Wenn schon niemand redet, gibt es doch in einem Eisenbahnabteil eine Menge andere Geräusche, Scharren, Wetzen, Geraschel, Schnaufen und Schneuzen. Es ist so still, daß man eine Nadel fallen hören könnte, dachte er, und flüchtig ging ihm durch den Kopf, daß er fast nur in Sätzen dachte, die er irgendwo gehört oder gelesen hatte. Er blickte verstohlen über den Rand der Zeitung hinweg zu seiner Nachbarin, der hageren Dame, und sah zu seinem Erstaunen, daß sie selbstvergessen auf die Knie der Kleinen starrte.

Es waren sehenswerte Knie, mit kleinen Grübchen an den Seiten, aber der Blick der Dame gefiel ihm nicht. Es lag Neid darin, Bewunderung und Verlangen. Endlich begriff er, daß auch sie jene Leere in sich spürte, den schrecklichen Hunger, der sie zwang, die Hände um die Bügel ihrer Tasche zu verkrampfen, daß die Fingerknöchel weiß hervortraten. Der Ausdruck ihrer Augen trieb ihm eine jähe Hitze in die Stirn bei dem Gedanken, daß er eben noch ähnlich ausgesehen haben mochte. Er duckte sich hinter die Zeitung und riß vorsichtig mit dem Fingernagel ein kleines Fenster ins Papier, durch das er sein Gegenüber beobachten konnte.

Die Kleine schien von der unnatürlichen Wärme müde zu sein und gähnte, ein Stück rosa Gaumen und weiße Zähne zeigend. Es war das Gähnen einer jungen Katze und versetzte seinem Herzen einen kleinen Stoß. Dann dehnte sie die schmalen Schultern, legte einen Arm quer über die Schenkel und betrachtete interessiert die zarte Haut ihrer Armbeuge, während sie sachte mit den Fingerspitzen darüber hinstrich. Ein hingerissenes Lächeln breitete sich über ihr Gesicht.

Mühsam wandte er den Blick von ihr und sah, daß das ganze Abteil den Atem anhielt. Dann seufzte die knochige Dame schmerzlich und bedrängt, und er sah Schweißtropfen auf ihre Stirn treten. Sie war jetzt sehr bleich, und die Sommersprossen sahen aus wie Schmutzspritzer. Eine arme, gefleckte Hyäne. Und wie sie die Lippe hochgezogen hatte, als ducke sie sich gerade zum Sprung.

Alle starrten jetzt das Mädchen ganz hemmungslos an. Nur der Jüngling neben der Tür, der in das Buch über Segelboote vertieft war, nicht. Er stieß manchmal seinem Gegenüber mit der Fußspitze gegen die Schienbeine, merkte es nicht oder wollte es nicht merken, jedenfalls entschuldigte er sich nicht. Er schien eingeschlossen in eine Luftblase, in einer Welt der wunderbarsten Segelboote, der einzig erstrebenswerten Gegenstände.

Die Kleine streichelte noch immer selbstvergessen die zarte Haut ihrer Armbeuge, dann erregte plötzlich ihr linkes Knie ihre Aufmerksamkeit, und sie betrachtete es prüfend, mit dem Hauch einer Falte zwischen den glänzenden Brauen. Dann inspizierte sie ihre Fingernägel aufs neue und versenkte sich endlich mit tiefem Ernst in das Studium ihrer rosafarbenen Handfläche mit den zarten Linien darin.

Er sah um sich, diesmal nicht verstohlen. Kein Mensch beachtete ihn, die Dame, der vermutliche Intellektuelle, der Mann mit der Uhrkette, alle starrten sie auf das Mädchen wie Raubtiere auf einen Brocken Fleisch, den der Wärter in den Käfig geschoben hat. Der Uhrkettenmann ließ die Zunge rastlos auf der Unterlippe spielen, was ihm einen idiotischen Ausdruck verlieh, der Intellektuelle hatte weiße Bläschen in den Mundwinkeln stehen, und die Dame schwitzte und war sehr bleich und gefleckt.

Er schämte sich und fühlte sich elend und gedemütigt. Dabei hatte er doch wirklich nichts getan, wofür er sich hätte schämen müssen. Überhaupt, was war denn schon geschehen? Gar nichts. Keiner hatte die Kleine auch nur angesprochen oder berührt. Und doch, er fühlte sich außerordentlich elend. Er wußte jetzt, wie die Geschichte weitergehen mußte:

eines Tages würde eines der Raubtiere zuschnappen und schmatzend den appetitlichen Brocken Fleisch verschlingen. Später würde es dann dumm und verwundert merken, daß der Hunger noch immer da war, nagend, quälend und unstillbar. Irgend etwas mußte er jetzt unternehmen.

Er räusperte sich laut und drohend, und das hatte die Wirkung einer Bombe. Einen Augenblick lang schienen alle erstarrt. Die Dame hatte die Hand an den Mund gehoben, als wolle sie einen Schrei unterdrücken, dann sprang sie auf, murmelte etwas Unverständliches und ließ das Fenster noch weiter herunter. Der Uhrkettenmann erhob sich mühsam und ging, über die Füße des Jünglings stolpernd, auf den Gang hinaus und zündete sich draußen eine Zigarre an. Der Intellektuelle bemerkte zur Dame hin, daß er noch nie einen so heißen und föhnigen Oktober erlebt habe, und holte sich dann eine Zeitschrift aus dem Koffer.

Der junge Mann, der, als der Uhrkettenmann über seine Füße gestolpert war, verständnislos und mit leerem Blick aufgesehen hatte, streckte jetzt wieder die Beine ins Abteil und begab sich zurück in die Welt der Segelboote.

Nur er und das Mädchen hatten nicht bemerkt, was im Abteil vorgegangen war. Die Kleine betrachtete noch immer ihre Handfläche, entzückt von der zarten Mulde mit den rätselhaften Linien darin, dann gähnte sie zum dritten Mal auf dieser Reise, lehnte den Kopf auf ihrem Staubmantel in die Ecke und schlief sofort ein. Sie wandte ihr unschuldiges Kinderprofil dem Abteil zu und lächelte plötzlich im Schlaf, sehr weit weg und unerreichbar für die gefleckte Hyäne und alle anderen Raubtiere.

Endlich konnte er den Sportbericht lesen, es machte ihm aber nicht soviel Spaß wie sonst. Außerdem fing jetzt das Wühlen und Bohren hinter seinem linken Auge wieder an, und er wußte, daß es bald in Schmerz übergehen würde. Er starrte hinaus in die feuchtblaue Landschaft, wünschte, er läge in seinem Bett, in der angenehmen Stille und Dunkelheit, und könnte diesen und alle Tage seines Lebens vergessen.

Doris Dörrie
Ohne Gepäck

Ich war froh, ein Abteil für mich allein ergattert zu haben. Als erstes zog ich die Vorhänge vor, um andere davon abzuhalten, hereinzukommen. Als der Zug sich endlich in Bewegung setzte, war ich immer noch allein. Ich zog die Schuhe aus und legte mich hin. Die acht Stunden bis nach Hamburg wollte ich durchschlafen. Vom Flughafen aus wollte ich meine Eltern anrufen und ihnen sagen, ich hätte meinen Anschlußflug nach Hannover verpaßt und würde in München übernachten. Ich hatte kein deutsches Kleingeld, und so würden sie jetzt also in Hannover am Flughafen vergeblich auf ihren Sohn warten. Ich hatte nicht die geringste Lust, sie wiederzusehen, selbst nach zwei Jahren in Amerika nicht. Ich hatte überhaupt keine Lust, wieder hierzusein. Ich wollte als ersten deutschen Menschen Marita in Hamburg sehen. Die war nicht so unerträglich deutsch, oder war es wenigstens damals nicht gewesen. In den zwei Jahren hatte ich gelernt, wie ein Amerikaner zu reagieren. Als sich der Kapitän der Lufthansamaschine über Mikrophon meldete, fühlte ich mich an die Nazi-Schweinehunde in amerikanischen Fernsehserien erinnert und und an sonst gar nichts.

Nein, ich hatte nicht zurückgewollt.

In Augsburg riß eine Frau die Abteiltür auf und setzte sich wortlos hin. Sie fragte weder, ob noch ein Platz frei sei, noch sagte sie Guten Tag. Ich drehte mich mürrisch auf die andere Seite und konnte nicht mehr einschlafen. Ich fühlte mich beobachtet. Ich setzte mich auf. Sie war vielleicht Anfang dreißig, füllig, mit einem recht hübschen, klaren Gesicht. Ihre Augen waren leicht geschwollen. Sie trug lange, silberne Ohrringe, die leicht im Rhythmus des Zuges hin- und herschaukelten. Ich sah kein Gepäck und war erleichtert. Sie konnte nicht weit fahren. Ihre Handtasche hielt sie umklammert, als habe sie Angst, ich wolle sie ihr entreißen. Als sich unsere Blicke zufällig trafen, sah sie schnell weg. Ich sah kleine Schweißperlen auf ihrer Stirn.

»Kann ich vielleicht das Fenster öffnen«, fragte sie mit leiser, aber bestimmter Stimme. Wenn ich jetzt antworte, erzählt sie mir ihr Leben, dachte ich. »I'm sorry, I don't speak German.«

Sie wiederholte ihre Frage. »Se window. Can I open?«

Ich nickte. Sie hielt den Kopf aus dem Fenster. Ihre Haare flatterten. Mir wurde kühl. Ich zog meine Jacke über. Sie schloß das Fenster und setzte sich wieder hin.

Ich wollte schon meine Zeitungen auspacken, da fiel mir ein, daß ich nur deutsche dabeihatte. Ich ging nach draußen, um zu sehen, ob ich ein anderes leeres Abteil finden würde. Aber selbst in der ersten Klasse waren alle belegt. Als ich zurückkam, tupfte sie sich mit einem Taschentuch die Augen. Die Sonne ging unter.

Ein Mann in einer orangen Jacke kam mit einem Wagen vorbei und verkaufte Brote und Getränke.

»One coffee, white, and a salami sandwich«, sagte ich zu ihm. Er sah mich verständnislos an. »Einen Kaffee und ein Salamibrot«, übersetzte sie für mich. »Was er mit weiß meint, weiß ich auch nicht.«

»With milk«, sagte ich. Sie lächelte mich kurz an. Danach war ich nicht sicher, ob sie überhaupt gelächelt hatte, denn es war sofort wieder vorbei, als hätte sie einen Vorhang zugezogen. Sie starrte ausdruckslos aus dem Fenster. Ich drehte das Licht im Abteil an. »Sis is better«, sagte sie, drehte es wieder aus und knipste mir die kleine Leselampe über meinem Kopf an. Sie saß im Dunkeln. Ihr Gesicht konnte ich kaum mehr erkennen.

»You are from America?«

»Yes.«

»Where?«

»New York.«

»It's a dangerous city, no?«

Ich hätte mich dafür ohrfeigen können, daß ich behauptet

hatte, kein Deutsch zu sprechen. Jetzt würde sie mir in ihrem grauenhaften Englisch dennoch ihr Leben erzählen.

»Ich sprechen ein bißchen Deutsch«, sagte ich mit stark amerikanischem Akzent.

»Aber Sie haben doch vorher gesagt ...«

»Ich bin bißchen schüchtern. Habe lange nix gesprecht.«

»Dafür sprechen Sie aber gut. Wo haben Sie das gelernt?«

»Meinen Eltern sind Deutsche.«

Sie schwieg. Ich betete, sie möge nichts mehr sagen.

»Emigranten?« fragte sie. Ich antwortete nicht, um mich nicht noch tiefer zu verstricken.

»Mein Großvater ist im KZ gestorben«, sagte sie. »Er war Kommunist.«

Der Zug hielt. Sie stieg nicht aus. Wie konnte man über vierhundert Kilometer ganz ohne Gepäck reisen? Und noch dazu als Frau? Ihre Handtasche war winzig, da paßte noch nicht einmal ein Kulturbeutel rein.

»Ich habe nur Glück gehabt mit meinen Eltern, wissen Sie? Es ist reiner Zufall, daß sie keine Nazis waren ... ich habe mich immer gefragt, wie das sein muß, von heute auf morgen alles verlassen und nicht wissen, ob man jemals wieder zurückkommt.«

»Seien Sie froh, daß es nicht so ist, heute«, sagte ich, und mein künstlicher, amerikanischer Akzent ging mir auf die Nerven. Er klang leichtfertig, ignorant und blöd.

»Es könnte aber wieder so werden.«

»Meinen Sie?«

»Ich weiß nicht.«

Plötzlich saß sie neben mir und lehnte ihren Kopf an meine Schulter. Sie war mir sympathisch durch das, was sie gesagt hatte. Sie war keine typische Deutsche. Ich bewegte mich nicht. Sie seufzte, und ich sah einen Tropfen auf die roten Plastiksitze zwischen uns fallen. Ich legte meinen Arm um sie.

»Warum weinen Sie denn?«

»Ich möchte nicht drüber sprechen«, sagte sie und legte ihre Hand auf mein Knie. Ich ergriff sie und hielt sie fest. Man hätte uns für ein Liebespaar halten können.

»Machen Sie Ferien in Deutschland?« fragte sie in bemüht leichtem Konversationston.

Ich rede nicht gern über mich. Ihr habe ich alles erzählt. Vielleicht, weil sie geweint hatte. Ich erzählte ihr meine ganze dumme amerikanische Liebesgeschichte in gebrochenem Deutsch. Nach einer Weile fand ich Gefallen daran, Wörter falsch auszusprechen, sie nach dem richtigen Ausdruck zu fragen, zu stammeln. Ich war gezwungen, meine Leidensgeschichte mit einem Zweihundert-Wörter-Vokabular vor ihr auszubreiten, und je länger ich sprach, desto klarer wurde mir meine eigene Geschichte. Mit Cathy hatte es eigentlich von Anfang an keine Hoffnung gegeben.

»Wegen einer Frau verlassen Sie Ihr Land?«

»Ja«, sagte ich, »nur wegen eine Frau. Zerbrechtes Herz.«

Sie küßte mich. Ich knipste die Leselampe aus.

Sie zog die Sitze aus und machte das Abteil zu einem großen Bett. Wir hielten uns und küßten uns und hielten uns.

Als ich aufwachte, dachte ich für einen Moment, Cathy läge neben mir. Sie strich mir mit der Hand über die Augen.

»Nicht weinen«, sagte sie. »Es gibt Schlimmeres.«

Sie wollte das Rollo hochschieben.

»Nicht«, sagte ich.

»Wir sind bald da.«

»Ich möchten so bleiben. Nie aussteigen«, sagte ich.

»Das geht nicht.« Sie lachte zum ersten Mal in dieser Nacht. Wir waren in Hamburg.

Sie schob die Sitze zurück und ließ das Rollo hoch. Ihre Handtasche hielt sie umklammert, sie sah mich an.

»Warum hast du kein Gepäck?« fragte ich leise. Sie sah zu Boden, hob dann den Kopf und sah mir gerade in die Augen.

»Ich gehe nur Zigaretten holen«, sagte sie.

Ich tat, als sei mir der Begriff unbekannt.

»Ich habe drei Kinder und einen Mann. Gestern abend bin ich aus dem Haus gegangen ... Einfach so.« Sie sah erstaunt aus.

Wir gingen zusammen den Bahnsteig entlang. Ich wollte ihr alles sagen. Daß ich gar nicht Amerikaner bin, daß meine

Eltern keine Emigranten sind, daß ich deutsch spreche. Daß die Geschichte von Cathy eine wahre Geschichte ist.

Als ich mich umdrehte, war sie verschwunden. Ich wartete eine halbe Stunde. Dann rief ich Marita an. Sie war nicht zu Hause.

Ich suchte in meinen Taschen nach einer Zigarette. Ich fand einen langen, silbernen Ohrring.

Italo Calvino
Abenteuer eines Rekruten

Eine große, gutgewachsene Dame kam in das Abteil und setzte sich neben den Soldaten Tomagra. Nach ihrer Kleidung und ihrem Schleier zu schließen, mußte es wohl eine Witwe aus der Provinz sein; das Kleid war aus schwarzer Seide, wie es sich für eine lange Trauer ziemt, aber dabei mit überflüssigem Besatz und Stickereien verziert, und der Schleier fiel von einem gewichtigen und etwas altmodischen Hut rund um ihr Gesicht. Der junge Soldat stellte fest, daß noch andere Plätze im Abteil frei waren und dachte sich, die Witwe werde zweifellos einen von ihnen belegen; statt dessen setzte sie sich, ungeachtet seiner rauhen, soldatischen Nachbarschaft, ausgerechnet hierher, sicherlich wegen irgendeiner Reisebequemlichkeit – so überlegte er hastig – im Hinblick auf den Luftzug oder die Fahrtrichtung.

Ihr Körper war blühend und fest, er würde geradezu kräftig gewirkt haben, wenn nicht eine mütterliche Weichheit die klar hervortretenden Rundungen hätten zarter erscheinen lassen; auf den ersten Blick schien sie kaum älter als dreißig Jahre, doch wenn man in ihr Gesicht sah, hielt man es für möglich, daß sie die Vierzig überschritten hatte: man entdeckte eine zugleich marmorne und doch etwas erschlaffte Haut, streng verschlossene, flüchtig mit einem grellen Rot geschminkte Lippen, und unter tiefschwarzen Brauen und schweren Lidern einen unerreichbaren Blick.

Tomagra, ein Rekrut der Infanterie beim ersten Urlaub (es war Ostern), machte sich ganz klein auf seinem Sitz, damit die so schöne und wohlgeformte Dame nicht an ihn stoße; und schon empfand er den Duft ihres Parfüms, eines bekannten, vielleicht schon etwas überholten Parfüms, das hier jedoch durch lange Gewohnheit mit dem natürlichen Hauch ihres Körpers eins geworden war.

Die Dame hatte sich mit bescheidener Zurückhaltung niedergelassen und zeigte nun, dicht neben ihm, Proportionen, die ihm weniger majestätisch erschienen als zuvor. Die üppigen, mit schmalen dunklen Ringen geschmückten Hände hielt sie verschränkt im Schoß über einer glänzenden Handtasche und ihrer Jacke, die, als sie fiel, runde und weiße Arme enthüllt hatte. Tomagra war gleich so weit wie möglich zurückgewichen, da er auf ein umständliches Ausziehen mit weit ausgestreckten Armen gefaßt gewesen war; hingegen hatte sie sich kaum gerührt und war mit kurzen Bewegungen der Schultern und des Oberkörpers aus den Ärmeln geschlüpft.

Die Sitzbank war bequem genug für zwei Fahrgäste, und Tomagra konnte die äußerste Nähe der Dame spüren, ohne fürchten zu müssen, daß er sie durch seine Berührung beleidige. Immerhin, überlegte Tomagra weiter, wenn dies auch eine Dame war, so hatte sie seiner Uniform zum Trotz keinerlei Widerwillen gegen ihn gezeigt, sonst hätte sie sich ja woanders hingesetzt. Und seine eben noch angespannten Muskeln wurden bei diesem Gedanken frei und locker, mehr noch, sie versuchten sich so weit wie möglich auszudehnen, ohne daß er sich dabei bewegte; sein Bein, das mit verkrampfter Wade sogar den Kontakt mit dem Stoff der Hose vermieden hatte, streckte sich, streckte wiederum den Stoff, der es umkleidete, bis dieser die schwarze Seide der Witwe berührte; und so, durch dieses Tuch der Hose und diese Seide hindurch, drückte jetzt das Bein des Soldaten an das ihre, mit einer weichen, flüchtigen Bewegung gleich der Begegnung von Fischen, während der Strom in seinen Adern in einer Woge dem Strom jener anderen Adern entgegenschlug.

Es war gleichwohl noch immer eine ganz leichte Berührung, die jedes Schlingern des Zuges auflösen und neu schaffen konnte; die Dame hatte kräftige, üppige Knie, und in seinen eigenen Gliedern glaubte Tomagra bei jedem Rütteln des Zuges das träge Spiel ihrer Kniescheibe mitzuempfinden; und die Wade hatte eine seidige, gewölbte Wange, die man durch einen unmerklichen Druck dazu bringen konnte, sich an die eigene zu schmiegen. Diese Berührung der Waden war köstlich, doch brachte sie einen Verlust mit sich; das Körpergewicht hatte sich verlagert und es war nicht mehr möglich, wie vorher durch einfache Nachgiebigkeit der Glieder zu einer wechselseitigen Anlehnung der Hüften zu gelangen. Doch ließ sich eine natürliche und angenehme Haltung wiederherstellen, wenn man sich auf dem Sitz ein wenig rührte, was mit Hilfe einer Kurve des Schienenstrangs leicht möglich war und sich überdies aus dem verständlichen Wunsch nach etwas Bewegung dann und wann wie von selbst ergab.

Die Dame saß unbeweglich unter ihrem matronenhaften Hut, mit dem starren und von den Lidern verhängten Blick und den Händen über der Tasche im Schoß; und doch gab es da eine lange feine Linie an ihrem Körper entlang, mit der sie an ebendergleichen Linie des Mannes lehnte: sollte sie dessen noch gar nicht gewahr geworden sein? Oder bereitete sie schon eine Flucht vor? Würde sie sich brüsk abkehren?

Tomagra beschloß, ihr auf irgendeine Weise eine Botschaft zukommen zu lassen: er zog den Muskel der Wade zusammen, daß sie sich wie eine große Faust ballte, und mit dieser Wadenfaust klopfte er, sie entspannend wie eine Hand sich öffnet, an die Wade der Witwe. Gewiß, es war eine blitzschnelle Bewegung, gerade ebensolange, wie es braucht, eine Sehne zu spannen; doch sie zog sich nicht zurück, jedenfalls nicht, soweit er es begriff – denn schon hatte er, um die geheime Geste zu rechtfertigen, sein Bein ganz ausgestreckt, als sei es steif in den Gelenken geworden.

Man mußte also wieder von vorne anfangen; das geduldige, behutsame Werk der Annäherung bis zum Kontakt war zerstört. Tomagra entschloß sich, etwas mutiger vorzugehen: als suche er etwas, steckte er eine Hand in die Hosentasche – auf der Seite der Dame – und ließ sie wie aus Unachtsamkeit darin. Dies war eine heftige Bewegung gewesen, und Tomagra wußte nicht recht, hatte er sie berührt oder nicht; eine Geste für nichts und wieder nichts. Doch in dem Augenblick begriff er, was für einen gewaltigen Schritt weiter er damit gekommen war und in welch gefährliches Spiel er sich eingelassen hatte. Auf den Rücken seiner Hand drückte sich leicht die Hüfte der Dame in Schwarz; er fühlte ihre Last auf allen Fingern, auf jedem Fingerglied – wie auch immer er seine Hand jetzt rühren würde, es mußte als eine Geste von unerhörter Intimität der Witwe gegenüber wirken. Mit angehaltenem Atem drehte Tomagra die Hand in der Tasche um, so daß sich ihr Handteller, immer in der Tasche, zu ihr hin öffnete. Es war eine unmögliche Stellung mit verdrehtem Handgelenk. Doch nun wollte er eine entscheidende Geste wagen: mit der verdrehten Hand krümmte er leicht die Finger. Jetzt gab es keinen Zweifel mehr: ausgeschlossen, daß die Witwe seine Geschäftigkeit nicht bemerkt hatte! Und wenn sie sich nicht abwandte, wenn sie Gleichgültigkeit und Geistesabwesenheit vortäuschte, so hieß das eindeutig, daß sie seine Annäherungen nicht zurückstieß. Freilich, wenn man es länger bedachte, konnte die Tatsache, daß sie von Tomagras Handbewegungen kein Aufhebens machte, auch etwas anderes besagen: sie mochte an eine vergebliche Suche in jener Tasche glauben, eine Suche nach einer Fahrkarte, einem Streichholz …

Halt, nein: da die Fingerkuppen des Soldaten, wie mit plötzlicher Hellsichtigkeit begabt, durch die verschiedenen Stoffe hindurch die Ränder der unterirdischen Gewandung erahnten, bis hin zu kleinen Unebenheiten der Haut selbst, Poren, einem Muttermal – mußte dann nicht vielleicht auch ihre marmorne und etwas schlaffe Haut erkennen, daß es sich wirklich um die Innenseite der Finger handelte und nicht etwa um Nagelrücken oder Knöchel?

Da stahl sich die Hand des Soldaten aus der Tasche hervor, blieb einen Augenblick unschlüssig, glitt dann unvermittelt und eilig an der Hosennaht bis zum Knie hinab, um die Hose glattzustreichen. Man könnte auch sagen, daß sie sich einen Durchbruch erzwang, denn sie mußte sich zwischen ihm und der Dame hindurchwinden, und das wurde bei aller Geschwindigkeit zu einem Lauf, reich an beklemmenden und süßen Erregungen.

Hier muß gesagt werden, daß Tomagra den Kopf weit zurückgelehnt hatte, so daß man auch hätte meinen können, er schliefe: dies war weniger als Alibi für ihn selbst gedacht, sondern vor allem ein Angebot an die Dame, das ihr die Möglichkeit gab, sich nicht belästigt fühlen zu müssen, falls seine Hartnäckigkeit ihr unangenehm werden sollte; sie durfte seine Handbewegungen für unbewußt halten, für Gesten, die aus der schlafenden Ruhe eines Traumteichs auffuhren. So streckte sich jetzt von der eng an sein Knie gepreßten Hand Tomagras ein Finger aus, der kleine Finger, und ging kreisend auf Entdeckungsreisen. Er strich leicht über ihr Knie, und sie blieb still und fügsam; nun kreiste er vorsichtig auf dem seidigen Stoff des Strumpfes, dessen glänzende Wölbung Tomagra durch die halbgeschlossenen Lider musterte. Doch merkte er bald, daß die Kühnheit dieses Spiels nicht genügend belohnt wurde, denn der kleine Finger war zu fleischlos und zu ungelenkig, um mehr als winzige Gefühlsschauer übermitteln zu können; jedenfalls reichte er nicht aus, um die Form und Substanz dessen, was er berührte, klar zu empfinden.

Deshalb verband Tomagra den kleinen Finger wieder mit der ganzen Hand, aber nicht, indem er ihn zurückzog, sondern dadurch, daß er den Ring-, den Mittel- und den Zeigefinger ebenfalls ausstreckte: so ruhte seine Hand nun unbeweglich an diesem Frauenknie, und der Zug wiegte sie in einer Woge von Zärtlichkeit.

Jetzt erst dachte Tomagra an die anderen Fahrgäste: wenn auch die Dame selbst, gewährend oder nur geheimnisvoll unempfindlich, auf seine Frechheiten nicht reagierte, so saßen doch noch andere im Abteil, und es konnte wegen seines unsoldatischen Benehmens der Dame gegenüber, die es auch noch zu dulden schien, zu einem Skandal kommen. Vor allem um die Dame von einem möglichen falschen Verdacht zu befreien, zog Tomagra seine Hand zurück, ja er versteckte sie, als sei sie die Schuldige. Dies wiederum war aber doch ein rechtes Versteckspiel, geboren aus heuchlerischer Überlegung, denn indem er die Hand verbarg, brachte er sie dem Körper der Dame, die auf der Sitzbank ziemlich viel Platz einnahm, nur näher.

Tatsächlich gaben die Finger, leicht wie ein Falter sich niedersetzt, die Empfindung weiter: da war sie. Jetzt nur noch ein wohliger Ruck mit der ganzen Handfläche – und regungslos blieb der Blick der Witwe unter dem Schleier, kaum hob sich die Brust im Atemzug … Aber wie auch: schon war Tomagras Hand zurückgeeilt wie eine flüchtige Maus.

Sie hat sich nicht gerührt, dachte er, vielleicht will sie. Doch er dachte auch: Ein bißchen weiter, und es ist zu spät. Vielleicht lauert sie nur darauf, eine Szene zu machen.

Daraufhin legte Tomagra, nur um auf gefahrlose Weise etwas mehr Sicherheit zu gewinnen, seinen Handrücken auf den Sitz und wartete ab, ob nicht das Schütteln des Zuges die Dame unmerklich auf seine Finger rutschen lassen werde. Er wartete ab, ist dabei etwas ungenau gesagt: die Fingerspitzen hoben sich hin und wieder empor, ihr entgegen mit winzigen Sprüngen, wie hochgeworfen vom Rattern der Räder. Wenn er die Fingerspitzen bei einem gewissen Punkt in der Luft zurückhielt, dann nicht etwa, weil die Dame ein Zeichen ihres Mißfallens von sich gegeben hätte, sondern deshalb: wenn sie mit ihm einverstanden war, konnte sie ihm ohne jede Schwierigkeit mit einer winzigen Drehung entgegenkommen, sich auf die wartende Hand leicht niederlassen. Um ihr diesen freundschaftlichen Vorschlag seiner Beharrlichkeit zu übermitteln, versuchte sich Tomagra an einem diskreten Wedeln mit einem Finger; die Dame sah aus dem Fenster und spielte mit träger Hand am Verschluß ihrer Handtasche, auf, zu, auf, zu. War dies ein Zeichen, er solle sie in Ruhe lassen, eine letzte Absage, die sie ihm warnend zukommen ließ, ein Hinweis, daß ihre Geduld bald erschöpft sein würde? War es dies – so fragte sich Tomagra – war es das?

Jetzt drückte sich seine Hand schon wie ein Polyp mit zu kurzen Fangarmen an ihr Fleisch. Die Entscheidung war gefallen, er konnte nicht mehr zurück; aber sie, sie, sie war eine Sphinx.

Rückwärts wie ein Krebs kroch die Hand des Soldaten an ihrem Schenkel entlang; war sie auch vor den Augen der anderen Reisenden gut verborgen? Offenbar nicht: die Witwe hob ihr Jackett, das sie zusammengefaltet im Schoß hielt, und ließ es nach einer Seite hinunterhängen. Um ihm eine Abschirmung zu schaffen, oder um ihm den Weg zu versperren? Bitte: frei und ungesehen bewegte sich seine Hand jetzt, rankte sich empor, wagte ein erstes zärtliches Streicheln. Doch das Gesicht der Dame blieb abgekehrt, in die Ferne gerichtet. Zwischen ihrem Ohr und dem aufgesteckten Haar sah Tomagra ein Stückchen nackter Haut. Und in der Höhlung des Ohres pulsierte eine Ader; das war ihre Antwort an ihn, klar, gelöst, unwiderruflich. Plötzlich wandte sie ihr marmornes, stolzes Haupt – wie ein Vorhang schwankte der vom Hut herabwallende Schleier, verloren lag ihr Auge unter den schweren Lidern. Doch der Blick war über Tomagra hinweggeglitten, hatte ihn nicht einmal gestreift. Über ihn hinweg sah sie auf irgend etwas oder auf nichts, auf einen Gegenstand vielleicht, der ihren Gedankenflügen Halt gab und jedenfalls viel wichtiger und bedeutender war als er, Tomagra. Doch dies alles dachte er erst etwas später. Zuvor, bei ihrer ersten Regung, hatte er sich sofort zurückgeworfen, die Augen zugepreßt wie im Schlaf und versucht, die Röte zurückzudrängen, die sein Gesicht zu überziehen begann. Und auf diese Weise hatte er vielleicht die Gelegenheit versäumt, im ersten Blitz ihres Blickes eine Antwort auf seine letzten Zweifel aufzufangen.

Unter der schwarzen Jacke verborgen, war die Hand wie ohne Verbindung zu seinem übrigen Körper, für sich allein, abgestorben und mit den Fingern zum Puls zurückgekrümmt; keine wirkliche Hand mehr, ohne Empfindung, es sei denn die der Verzweigung der Knochen. Doch da die unterbrochene Reglosigkeit der Witwe, nach dem ungewissen Kreisen ihres Blickes, wieder war wie zuvor, floß Blut und Mut in diese Hand zurück. Und indem Tomagra aufs neue den Kontakt mit jenem nachgiebigen Stück Frauenbein aufnahm, wurde er gewahr, daß er eine Grenze erreicht hatte: die Finger spielten am Saum des Rockes, dahinter kam eine Leere, die Höhlung der Kniekehlen.

Dies war das Ende der heimlichen Freuden, dachte der Rekrut, und sie erschienen seiner rückblickenden Erinnerung in einem recht armseligen Licht, mochte er auch seine Vergnügungen geschickt dosiert und geizig gesteigert haben: dieses tölpelhafte Streicheln über ein Stückchen Seide hatte ihm nun wirklich nicht verweigert werden können, gerade im Hinblick auf seine bedauernswerte Lage als Soldat; und auf ihre diskrete Weise, ohne es sich anmerken zu lassen, hatte die Dame es ihm gnädig gewährt.

Doch als Tomagra nun, trübselig, die Hand wieder zurückziehen wollte, stockte er, denn er stellte fest, daß die Dame ihre Jacke jetzt anders im Schoß hielt: nicht mehr zusammengefaltet (wie zuvor bestimmt), sondern nachlässig hingeworfen, so, daß ein Teil ihr nach vorn über die Beine hinabhing. Seine Hand befand sich also in einem dichten Zelt; ein letzter Vertrauensbeweis vielleicht, den die Dame ihm zukommen ließ, da sie sicher sein durfte, der Soldat werde den unüberbrückbaren Abstand zwischen ihnen beiden respektieren und die Gelegenheit nicht mißbrauchen. Mühevoll rief er sich noch einmal alles genau ins Gedächtnis, was zwischen der Witwe und ihm vorgefallen war, und er suchte in ihrem Verhalten irgend etwas zu entdecken, das auf ein größeres Entgegenkommen schließen ließ; seine eigenen Gesten kamen ihm dabei abwechselnd vor wie unerhebliche, zufällige Berührungen und dann wieder wie entschiedene Intimitäten, die jeden Rückweg abschnitten.

Seine Hand ergab sich offenbar dieser zweiten Deutung seiner Erinnerungen, denn ehe er sich der Unwiderruflichkeit dieser Handlung klargeworden war, hatten die Finger den Paß schon überschritten. Und die Dame? Sie schlief. Den Kopf mit dem großartigen Hut in die Ecke zurückgelehnt, hielt sie ihre Augen geschlossen. Mußte Tomagra diesen echten oder vorgetäuschten Schlaf achten? Oder war er die Botschaft einer Komplizin, wie schon manches zuvor, und man mußte sich erkenntlich zeigen? Der Punkt, an den er inzwischen gelangt war, duldete kein Zaudern; es blieb ihm nichts übrig, als weiter vorzudringen.

Die Hand des Rekruten Tomagra war klein und kurz, ihre

harten Stellen waren so gut mit Fleisch und Muskeln verwachsen, daß nach außen alles weich und gleichmäßig wirkte; die Knochen spürte man nicht, und die Bewegungen gingen, angenehm und geschmeidig, eher von den Nerven aus als von den Gliedern der Finger. Diese kleine Hand kannte regelmäßige, unverbindliche und winzige Bewegungen, um die Vollständigkeit des Kontaktes lebendig und glühend zu erhalten. Doch als schließlich ein erster Schauer durch die Erschlaffung der Schlafenden rann, wie wenn ferne Meeresströmungen auf geheimen Wegen tief unter der Wasserfläche dahinlaufen, war der junge Soldat so überrascht, daß er, offenbar in der Annahme, die Witwe habe bis jetzt wirklich nichts bemerkt, erschrocken die Hand an sich riß.

Jetzt saß er wieder in sich zusammengesunken da, die Hände auf den eigenen Knien, wie in dem Augenblick, als sie das Abteil betreten hatte; er war sich dabei völlig klar darüber, wie absurd er sich benahm. Dann suchte er mit betontem Hackenscharren und einem kräftigen Dehnen in den Hüften wieder eine günstige Lage einzunehmen, doch selbst diese Vorsicht, mit der er es tat, war absurd; als ob es möglich wäre, die unendlich geduldige Arbeit wieder von vorne zu beginnen, als ob er nicht um die Tiefen wüßte, in die er inzwischen schon längst vorgedrungen war. War er in der Tat so weit vorgedrungen? Narrte ihn nicht nur ein Traum?

Ein Tunnel fiel über sie her. Immer dichter wurde das Dunkel, und zuerst mit schüchternen Gesten, als handele es sich tatsächlich um erste Annäherungen und als staune er über die ungeheure Vertraulichkeit, die sich zwischen jener Frau und ihm gebildet hatte, hob er eine wie ein Wasserhuhn zitternde Hand und streckte sie nach ihrer Brust aus, ihrer großen, dem eigenen Gewicht sich hingebenden Brust; und schwer atmend bemühte er sich, ihr mit seiner herumtastenden Hand zu erklären, in welch elendem und zugleich unerträglich glücklichem Zustand er sich befand, und wie notwendig es für ihn sei, daß sie, wenn auch sonst nichts anderes, aus ihrer Reserve heraustrete.

Und wirklich reagierte die Witwe, aber mit einer heftigen

Bewegung, die sie abschirmte und ihn zurückstieß. Sie genügte völlig, um Tomagra in seine Ecke zu scheuchen, wo er heimlich die Hände rang. Doch vermutlich handelte es sich um falschen Alarm, ein Licht war durch eine Mauerlücke in den Tunnel gefallen und hatte die Witwe fürchten lassen, der Tunnel sei gleich zu Ende. Vielleicht ... oder aber er hatte ein Warnungszeichen überfahren und sich eine schreckliche Inkorrektheit ihr gegenüber erlaubt, nachdem sie schon so großmütig gewesen war? Nein, nunmehr konnte nichts zwischen ihnen unerlaubt sein, ihre Handlungsweise war vielmehr ein Zeichen, daß alles wirklich war, daß sie mit ihm übereinstimmte und teilnahm. Tomagra näherte sich von neuem. Gewiß, mit all den Überlegungen hatte er wieder Zeit verloren, der Tunnel würde nicht mehr lange dauern, es war unvorsichtig, sich vom plötzlichen Tageslicht überraschen zu lassen, schon fürchtete er, die Wand des Tunnels ergrauen und heller werden zu sehen, aber je länger er wartete, desto gefährlicher wurde jeder neue Versuch, und doch war dieser Tunnel sehr lang, von anderen Reisen erinnerte er sich daran. Bestimmt, wenn er die Gelegenheit sofort genutzt, hätte er viel Zeit vor sich gehabt. Jetzt war es schon besser, das Ende abzuwarten. Aber warum hörte der Tunnel denn überhaupt nicht mehr auf, vielleicht war dies die letzte Möglichkeit für ihn gewesen – da lösten sich auch schon die Schatten auf, da war es zu Ende.

Man hielt in einem der letzten Bahnhöfe der Provinzstrecke. Der Zug leerte sich; aus dem Abteil waren schon die meisten Reisenden verschwunden, jetzt holten die letzten ihr Gepäck aus dem Netz und gingen davon. So kam es, daß sie schließlich allein zurückblieben, der junge Soldat und die Witwe, dicht nebeneinander und doch getrennt, stumm, die Blicke ins Leere gerichtet. Tomagra hielt es noch für nötig zu denken: Jetzt wo alle Plätze frei sind, wenn sie ihre Ruhe haben, wenn sie bequem sitzen will, wenn ich ihr lästig bin, sie kann ja ...

Irgend etwas hielt ihn noch zurück und erfüllte ihn mit Besorgnis, vielleicht eine Gruppe von Rauchenden im Gang draußen, oder ein Licht, das irgendwo aufflammte, da es Abend wurde. Ihm fiel ein, er könnte die Vorhänge an den Fenstern zum Gang zuziehen, wie jemand, der schlafen will; mit elefantenhaften Schritten ging er hin, begann mit langsamer, minutiöser Sorgfalt die Vorhänge loszubinden, sie herunterzuziehen, wieder festzuknüpfen. Als er sich umwandte, sah er, daß sie sich hingelegt hatte. Als wollte sie schlafen; aber abgesehen davon, daß sie die Augen starr geöffnet hielt, war sie in ihrer ganzen würdigen Aufmachung hingesunken, und auf dem Kopf, den sie an die Armlehne der Sitzbank drückte, trug sie noch immer ihren Hut.

Tomagra stand jetzt über ihr. Um ihren simulierten Schlaf zu beschützen, wollte er auch das andere Fenster verdunkeln, und er beugte sich über sie, um den Vorhang zu lösen. Doch dies war nur eine eigene Art, ungeschickte Gesten über den reglosen Körper der Witwe hin auszuführen. Da hörte er auf, am Vorhangfetzen zu zerren und begriff, daß er anderes zu tun hatte. Er mußte ihr zeigen, wie unaufschiebbar sein Verlangen war, und sei es nur, um ihr zu erklären, in welche schiefe Lage sie versehentlich geraten war; er wollte sagen: Sehen Sie, Sie waren entgegenkommend zu mir, weil Sie wissen, daß wir armen und einsamen Soldaten ein wenig Zärtlichkeit brauchen, aber da haben Sie's, sehen Sie selbst, was ich für einer bin, wie ich Ihre Liebenswürdigkeit aufgenommen habe, bis zu welchem Grade eines ganz und gar unmöglichen Wunsches ich gelangt bin, bitte, da, sehen Sie selbst.

Und da es nunmehr offenbar war, daß nichts die Witwe in Erstaunen versetzen konnte, daß sie vielmehr alles und jedes schon vorhergesehen zu haben schien, blieb dem Infanteristen keine andere Möglichkeit; er mußte tun, als gäbe es keinen Zweifel, bis endlich der Schauer seiner Tollheit auch das ergriff, was dieses Wahnes Gegenstand und Ziel war: sie.

Als Tomagra sich erhob und die Witwe unter ihm blieb mit ihrem klaren und ernsten Blick (sie hatte blaue Augen), den schleierbesetzten Hut immer noch auf dem Kopf, und der Zug nicht aufhörte, mit hohem Ton durch die Landschaft zu pfeifen, und draußen die unendlichen Weinfelder sich immer weiter aneinanderreihten, und Regen mit Wucht gegen die Scheiben prasselte –: da empfand er noch einmal eine Regung der Furcht, daß er, der Rekrut Tomagra, so viel gewagt hatte.

Erica Jong
Heidelberg – Frankfurt – Heidelberg

Während der Zeit, die ich in Heidelberg verbrachte, fuhr ich viermal die Woche nach Frankfurt zu meinem Analytiker. Die Fahrt dauerte eine Stunde – eine Stunde hin, eine zurück – und Eisenbahnzüge wurden zu einem wesentlichen Bestandteil meiner Phantasie. Immer wieder lernte ich im Zug beeindruckende, schöne Männer kennen, Männer, die kaum englisch sprachen, Männer, deren Banalitäten mir bei meiner Unkenntnis der französischen oder italienischen oder selbst der deutschen Sprache entgingen. So schwer es mir fällt, das einzuräumen – es *gibt* schöne Männer in Deutschland, eine ganze Menge sogar.

Ein bestimmtes Szenarium des Spontanficks ist möglicherweise von einem italienischen Film inspiriert worden, den ich vor Jahren gesehen habe. Mit der Zeit schmückte ich das Filmgeschehen aus, um es meiner Phantasie noch schmackhafter zu machen. Immer wieder ließ ich – während ich hin und her pendelte, von Heidelberg nach Frankfurt, von Frankfurt nach Heidelberg – die Szene in meinem Kopf abrollen:

Ein schmutziges, südeuropäisches Zugabteil (2. Klasse). Die harten Sitze sind mit Kunstleder bezogen. Eine Schiebetür führt auf den Gang. Olivenbäume huschen am Fenster vorbei. Auf der einen Seite sitzen zwei sizilianische Bauersfrauen, die ein Kind zwischen sich haben. Offenbar Mutter, Großmutter und Enkelin. Beide Frauen wetteifern miteinander, dem kleinen Mädchen den Mund mit Essen vollzustopfen. Ihnen gegenüber, auf dem Fensterplatz, sitzt eine hübsche junge Witwe mit einem zurückgeschlagenen dichten, schwarzen Schleier in einem engen, schwarzen Kleid, das ihre üppige Figur betont. Sie schwitzt sehr und ihre Augen sind geschwollen. Der Mittelplatz ist leer. Den Platz am Gang nimmt eine ungeheuer dicke Frau mit einem Schnurrbart ein. Ihr gewaltiges Gesäß beansprucht zusätzlich fast die Hälfte des mittleren Sitzplatzes. Sie liest in einem Comic-Heft, in dem die Personen von Fotomodellen dargestellt werden und der Dialog in kleinen Wölkchen über ihren Köpfen erscheint.

So rumpeln die fünf eine Weile dahin; die Witwe und die dicke Frau schweigen, während Mutter und Großmutter mit dem Kind und miteinander über das Essen reden. Und dann hält der Zug kreischend in einer Stadt, die (vielleicht) CORLEONE heißt. Ein langer, schlaksiger, gleichgültig blickender Soldat, unrasiert, jedoch mit einem prächtigen Haarschopf, gespaltenem Kinn und ein wenig diabolischen, trägen Augen, betritt das Abteil, sieht mit überheblichem Ausdruck in die Runde, erblickt den freien (halben) Platz zwischen der dicken Frau und der Witwe und setzt sich unter vielen liebenswürdig-charmanten Entschuldigungen. Obwohl verschwitzt und ungepflegt, ist er doch ein prachtvolles Stück Mann, bloß ein wenig ranzig von der Hitze. Der Zug verläßt quietschend die Station.

Dann gibt es nur noch das Rattern des Zuges und den Rhythmus, in dem sich die Schenkel des Soldaten an den Schenkeln der Witwe scheuern. Natürlich scheuern sie auch am Gesäß der dicken Dame – und sie versucht, von ihm abzurücken, was gänzlich überflüssig ist, da er ihr Gesäß überhaupt nicht wahrnimmt. Er starrt auf das große goldene Kreuz, das in dem tiefen Spalt zwischen den Brüsten der Witwe hin und her pendelt. Bums. Pause. Bums. Es schlägt gegen die eine feuchte Brust und dann gegen die andere. In der Mitte scheint es zu zögern, als befinde es sich im Kraftfeld zweier einander entgegenwirkender Magneten. *Wassergrube und Pendel.* Er ist wie hypnotisiert. Sie sieht aus dem Fenster und betrachtet jeden Olivenbaun, als habe sie noch nie zuvor Olivenbäume gesehen. Er steht ungeschickt auf und öffnet, nach einer kleinen Verbeugung zu den Damen hin, mit einiger Mühe das Fenster. Als er sich wieder hinsetzt, streift sein Arm zufällig den Bauch der Witwe. Sie scheint es nicht zu bemerken. Er legt seine linke Hand auf den Sitz zwischen seinen und ihren Schenkeln, und seine geschmeidigen Finger schließen sich um das weiche Fleisch ihres Schenkels und schieben sich dann darunter. Sie starrt weiterhin jeden Olivenbaum an, als sei sie Gott, hätte die Bäume soeben erschaffen, und überlege nun, welchen Namen sie ihnen geben solle.

Inzwischen verstaut die ungeheuer dicke Dame ihr Comic-Heft in einem schillernd-grünen Plastiknetz, das mit stinkigem Käse und überreifen, schwärzlichen Bananen gefüllt ist. Und die Großmutter wickelt Salamizipfel in fettiges Zeitungspapier. Die Mutter zieht dem Kind seine Strickjacke an und wischt ihm mit einem Taschentuch, liebevoll mit mütterlichem Speichel befeuchtet, übers Gesicht. Der Zug hält kreischend in einer Stadt, die (vielleicht) PRIZZI heißt, und die dicke Frau, die Mutter, die Großmutter und das kleine Mädchen verlassen das Abteil. Dann setzt der Zug sich erneut in Bewegung. Das goldene Kreuz beginnt wieder zwischen den feuchten Brüsten der Witwe hin und her zu pendeln, die Finger schleichen sich unter den Schenkel der Witwe, die Witwe starrt weiterhin auf die Olivenbäume. Dann drängen sich die Finger zwischen ihre Schenkel, vergrößern den Spalt und bewegen sich aufwärts, hin zu der fleischigen Lücke zwischen ihren schwarzen Baumwollstrümpfen und dem Hüftgürtel, und sie gleiten weiter und unter den Hüftgürtel, hinein in die unbedeckte feuchte Wärme zwischen ihren Beinen.

Der Zug fährt in einen Tunnel ein und in dem Halbdunkel wird die Symbolik zur Tat. Der Stiefel des Soldaten in der Luft, die dunklen Wände des Tunnels, das hypnotische Schüttern des Zuges und der lange, hohe Pfiff, als er schließlich wieder ans Tageslicht kommt.

Sie steigt wortlos aus, an einer Station, die, vielleicht BIVONA heißt. Sie überquert die Geleise, steigt in ihren schmalen schwarzen Schuhen und den schwarzen Baumwollstrümpfen vorsichtig über sie hinweg. Er starrt ihr nach, als sei er Adam und gehe mit sich zu Rate, welchen Namen er ihr geben solle. Dann springt er auf und stürzt aus dem Zug, ihr nach. Im gleichen Augenblick fährt ein langer Güterzug durch den Bahnhof und versperrt ihm Blick und Weg. Fünfundzwanzig Güterwagen später ist sie für immer verschwunden.

Nachwort

Natürlich entstand die Idee zu dieser Anthologie auf einer Bahnfahrt.

Aus Liebesgründen pendelte ich eine Zeitlang fast wöchentlich zwischen München und Stuttgart. Während der zweistündigen Fahrzeit vertiefte ich mich gern in Lektüre oder Arbeit, sann meiner Liebe nach (die mir wahrhaft genug Stoff zum Nachdenken gab) oder genoß im Speisewagen die Produkte der bordkücheneigenen Mikrowelle. Mit Ohrstöpseln schirmte ich mich häufig gegen jene Art von Hintergrundgeräuschen ab, die Renate Just in *Im Stimmengewirr* so freundlich mit »Bundesbahngemurmel« umschreibt: »Herr Seidel, es gibt bestimmte Dinge in diesem Unternehmen, wenn die nicht mittelfristig geändert werden, dann bekommen wir Probleme!« Oder: »Der Gattermeyer und der Wiesenklein, die sind doch total überfordert!« Denn leider nutzen ja viele Zeitgenossen die Abteil-Situation schamlos aus, um allen, die es gar nicht hören wollen, möglichst lautstark ihre tiefsten Überzeugungen mitzuteilen. Einige schaffen es sogar, im Großraumwagen eines ICE über sechs Sitzreihen hinweg die Leistungen ihrer Stabsabteilung publik zu machen. Ich habe in solchen Situationen mit Ohropax wirklich gute Erfahrungen gemacht …

Aber oft genug war ich auch neugierig auf das, was sich kommunikativ zwischen meinen Mitreisenden entspann. Fasziniert belauschte ich einmal zwei alte Damen, die sich beim Einsteigen in München kennenlernten und in Stuttgart, wo eine der beiden aussteigen mußte, als Freundinnen auseinandergingen. Es war ihnen mit Leichtigkeit gelungen, in den zwei Stunden ihre gesamten Lebensgeschichten auszutauschen. Angefangen von den Berufen der Väter über Geschwister und Schullaufbahn, Kriegserlebnisse, Ehemänner und Kinder (inklusive deren Schullaufbahn und Berufsausbildung), Urlaubsreisen und Krankheiten bis hin zum aktuellen Anlaß der Bahnfahrt: Beide reisten zur Goldenen Hochzeit ihrer jeweiligen Schwester. Hätte ich damals mitgeschrieben, so wäre dieses Buch vielleicht um eine »Zugbekanntschaft« reicher geworden.

Natürlich machte ich auch selbst interessante Bekanntschaften: mit einem Ingenieur aus R. zum Beispiel, der von beruflicher Fortbildung nach Hause reiste und sich bemüßigt fühlte, mir die Geschichte seiner traurigen Ehe zu erzählen. Oder mit einem zweiundzwanzigjährigen Taekwondo-Meister, der mich unbedingt für seinen Sport begeistern wollte, mir auf einer Serviette der »Mitropa« sogar die besten Trainingsadressen notierte.

Daß derlei Geschichten, die das Leben schrieb, auch in der Literatur zu finden sein müßten, lag auf der Hand. Kaum ein anderes Szenario bietet Autoren die Möglichkeit, verschiedenste Charaktere zusammenzuführen und – beim nächsten Zughalt – wieder zu trennen. Und als Rahmen für eine abenteuerliche Geschichte, die Reisende einander erzählen, eignet sich die Zugfahrt ausgezeichnet.

Ludwig Thoma fiel mir ein mit seiner *Lokalbahn* und *Auf Reisen*, Theodor Fontanes *Im Coupé*, Thomas Manns *Eisenbahnunglück*, Agatha Christies *Orientexpreß* und Mark Twains *Kannibalismus in der Eisenbahn*. Sie alle finden sich nicht in diesem Buch, weil ich sie schon zu oft anderswo gelesen hatte.

Die Auswahl bemüht sich einerseits um neuere, zugleich auch um unbekanntere Texte. Besonders kritische Leser und Leserinnen könnten mir vorhalten, daß Axel Hackes *Spiegelgesicht* in dieser Sammlung nichts zu suchen habe, weil es darin um gar keine Zugbekanntschaft gehe. Darauf kann ich erwidern, daß der Ich-Erzähler dieser Geschichte doch ganz offensichtlich die Bekanntschaft mit sich selbst sucht und vertieft und daß ein Text von Axel Hacke fraglos ein Gewinn für jede Anthologie ist.

Während ich Literatur für dieses Buch sammelte und auswählte und zwischendurch immer wieder über meine Liebe nachsann, ging mir diese irgendwie verloren. Die Abstände zwischen den Reisen nach S. wurden immer länger, und auf den letzten Fahrten hielt ich schon schüchtern Ausschau nach einem neuen Glück. Daß solches auf Bahnfahrten zu finden sein kann, zeigt unter anderem eine Annonce, die ich neulich in der Rubrik »Verschiedenes« fand:

> **27. 3. Bahnfahrt BN-KO-München 14–19 h:**
> Der englische Patient-Alkohol-Drogen.
> Ich möchte Sie gerne wiedersehen.
> Zuschriften unter ⊠ ZS [redacted] an SZ

Da ich nie zwischen BN, KO und München unterwegs gewesen war, mich auch an kein Gespräch über die angeführten Themen erinnern konnte, durfte ich die Suchanzeige nicht auf mich beziehen. Wahrscheinlich saß ich immer im falschen Abteil oder gar im falschen Zug – der Flirt auf Schienen war mir jedenfalls nie vergönnt.

Die Literatur ist dem Leben auch auf diesem Gebiet mal wieder weit voraus – nachzulesen im Kapitel »Reise-Lust«. Daß Bahnfahren die erotische Phantasie beflügelt, wußte allerdings schon Sigmund Freud: »Die Erschütterungen (...) der Eisenbahnfahrt üben eine so faszinierende Wirkung auf ältere Kinder aus, daß wenigstens alle Knaben irgend einmal im Leben Kondukteur oder Kutscher werden wollen. Den Vorgängen auf der Eisenbahn pflegen sie ein rätselhaftes Interesse von außerordentlicher Höhe zuzuwenden und dieselben (...) zum Kern einer exquisit sexuellen Symbolik zu machen. Der Zwang zu solcher Verknüpfung des Eisenbahnfahrens mit der Sexualität geht offenbar von dem Lustcharakter der Bewegungsempfindungen aus.« (*Drei Abhandlungen zur Sexualtheorie*)

Zu Freuds Zeiten rüttelte und schüttelte es in der Eisenbahn sicher intensiver als heutzutage im ICE. Vielleicht wollen deshalb jetzt nicht mehr alle Knaben Lokführer werden.

Doch die müßigen Stunden im Zug können immer noch zu vielerlei Träumen anregen. Einige davon finden sich in diesem Buch, andere irgendwo zwischen BN und KO.

Gute Reise!

Petra Reinfelder

Autoren- und Quellenverzeichnis

(Kursiv gesetzte Titel stammen von der Herausgeberin)

JULIAN BARNES (* 1946)
Der Tunnel. Aus: Dover – Calais. Erzählungen. Aus dem Englischen von Gertraude Krueger. © Haffmanns Verlag, Zürich 1996, S. 242–272.

WOLF BIERMANN (* 1936)
Deutschland. Ein Wintermärchen (Kapitel IV). Aus: Nachlaß 1. © Verlag Kiepenheuer & Witsch, Köln 1977.

ITALO CALVINO (1923–1985)
Abenteuer eines Rekruten. Aus: Abenteuer eines Lesers. Erzählungen. © Carl Hanser Verlag, München 1986.

DORIS DÖRRIE (* 1955)
Ohne Gepäck. Aus: »Was wollen Sie von mir?« und fünfzehn andere Geschichten. © Diogenes Verlag, Zürich 1989, S. 73–78.

ERICH FRIED (1921–1988)
Altes Eisenbahnerlebnis. Aus: Zur Zeit und zur Unzeit. Bund Verlag, Köln 1981, S. 11. © Nachlaß Erich Fried.

ROBERT GERNHARDT (* 1937)
Erinnerung an eine Begegnung in Duderstadt. Aus: Wörtersee. Gedichte. Fischer Taschenbuch Verlag, Frankfurt am Main 1996, S. 256. © Robert Gernhardt/Zweitausendeins, Frankfurt 1981.

GÜNTER GRASS (* 1927)
Wachstum im Güterwagen. Aus: Die Blechtrommel. Roman. Hermann Luchterhand Verlag, Darmstadt 1959, S. 520–530. © Steidl Verlag, Göttingen 1997 (Werkausgabe Band 3).

AXEL HACKE (* 1956)
Spiegelgesicht. Aus: SZ-Magazin Nr. 10, 7. 3. 1997, dort unter dem Titel »Ich hab's euch immer schon gesagt«. © Axel Hacke.

Marlen Haushofer (1920–1970)
Menschenfresser. Aus: Schreckliche Treue. Erzählungen. © Claassen Verlag, Hamburg 1968, S. 27–36.

Wenedikt Jerofejew (1938–1990)
Kilometer 43. Aus: Die Reise nach Petuschki. Ein Poem. Aus dem Russischen von Natascha Spitz. © Piper Verlag, München 1978, S. 69–75.

Erica Jong (* 1942)
Heidelberg–Frankfurt–Heidelberg. Aus: Angst vorm Fliegen. Roman. Aus dem Amerikanischen von Kai Molvig. © Fischer Taschenbuch Verlag, Frankfurt am Main 1976, S. 23–24.

Renate Just (* 1948)
Im Stimmengewirr. Aus: Einpersonentisch mit Aussicht. Beruf Reporterin. © Verlag Antje Kunstmann, München 1995, S. 21–23.

Irmgard Keun (1905–1982)
D-Zug dritter Klasse. Aus: D-Zug dritter Klasse. Roman. Deutscher Taschenbuch Verlag, München 1990, S. 5–11. © Claassen Verlag, Düsseldorf.

Werner Koch (1926–1992)
Zwischen Stuttgart und Bonn. Aus: See-Leben I. © Suhrkamp Verlag, Frankfurt am Main 1971, S. 94–102.

Klaus Konjetzky (* 1943)
Die Lesereise. Aus: Von der Lust, mit der Bahn zu reisen. 25 Eisenbahngeschichten. Herausgegeben von W. Christian Schmitt. Econ Verlag, Düsseldorf 1982, S. 63–70. © Klaus Konjetzky.

Michail Kusmin (1875–1936)
Der unverhoffte Proviant. Aus: Russische Kriminalgeschichten. Herausgegeben und übersetzt von Johannes von Guenther. Fischer Bücherei, Frankfurt am Main 1962, S. 190–196. © Heinrich von Guenther.

Ring Lardner (1885–1933)
Reisebekanntschaft. Aus: Das Liebesnest. Aus dem Amerikanischen

von Fritz Güttinger. © Diogenes Verlag, Zürich 1963, 1974, S. 351–379.

JAKOV LIND (* 1927)
Reise durch die Nacht. Aus: Eine Seele aus Holz. © Carl Hanser Verlag, München 1984, S. 107–113.

PINA MANDOLFO
Beginn einer Leidenschaft. Aus: Das Begehren. Roman. Aus dem Italienischen von Viktoria von Schirach. © Piper Verlag, München 1996, S. 111–116.

MILENA MOSER (* 1963)
Business Class. Aus: Das Schlampenbuch. Erzählungen. © Rowohlt Taschenbuch Verlag, Reinbek 1993, S. 67–74.

STEN NADOLNY (* 1942)
Die Stenotypistin aus Bad Oldesloe. Aus: Netzkarte. Roman. Serie Piper, München 1992, S. 48–51 und 161–163. © List Verlag, München.

PAPAN (* 1943)
Aus: Was denkst du, Schatz? © Lappan Verlag, Oldenburg 1994, S. 9.

LUTZ RATHENOW (* 1952)
Ohne Kommentar. Aus: Mit dem Schlimmsten wurde schon gerechnet. Erzählungen. Piper Verlag, München 1989, S. 53–57. © Lutz Rathenow.

CARL STERNHEIM (1878–1942)
Im Schnellzug. Aus: Gesamtwerk Bd. 1–10. Herausgegeben von Wilhelm Emrich unter Mitarbeit von Manfred Linke. Unveröffentlichtes Frühwerk II (Bd. 9). © Luchterhand Literaturverlag GmbH, München 1970, S. 502–503.

PAUL THEROUX (* 1941)
»Die Atlantikbahn«: Der Zwölfuhrzug nach Limón. Aus: Der alte Patagonien-Express. Aus dem Amerikanischen von Erica Ruetz. © Hoffmann und Campe Verlag, Hamburg 1995, S. 217–235.

Sebastiano Vassalli (* 1941)
Von Sciara nach Palermo, 1. Februar 1893. Aus: Der Schwan. Roman. Aus dem Italienischen von Ragni Maria Gschwend. © Piper Verlag, München 1996, S. 7–19.

Martin Walser (* 1927)
Deutsche Szene im Zug. Aus: Erfahrungen und Leseerfahrungen. © Suhrkamp Verlag, Frankfurt am Main 1965, S. 12–15.

Robert Walser (1878–1956)
Das Eisenbahn-Abenteuer. Aus: Das Gesamtwerk. Herausgegeben von Jochen Greven, Bd. 1–12. Kleine Dichtungen, Prosastücke, Kleine Prosa (Bd. II). © Suhrkamp Verlag, Frankfurt 1971, S. 93–94, mit Genehmigung der Inhaberin der Rechte, der Carl Seelig-Stiftung, Zürich.

Gabriele Wohmann (* 1932)
Sechzig paßt. Aus: »Das Salz, bitte!«. Ehegeschichten. © Piper Verlag, München 1992, S. 279–288.

Thomas Wolfe (1900–1938)
Dunkel im Walde, fremd wie die Zeit. Aus: Tod, der stolze Bruder. Gesammelte Erzählungen. Aus dem Amerikanischen von Hans Schiebelhuth. © Rowohlt Verlag, Reinbek 1967, S. 87–98.

Petra Reinfelder (Hrsg.)

Allein zu sein bedarf es wenig

Ein Lesebuch für Solitäre. 264 Seiten. SP 2445

Ist der Single die Lebensform der Zukunft? Und das vielleicht nur, weil dann statt einer zwei Waschmaschinen verkauft werden können? Diese Anthologie läßt Autorinnen und Autoren zu Wort kommen, die dem modernen Mythos des Alleinseins und Alleinseinkönnens in ihren Geschichten nachspüren. Die Ergebnisse wie die Erlebnisse sind naturgemäß verschieden – zumeist amüsant, manchmal melancholisch, einige auch tragisch. »Selbst einsame Männer sind nicht mehr das, was sie einmal waren: harte Kerle... Die Autoren in diesem Band erzählen vom modernen Lebensgefühl einer Generation, die für lebenslanges Eheglück zum Ausnahmefall wurde. Aus Lebenspartnern wurden Lebensabschnittspartner, und die Erfahrung des Alleinseins – für Wochen, Monate oder Jahre – läßt sich kaum aus einer Vita noch wegdenken.« (Aus dem Nachwort)

Lia Franken (Hrsg.)

Ganz wie bei uns daheim

Die schönsten Familiengeschichten. 384 Seiten. SP 2437

Familie werden ist nicht schwer, Familie sein dagegen sehr? Unsentimental und doch voller Liebe, mit Witz und Charme erzählen hier bekannte Autoren über Familien als solche und ihre eigene im besonderen. Man findet Genossen in Freud und Leid des Familienlebens bei Isabel Allendes kleiner Alba, bei Wolfram Siebecks weitverzweigter Verwandtschaft oder bei Barbara Noacks Geschwistern. Es ist ein buntes Völkchen auf dem Familienplaneten: Väter und Mütter, Brüder und Schwestern, Onkel, Tanten, Nichten, Neffen, die Schwäger und Schwägerinnen nicht zu vergessen, und erst recht nicht die Schwiegermütter... Mit dieser Versammlung ernsthafter und fröhlicher Geschichten kann man erfolgreich Familienbande wieder ins rechte Licht rücken und Gewitterwolken am Familienhimmel zerstreuen.

SERIE PIPER

Ulla Fröhling

Nur noch einmal

Erotische Geschichten. 165 Seiten. SP 2262

Diese Geschichten erzählen von Frauen, die aus dem geregelten Alltagstrott ihres Sexuallebens freiwillig oder unfreiwillig ausscheren. Sei es, weil sie von einer ungewöhnlichen Triebstruktur gebeutelt werden, wie Sarah, die der bloße Anblick eines Schornsteinfegers augenblicklich auf den höchsten Gipfel der Lust versetzt, sei es, daß sic, wie Helma, ihre sexuelle und finanzielle Versorgung gründlichst selbst in die Hand nehmen müssen, da der angetraute Ehemann in jeder Hinsicht seine Pflichten verweigert. Nicht alle sind so bescheiden wie Margarethe, die sich erst zu ihrem 80. Geburtstag noch einmal einen Luxus leisten möchte: einen nackten Mann. Ulla Fröhlings Geschichten sind pfiffige, witzige Stories für Frauen von heute.

»Ulla Fröhlings Figuren begehren auf gegen den Alltagstrott. Noch als Verliererinnen haben sie Power – Witz sowieso.«
Voigtland-Anzeiger

Irene Nießen (Hrsg.)

Schau mir in die Augen, Kleiner

Liebesgeschichten. 288 Seiten. SP 2267

Nicht genug, daß die Frau ihre Existenz der Rippe des Mannes verdankt, nein, sie soll ihm auch untertan sein und außerdem friedvoll, bescheiden und brav. Gegen Gerüchte dieser und ähnlicher Art, die hartnäckig den Nimbus des Weiblichen umkreisen, zog schon Katharina von Bora zu Felde, als sie ihrem Martin Luther die Leviten las. Sie befände sich heute in bester Gesellschaft. Keck, frech, komisch, ironisch, makaber und noch viel mehr sind die Geschichten von Alissa Walser, Doris Dörrie, Keto von Waberer, Irene Dische, Doris Lessing, Margaret Atwood, Dorothy Parker, Dacia Maraini, Franziska Stalmann u. a. Sie erzählen von eigensinnigen Frauen und nachgiebigen, von listigen und naiven, von rachsüchtigen und sanftmütigen, von starken, die schwach und von schwachen, die stark werden. Alle diese Frauen haben eines gemeinsam: sie lieben die Männer. Trotz allem.